Schriften zur Unternehmensentwicklung

Herausgegeben von
M. J. Ringlstetter, München, Deutschland

D1726073

In dieser Schriftenreihe werden aktuelle Forschungsergebnisse im Bereich der Unternehmensentwicklung präsentiert. Die einzelnen Beiträge orientieren sich an Problemen der Führungs- bzw. Managementpraxis. Im Mittelpunkt stehen dabei die Themenfelder Strategie, Organisation und Humanressourcen-Management.

Herausgegeben von
Professor Dr. Max J. Ringlstetter
München, Deutschland

Lars Moritz Lammers

Efficient Consumer Response

Strategische Bedeutung und organisatorische Implikationen absatzorientierter ECR-Kooperationen

Mit einem Geleitwort von Prof. Dr. Max J. Ringlstetter

 Springer Gabler

RESEARCH

Lars Moritz Lammers
Hamburg, Deutschland

Dissertation Katholische Universität Eichstätt-Ingolstadt, 2012

ISBN 978-3-8349-4331-6   ISBN 978-3-8349-4332-3 (eBook)
DOI 10.1007/978-3-8349-4332-3

Die Deutsche Nationalbibliothek verzeichnet diese Publikation in der Deutschen National-
bibliografie; detaillierte bibliografische Daten sind im Internet über http://dnb.d-nb.de
abrufbar.

Springer Gabler
© Gabler Verlag | Springer Fachmedien Wiesbaden 2012

Einbandentwurf: KünkelLopka GmbH, Heidelberg

Springer Gabler ist eine Marke von Springer DE. Springer DE ist Teil der Fachverlagsgruppe
Springer Science+Business Media
www.springer-gabler.de

GELEITWORT

Nicht zuletzt als Resultat einer nahezu ausschließlichen Preisorientierung ist die Handelsbranche nunmehr seit geraumer Zeit durch einen intensiven Verdrängungswettbewerb gekennzeichnet. Eine reine Fokussierung auf operative Exzellenz wird mit Blick auf die aktuellen Entwicklungen in diesem Sektor auch in Zukunft die Generierung komparativer Wettbewerbsvorteile einzelner Anbieter zunehmend erschweren. Einzelhandelsunternehmen sind daher heute mehr denn je auf der Suche nach alternativen strategischen Optionen, die es ihnen weiterhin ermöglichen sich im Wettbewerb zu behaupten und der Austauschbarkeit der Handelsleistung entgegenzuwirken. Hier setzt der Verfasser mit dieser Arbeit an, indem er die Optimierung der Händler-Hersteller Beziehung, auf Basis einer stärker strategisch orientierten Ausrichtung des Efficient Consumer Response-Konzepts (ECR), als einen möglichen Ausgangspunkt identifiziert, nachhaltige Wettbewerbsvorteile aufzubauen. Der Grund hierfür ist die Erkenntnis, dass die Handelsleistung stärker an den Bedürfnissen der Kunden auszurichten ist, um dauerhafte Wettbewerbsvorteile aufbauen zu können, und hierfür nicht nur unternehmensinterne, sondern auch Prozesse zwischen Handelsunternehmen und Lieferanten verändert werden müssen. Zur Entwicklung von Handelsleistungen, die sich an den Bedürfnissen der Kunden orientieren, benötigen die Handelsunternehmen somit einen theoretisch gestützten Rahmen, der auch die Beziehung mit den Herstellern berücksichtigt.

Weil ECR ein konzeptioneller Rahmen für die vertikale Zusammenarbeit von Händlern und Herstellern ist, der in Praxis und Theorie große Beachtung gefunden hat, untersucht der Verfasser, welche Beiträge das Konzept zur Generierung dauerhafter Wettbewerbsvorteile leistet. Dabei kommt er zu dem Schluss, dass nachhaltige Wettbewerbsvorteile nicht durch die ECR-Partnerschaft allein begründet werden, sondern vielmehr auch die Folge der Fähigkeit einer effektiven Kontextsteuerung der Beziehung zu Herstellern ist. Der Autor versteht ein herstellergerichtetes Beziehungsmanagement dabei als notwendige unternehmensinterne Strukturvariable eines strategischen Handelsmanagements, um im Rahmen von ECR-Partnerschaften nachhaltige Wettbewerbsvorteile zu erzielen. Deshalb widmet sich der Autor schließlich der Darstellung möglicher Gestaltungsansätze eines herstellergerichteten Beziehungsmanagements im Rahmen von ECR-Partnerschaften. Hierbei identifiziert er die unterschiedlichen Gestaltungsfelder und entwickelt Empfehlungen und Hinweise wie diese im Rahmen strategisch-orientierter ECR-Beziehungen organisatorisch-strukturell sowie phasen- und prozessbezogen ausgestaltet werden können.

Die vorliegende Arbeit dient zum einen dazu, bestehende Forschungslücken an der Schnittstelle zwischen den drei betriebswirtschaftlichen Teildisziplinen „Strategisches Management", „Marketing" und „Organisation" in Bezug auf die wirtschaftszweigspezifischen Ausgestaltung interorganisationaler Beziehungen aus wettbewerbsstrategischer Perspektive zu untersuchen. Zum anderen kann die Arbeit darüber hinaus auch als wertvolle Anregung für Entscheidungsträger im Handel und bei dem Handel zuliefernden Unternehmen gesehen werden. Dabei unterstützt sie die Entscheidungsträger, die organisatorisch-strukturellen sowie phasen- bzw. prozessbezogenen Gestaltungsfelder im Beziehungsmanagement zu verstehen, um der Austauschbarkeit der eigenen Leistung durch verstärkte Kooperationen entgegenzuwirken.

Prof. Dr. Max J. Ringlstetter

VORWORT

Der Wettbewerbsdruck im Handel hat sich in den letzten Jahren dramatisch verschärft. Im Fokus der wettbewerbsstrategischen Aktivitäten des Handels stehen primär die Kosten der Leistungsbereitstellung und die Betonung der eigenen Preiswürdigkeit. Die vorherrschende wettbewerbsstrategische Fokussierung auf eine Verbesserung der operativen Effizienz führt jedoch dazu, dass sich Systeme und Prozesse mehr und mehr gleichen. In der Folge gleichen sich auch die Handelsleistungen mehr und mehr an. Sie sind heute austauschbarer denn je. Die Suche nach Möglichkeiten für eine verstärkte Differenzierung der eigenen Leistung zur Realisierung einer höheren Zahlungsbereitschaft wurde von der Handelspraxis in Deutschland, trotz positiver internationaler Beispiele, vergleichsweise wenig Beachtung geschenkt.

Weil für eine verstärkte Differenzierung der Handelsleistung nicht nur unternehmensinterne Prozesse, sondern auch die interorganisatorischen und unternehmensexternen Prozesse zu berücksichtigen sind, werden neben den klassischen wettbewerbsstrategischen Konzepten in der Wissenschaft heute verschiedene Ansätze diskutiert, welche die vertikale Zusammenarbeit als einen zentralen Wettbewerbsvorteil beschreiben. Die meiste Beachtung hat hierbei sicherlich das Konzept „Efficient Consumer Response" erhalten. Dieses zielt darauf ab, den Wert der Leistung für den Kunden durch eine verbesserte Zusammenarbeit zu steigern und gleichzeitig durch höhere Umsätze und niedrigere Kosten für die Leistungserstellung zu profitieren. Allerdings beschränken sich ECR-Aktivitäten oft auf eine operativ effizientere Schnittstellengestaltung zwischen Händlern und Herstellern. Es ist ihnen im Rahmen von ECR bisher kaum gelungen, umfangreiche Verbesserungen zur Differenzierung der eigenen Leistung zu erzielen und dadurch die Zahlungsbereitschaft der Kunden zu steigern. Es scheint, als würde die wettbewerbsstrategische Bedeutung vertikaler Zusammenarbeit zur Differenzierung der eigenen Leistung in der Handelspraxis bisher nicht ausreichend erkannt.

Ziel dieser Arbeit ist es, ein grundlegendes Verständnis für die wettbewerbsstrategische Bedeutung absatzgerichteter ECR-Kooperation zur Differenzierung der Handelsleistung herauszuarbeiten, indem ein durch die Theorie gestützter Rahmen skizziert wird, der neben der neben den Marktbedingungen und den unternehmensinternen Stärken und Schwächen auch die intraorganisatorischen und unternehmensexternen Prozesse mit den Herstellern berücksichtigt und dabei Ansatzpunkte zur organisatorisch-strukturellen sowie phasen- und prozessbezogenen Gestaltung eines herstellergerichteten ECR-Beziehungsmanagements aufzeigt.

Die Erstellung dieser Arbeit weist gewisse Parallelen zu der diskutierten Problematik auf: sie wäre ohne die Unterstützung vieler Partner schlichtweg nicht möglich gewesen. Deshalb möchte ich mich an dieser Stelle bei allen an der Erstellung dieser Arbeit Beteiligten bedanken. Mein erster Dank geht gilt meinem Doktorvater Herrn Professor Dr. Max J. Ringlstetter. In der Zeit an seinem Lehrstuhl habe ich zum einen viele wertvolle Erfahrungen sammeln dürfen. Zum anderen hat mir die Zeit aber auch außerordentlich viel Spaß gemacht. Die besondere Verknüpfung von Forschung und Praxis hat dabei sicherlich die Grundlage für diese Dissertation geschaffen. Ich möchte an dieser Stelle auch Herrn Professor Dr. Harald Pechlaner dafür danken, dass er die Aufgabe des Korreferats übernommen hat. Mein weiterer Dank gilt Herrn Dr. Andrej Vizjak. Er hat mich jederzeit bei meinem Dissertationsprojekt unterstützt und nicht zuletzt auch immer wieder angetrieben. In diesem Zusammenhang möchte ich auch der Unternehmensberatung A.T. Kearney für die vielen praktischen Erfahrungen danken, die ich auf Beratungsprojekten für Händler und Hersteller sammeln konnte. Zweifellos haben mich diese Erfahrungen in der Wahl meines Dissertationsthemas sehr bestärkt. Darüber hinaus gilt mein Dank auch der Pahnke Markenmacherei, die mir gerade in der Endphase der Arbeit wertvolle Einblicke in die Zusammenarbeit von Händlern und Herstellern gewährte. Schließlich möchte ich mich hier natürlich auch bei allen Praktikern und Handelsexperten bedanken, die mir im Rahmen meiner Dissertation für Diskussionen und Hintergrundgespräche zur Verfügung standen. Des Weiteren gilt mein Dank natürlich auch allen ehemaligen und aktuellen Mitarbeitern des LSR. Sie alle haben mich immer mit konstruktiven Anregungen oder aufmunternden Worten unterstützt. Hervorheben möchte ich hier insbesondere meinen Freund und ehemaligen Kollegen Christoph Buchmann für die intensive Forschungszeit in Boston. Die dortigen Forschungsbemühungen haben mir sehr wertvolle Denkanstöße gegeben, die mich auch weiterhin prägen. Ganz besonders möchte ich mich bei Frau Walburga Mosburger bedanken. Ihre Hilfsbereitschaft, Herzlichkeit, Offenheit und Fröhlichkeit halfen mir durch so manches Forschungstief und werden mir in Zukunft Vorbild sein.

Natürlich bin ich auch meinen Eltern und meinen Großeltern zu großem Dank verpflichtet. Sie haben mir schon in der Ausbildung, im Studium und dann insbesondere während der Promotion den notwendigen Rückhalt und die erforderlichen Freiräume geschaffen und mich gleichzeitig ausnahmslos unterstützt. Ohne sie wäre diese Arbeit niemals geschrieben worden.

Den größten Anteil an Unterstützung habe ich jedoch ohne jeden Zweifel von meiner Verlobten Charlotte erfahren. Sie hat bedingungslos toleriert, dass ich in den Jahren während der Promotion geistig und körperlich kaum anwesend war, weil ich in der Woche auf Beratungsprojekten und am Wochenende für mein Dissertationsprojekt gearbeitet habe. Gleichzeitig stand sie mir in diesen Jahren bei allen Schwierigkeiten bei und hat mich mit ihrer ganz besonderen Art immer wieder aufgebaut und dazu motiviert, die Dissertation weiterzuschreiben. Hierfür werde ich ihr immer dankbar sein.

Lars Moritz Lammers

INHALTSVERZEICHNIS

ABBILDUNGSVERZEICHNIS

ABKÜRZUNGSVERZEICHNIS

Abb.	=	Abbildung
Aufl.	=	Auflage
bspw.	=	beispielsweise
bzgl.	=	bezüglich
bzw.	=	beziehungsweise
d. h.	=	das heißt
Dr.	=	Doktor
ECR	=	Efficient Consumer Response
EDI	=	Electronic Data Interchange
et al.	=	et alteri/et alii
etc.	=	et cetera
f.	=	folgende
ff.	=	fortfolgende
Hrsg.	=	Herausgeber
http	=	Hypertext Transfer Protocol
Jhg.	=	Jahrgang
Kap.	=	Kapitel
o. V.	=	ohne Verfasser
Prof.	=	Professor
S.	=	Seite
u. a.	=	unter anderem
usw.	=	und so weiter
vgl.	=	vergleiche
Vol.	=	Volume
www	=	World Wide Web
z. B.	=	zum Beispiel

EINFÜHRENDE BEMERKUNGEN

„Retailing is one of the world's largest industries. It is in a permanent state of change, and the pace of this change has been accelerating over the last decade…What was once a simple way of doing business is transforming into a highly sophisticated form of management and marketing." (Zentes/ Morschett/ Schramm-Klein (2007), S. 1)

Dieses Zitat charakterisiert die Situation im Einzelhandel treffend und umschreibt die Herausforderungen, denen sich Manager im Handel gegenübersehen. Kaum eine Branche in Deutschland ist in den letzten Jahrzehnten von einem Wandel in der Intensität erfasst worden, wie sie im Einzelhandel zu beobachten ist.[1] Als Beispiele lassen sich die fortschreitende Globalisierung und das damit einhergehende Größenwachstum von Handels- und Herstellerunternehmen, der rasante technologische Fortschritt, kürzere Produktlebenszyklen und die Verschiebung der Machtverhältnisse von den Herstellern über den Handel hin zum Konsumenten anführen.[2] Getrieben durch den sich teilweise dramatisch verschärfenden Wettbewerb haben die Handelsunternehmen versucht, möglichst alle Kosteneinsparungspotenziale zu realisieren, und diese über den Preis an die Konsumenten weitergegeben.[3] Die nun vorherrschende Preisorientierung des Handels bietet jedoch keinen dauerhaften komparativen Wettbewerbsvorteil, da es nicht möglich ist, unbegrenzt die Preise zu senken, um stets günstiger zu sein als der Wettbewerb.[4] Für Einzelhandelsunternehmen stellt sich daher heute verstärkt die Frage nach zur Preisorientierung alternativen Strategien, um sich im Wettbewerb zu behaupten.[5]

Trotz des wesentlich direkteren Kontaktes zu den Endkunden überließen die Händler die Marketingführerschaft in der Vergangenheit meist den Herstellerunternehmen. Kostenorientierte Einkaufsentscheidungen und interne Prozesseffizienz besaßen in der Regel eine höhere Priorität als strategische Marketingkonzepte zur Differenzierung der eigenen Leistung.[6] Die Dominanz der von der Industrie initiierten Marketingstrategien führte zur Austauschbarkeit der Handelsleistung, da für die Hersteller die Marke und nicht ein spezifischer Händler im Mittelpunkt der Bemühungen um ein unverwechselbares Profil aus Sicht des Konsumenten

---

[1] Vgl. Barth/ Hartmann/ Schröder (2007), S. 9ff., Eggert (2006), S. 23ff., Hallier (2006), S. 71ff., KPMG (2006b), S. 24ff., Oliver Wymann (2007), S. 3ff., Rudolph/ Loock/ Kleinschrodt (2008), S. 10ff. und Zentes (2006), S. 3ff..

[2] Vgl. Barth/ Hartmann/ Schröder (2007), S. 7, Daniel (2007), S. 1, Dawson (2006), S. 41ff., Eggert (2006), S. 23ff., Kotler/ Bliemel/ Kotler-Bliemel (2001), S. 3 und 663, Mattmüller/ Tunder (2004), S. 121, Meffert (2005b), S. 483, Pietersen (2008), S. 33ff., Riekhof (2008b), S. 3ff., Steiner (2007), S. 2f. und Zentes (2006), S. 3ff..

[3] Vgl. Ahlert/ Köster (2004), S. 182, Dawson (2006), S. 41ff. und Fox/ Sethuraman (2006), S. 193ff..

[4] Vgl. Ahlert/ Köster (2004), S. 182f., Körber (2005), S. 109f..

[5] Vgl. A.T. Kearney (2007), S. 3f., Pietersen (2008), S. 38ff. und Rudolph/ Loock/ Kleinschrodt (2008), S. 12.

[6] Vgl. Morschett (2002), S. 2.

steht.[7] Die Mehrzahl der Vollsortimenter ist daher heute aufgefordert, ihre Positionierung absatzmarktorientiert zu hinterfragen, um die Austauschbarkeit der eigenen Leistung zu verringern und damit den Preiswettbewerb zu entschärfen.[8]

Zur Verringerung der Austauschbarkeit der Handelsleistung und zur damit einhergehenden Entschärfung des Preiswettbewerbs wird aufgrund der besonderen Charakteristika der Handelsleistung[9] seit Jahren die Notwendigkeit einer Veränderung der Zusammenarbeit von Händlern und Herstellern betont.[10] Damit durch die Zusammenarbeit nachhaltige Wettbewerbsvorteile generiert werden können, bedarf es jedoch einer Neuorientierung und Anpassung bisheriger Beziehungskonzeptionen, vertikaler Strategien und Verhaltensweisen.[11] Das Ziel ist eine Zusammenarbeit, die nicht nur die Effizienz des Distributionssystems[12] erhöht, sondern darüber hinaus die gemeinsame Entwicklung differenzierter Leistungen anstelle der bisher vorherrschenden austauschbaren Massenkonsumartikel ermöglicht.[13] Im Rahmen einer solchen Zusammenarbeit sollen Hersteller und Händler nicht mehr gegeneinander, sondern miteinander arbeiten, indem sie die Kunden und ihre Bedürfnisse[14] zum gemeinsamen Ausgangspunkt jeglicher Aktivitäten über alle Stufen der Wertschöpfungskette machen.[15] Durch ein umfassendes und in sich abgestimmtes strategisches Gesamtkonzept sollen so Ansatzpunkte geschaffen werden, nicht nur die Effizienz der gesamten Wertschöpfungskette zu erhöhen und Kosten zu senken, sondern gleichzeitig auch die Markt- und Kundenorientierung auszubauen, um so eine eindeutige Differenzierung gegenüber den rein preisorientierten Wettbewerbern zu erzielen.[16] Dadurch jedoch wird:

> „insbesondere die Fähigkeit, unternehmensübergreifende Prozesse aus Kundensicht erfolgreich zu gestalten und eigene Ressourcen mit denen verschiedener Partner zu einem

---

[7]   Vgl. Ahlert/ Köster (2004), S. 181 und Morschett (2002), S. 1ff..

[8]   Vgl. Ahlert/ Köster (2004), S. 183 und Rudolph/ Loock/ Kleinschrodt (2008), S. 7f.. Zu den Handelskonzepten Vollsortiment und Discount vgl. vertiefend Unterkapitel I.2.1 dieser Arbeit. Wenngleich die Abkehr von der reinen Preisorientierung für die nicht discountorientierten Bereiche des Handels ungleich wichtiger erscheint, so ist vor dem Hintergrund der sich angleichenden Prozesse und Angebotshomogenisierung fraglich, ob Discounter über den reinen Preiswettbewerb auf Dauer Wettbewerbsvorteile erzielen können oder ob eine Differenzierung der Leistung über den Preis hinaus die Preisspielräume nicht auch verbessern würde. Daher stellt sich auch für Discounter zunehmend die Frage, wie sie sich über den Preis hinaus im Wettbewerb differenzieren können.

[9]   Vgl. Unterkapitel I.2.1 dieser Arbeit sowie Salditt (2008), S. 8f..

[10] Schon Mitte der 90er Jahre beschäftigte sich bspw. Laurent (1996) ausführlich mit vertikalen Kooperationsstrategien zwischen Industrie und Handel.

[11] Vgl. Bieber/ Rumpel (2004), S. 29.

[12] Vgl. zum Distributionssystem vertiefend auch Unterkapitel II.1.1 dieser Arbeit.

[13] Vgl. Ahlert/ Hesse (2002), S. 18ff..

[14] Unter Bedürfnis wird in der Regel ein Mangelgefühl verstanden, das mit dem Streben verbunden ist, dieses zu beseitigen. Vgl. Sandig (1974), Sp. 313.

[15] Vgl. Meffert (2000), S. 24ff..

[16] Vgl. A.T. Kearney (2008), S. 2ff..

überlegenen Leistungsangebot zu kombinieren, zur strategischen Schlüsselgröße." (Meffert (2000), S. 34)

Im Rahmen der vertikalen Arbeitsteilung zwischen Herstellern und Händlern wurden bereits seit Beginn der 70er Jahre verschiedene Konzepte und Ansatzpunkte diskutiert, wie die Beziehungen und die Zusammenarbeit von Herstellern und Händlern aktiv gestalten werden können.[17] In den letzten Jahren hat diese Diskussion erneut stark an Bedeutung gewonnen. Der Grund hierfür ist, dass sich in der Forschung vermehrt Indikatoren dafür fanden, dass für einen Großteil der Hersteller- und Handelsunternehmen eine erfolgreiche Zusammenarbeit den zentralen Erfolgsfaktor darstellt.[18] In der Folge gewannen auch kooperative Managementkonzepte wie beispielsweise Efficient Consumer Response (ECR)[19] an Bedeutung für das Handelsmanagement.[20] Die seit Ende der 90er Jahre praktizierten und heute alltäglichen ECR-Partnerschaften zwischen Industrie und Handel beschränken sich jedoch zumeist auf operative Fragestellungen zur Steigerung der Prozesseffizienz. Während der operative Erfolg von ECR zumeist positiv bewertet wird, stufen Handelsunternehmen das strategische Potenzial als eher gering ein.[21] Infolgedessen ist eine über operative Bereiche hinausgehende Implementierung bisher auch eher selten zu finden.[22] Schögel (2006) bemerkt dazu:

> „Anscheinend sind bisher nur wenige Unternehmen in der Lage, Hersteller-Handels-Beziehungen erfolgreich kooperativ zu gestalten. Festgefahrene Verteilungsrituale, ein taktisch geprägtes Konfliktmanagement sowie Streitigkeiten in der vertikalen Arbeitsteilung führen dazu, dass partnerschaftliches Verhalten zwar propagiert wird, aber nur in äußerst wenigen Fällen wirklich ein professionelles Kooperationsmanagement anzutreffen ist." (Schögel (2006), S. 19)

Als Grund hierfür kann sicherlich ein Mangel an fundierten Kenntnissen über strategische Bedeutung, Erfolgswirkung, Einflussfaktoren und Gestaltungsdimensionen einer umfassenden Zusammenarbeit von Händlern und Herstellern angeführt werden.[23]

Damit ECR-Partnerschaften über operative Fragestellungen hinaus langfristig erfolgreich funktionieren, müssen das strategische Potenzial der Beziehung von Händler und Hersteller erkannt, die Ursachen der Erfolglosigkeit von über operative Fragestellungen hinausgehenden ECR-Kooperationen identifiziert und die Beziehung so geplant, organisiert, geführt und kon-

---

[17] Vgl. beispielsweise Steffenhagen (1975), der strategische Optionen des Verhaltens zwischen Konflikt und Kooperation in Absatzkanälen thematisierte.

[18] Vgl. Feige (1996), Schögel (2006), S. 17, Tomczak/ Schögel/ Sauer (2005), S. 1176f..

[19] ECR ist ein integrativer Ansatz zur Optimierung des Güter- und Informationsflusses zwischen Industrie und Handel. Ziel ist die Steigerung der Effizienz in der Distribution durch ganzheitliche Abstimmung der Logistik- und Marketingaktivitäten. Vgl. vertiefend von Heydt (1999b) und Kapitel II.2 dieser Arbeit.

[20] Vgl. Barth/ Hartmann/ Schröder (2007), S. 17, Lietke (2009), S. 8.

[21] Vgl. Ahlert/ Köster (2004), S. 184, Corsten/ Kumar (2005), S. 80ff., Lietke (2009), S. 2, Lindblom/ Olkkonen (2008), S. 1, Möll (2004), S. 51, Rode (2005), S. 2, Schröder (2003), S. 11ff..

[22] Vgl. Ahlert/ Köster (2004), S. 184.

[23] Vgl. Lietke (2009), S. 2.

trolliert werden, dass auch die strategischen Potenziale der ECR-Partnerschaft realisiert werden können. Folglich sind das Management von ECR-Aktivitäten und das Management der Beziehungen von Händlern und Herstellern direkt miteinander verknüpft.[24]

Vor diesem Hintergrund soll im Folgenden zunächst der aktuelle Stand der Forschung thematisiert und das Forschungsdefizit konkretisiert werden, um daraus die Zielsetzung der Dissertation herzuleiten (1). Im Anschluss daran wird die Forschungsmethodik thematisiert und ein Überblick über den Aufbau und die Bausteine der Dissertation gegeben (2).

(1)   Forschungsdefizit und Zielsetzung

Die einführenden Bemerkungen verdeutlichen die hohe praktische Relevanz der Zusammenarbeit von Herstellern und Händlern. Daher verwundert es nicht, dass kooperative Konzepte auch in der aktuellen Forschung Gegenstand intensiver Rezeptionen sind. In diesem Zusammenhang ist allerdings zu bemerken, dass die wirtschaftsstufenübergreifende Betrachtung der Distribution nicht so aktuell ist, wie es viele Autoren suggerieren. Beispielsweise beschreibt Schenk schon 1970 die Sichtweise absatzwirtschaftlicher Publikationen aus den 20er und 30er Jahren des 20. Jahrhunderts als Analyse des gesamten Warenwegs zur ganzheitlichen Deutung von bisher getrennt behandelten Industrie-, Handwerks- und Handelsproblemen.[25] Schögel (2006) konstatiert jedoch:

> „Auch wenn Kooperationen seit Jahren einen wichtigen Forschungsbereich der Betriebswirtschaftslehre darstellen und vielfältige Forschungsergebnisse zu unterschiedlichen Spielformen, Einsatzbedingungen sowie Herausforderungen der Kooperation vorliegen, so ist der wissenschaftliche Erkenntnisstand in einigen Aspekten der interorganisationalen Zusammenarbeit noch als äußerst gering einzustufen." (Schögel (2006), S. V)

Während die Diskussion seit den 70er Jahren meist aus Sicht der Hersteller geführt wurde, ist heute vermehrt ein Paradigmenwechsel zu beobachten. Gegenwärtig werden vermehrt Ansätze diskutiert, welche die ehemals passive Rolle des Handels durch das Bild eines Handelsunternehmens ersetzen, welches das Distributionssystem selbst aktiv gestaltet.[26] Toporowski und Zielke (2007) bemerken hierzu:

> „Während die früher übliche Analyse von Distributionsentscheidungen aus der Sicht eines Herstellers mit der asymmetrischen Machtverteilung zugunsten der Industrie begründet werden kann, ist die Machtverschiebung zwischen Industrie und Handel für den Perspektivwechsel mitverantwortlich." (Toporowski/ Zielke (2007), S. 36)

Neben den ursprünglich absatzorientierten Entscheidungsbereichen wie beispielsweise der Sortimentspolitik, beschäftigt sich die wirtschaftsstufenübergreifende Forschung heute auch

---

[24]   Vgl. vertiefend Kapitel III.1 dieser Arbeit.
[25]   Vgl. Schenk (1970), S. 84.
[26]   Vgl. Toporowski/ Zielke (2007), S. 36.

mit eher beschaffungsstrategischen Entscheidungsbereichen wie beispielsweise der Nutzung von Kommunikations- und Informationstechnologie oder dem Management finanzieller Ressourcen. Darüber hinaus sind neben den Funktionsbereichen Marketing und Einkauf zunehmend auch Produktion und Logistik in das Blickfeld der Handelsforschung gerückt.[27] Die Forschung zu wirtschaftsstufen- und funktionsübergreifender Zusammenarbeit erfährt somit eine inhaltliche Ausweitung. Es ist daher zu konstatieren, dass die Gestaltung der Zusammenarbeit im Distributionssystem aus Handelssicht wegen der auf die Machtverschiebung zu Gunsten des Handels zurückzuführenden Perspektivausweitung erneut an wissenschaftlicher Bedeutung gewinnt.[28] Nähert man sich vor dem skizzierten Hintergrund der aktuellen Handelsliteratur, so sind vier Trends erkennbar (Abb. E-1):

---

[27] Vgl. Toporowski/ Zielke (2007), S. 35.
[28] Vgl. Toporowski/ Zielke (2007), S. 37.

Inhaltlich breite Ausrichtung	**Praxeologische Orientierung**
• Zentes et al. (2006) „Handbuch Handel – Strategien – Perspektiven – Internationaler Wettbewerb" • Barth et al. (2007) „Betriebswirtschaftslehre des Handels" • Hagedorn/ Toporowski (2009) „Der Handel" • Liebmann et al. (2009) „Handelsmanagement"	• Riekhof et al. (2004) „Retail Business in Deutschland" • Kraft/ Mantrala (2006) „Retailing in the 21st Century – Current and Future Trends" • Booz & Co. (2009) „ The Collaboration Game – Building Value in the Retail Supply Chain" • Deloitte (2007) „ Focusing on a common goal – The state of retailer-supplier relations"

Geringe argumentative Tiefe	**Geringe theoretische Fundierung**

Operative Fokussierung	**Absatz- und Marketingorientierung mit Fokus auf einzelne Aspekte**
• Schröder/ Zaharia (2008) „Linking multi-channel customer behavior with shopping motives - An empirical investigation of a German retailer" • Deitz et al. (2009) „The effects of retailer supply chain technology mandates on supplier stock returns" • Xie/ Neyret (2009) „Co-op advertising and pricing models in manufacturer–retailer supply chains" • Kaltcheva et al. (2010) „The impact of customers relational models on price-based defection"	• Cox (2004) „Power, value and supply chain management" • Steiner (2006) „Category Management – Zur Konfliktregelung in Hersteller-Handels-Beziehungen" • Liu/ Tao (2008) „The impact of a distributor's trust in a supplier and use of control mechanisms on relational value creation in marketing channels" • Lietke (2009) „Efficient Consumer Response – Eine agency-theoretische Analyse der Probleme und Lösungsansätze"

Vernachlässigung der strategischen Perspektive	**Fokussierung auf ausgewählte Beziehungsaspekte**

Abb. E-1:   *Literaturkasten mit Forschungsdefiziten in ausgewählten Veröffentlichungsbeispielen (Quelle: Eigene Darstellung)*

1) Geringe argumentative Tiefe: Es fällt auf, dass der Teil der Literatur, welcher der allgemeinen Handelsmanagementlehre zuzurechnen ist, sich sowohl mit strategischen als auch mit operativen Fragestellungen an den Schnittstellen zwischen Herstellern und Händlern beschäftigt.[29] In diesen Veröffentlichungen werden in der Regel alle Bereiche des Handelsmanage-

---

[29]   Beispiele hierfür sind „Handbuch Handel – Strategien – Perspektiven – Internationaler Wettbewerb" von Zentes (2006b), „Betriebswirtschaftslehre des Handels" von Barth/ Hartmann/ Schröder (2007), „Han-

ments abgedeckt und umfassende, themenbereichsübergreifende Zusammenhänge vermittelt. Die inhaltlich breite Perspektive verhindert jedoch oft eine argumentative Tiefe der Diskussion. Strategische Fragestellungen in Bezug auf die Zusammenarbeit von Händlern und Herstellern im Rahmen strategisch ausgerichteter ECR-Partnerschaften sowie daraus für den Handel resultierende Anforderungen an herstellergerichtetes Beziehungsmanagement werden daher meist nicht ausführlich behandelt.

2) Geringe theoretische Fundierung: Es ist zu bemerken, dass viele Veröffentlichungen im Bereich Handel äußerst praxisgetrieben sind und somit einen mangelnden theoretischen Bezugsrahmen aufweisen. Hierzu zählen die an Praktiker gerichteten Bücher und lehrbuchhafte Veröffentlichungen.[30] Darüber hinaus fallen hierunter auch eine Vielzahl meist von Beratungsunternehmen durchgeführter Studien sowie die Veröffentlichungen der Fachpresse wie bspw. in der „Lebensmittel Zeitung" oder in „Der Handel".[31] Alle diese Veröffentlichungen beschäftigen sich meist nur sehr deskriptiv mit ECR-Partnerschaften von Händlern und Herstellern sowie der daraus resultierenden Frage des Managements der interorganisationalen Zusammenarbeit. Sie betonten zwar die Bedeutung wirtschaftsstufenübergreifender Zusammenarbeit zur Generierung von Wettbewerbsvorteilen, beschränken sich jedoch meist auf „Rezepte" oder „Checklisten". Eine theoriebasierte Untersuchung der Bedeutung von ECR-Partnerschaften zur Schaffung von Wettbewerbsvorteilen sowie daraus resultierender Anforderungen an das Management der ECR-Beziehung erfolgt dabei nur äußerst selten.

3) Vernachlässigung der strategischen Perspektive: Trotz der hohen Relevanz wirtschaftsstufenübergreifender Fragestellungen mit strategischer Perspektive beschäftigen sich viele Veröffentlichungen primär mit operativen Inhalten. Unter den aktuellen Publikationen in wissenschaftlichen Fachzeitschriften sind hierbei in erster Linie marketingorientierte Themen hervorzuheben. Hier haben die seit der Einführung der Scanner-Kassen zur Verfügung stehenden Echtzeit-Verkaufsdaten zu einer intensiven Beschäftigung mit Fragestellungen im Bereich der Aktionspolitik und Kundenbindung geführt.[32] Darüber hinaus thematisieren eine Vielzahl von

---

delsmanagement" von Liebmann/ Zentes/ Swoboda (2008) oder auch „Der Handel" von Müller-Hagedorn/ Toporowski (2009).

[30] Beispiele hierfür sind „Retail Business in Deutschland" von Riekhof (2008a) und „Retailing in the 21st Century – Current and Future Trends" von Krafft/Mantrala (2006).

[31] Zu dieser Kategorie zählen exemplarisch die Veröffentlichungen „The Collaboration Game – Building Value in the Retail Supply Chain" von Booz & Co. (2009) oder auch „Focusing on a common goal – The state of retailer-supplier relations" von Deloitte (2007).

[32] Als Beispiele hierfür können die aktuellen Journal-Veröffentlichungen „Linking multi-channel customer behavior with shopping motives - An empirical investigation of a German retailer" von Schröder/ Zaharia (2008) im Journal of Retailing and Consumer Services oder „The impact of customers relational models on price-based defection" von Kaltcheva/ Winsor/ Parasuraman (2010) im Journal of Marketing Theory & Practice angeführt werden.

Veröffentlichungen effizienzsteigernde Maßnahmen. Dabei finden insbesondere logistische Fragestellungen und die Verknüpfung von IT-Systemen und Prozessen zwischen vertikalen Partnern große Beachtung.[33] Diese Veröffentlichungen erfassen die grundsätzliche strategische Bedeutung vertikaler Beziehungen zur Verringerung der Austauschbarkeit der Handelsleistung und der damit einhergehenden Entschärfung des Preiswettbewerbs durch die Entwicklung differenzierter Leistungen im Rahmen von ECR-Kooperationen meist nicht ausreichend. Sie bedienen zwar das Interesse der Handelspraxis an einer eindimensionalen Lösung operativer Fragestellungen, gleichzeitig stützen sie jedoch auch den oft beanstandeten Mangel an strategischer Perspektive im Handel.

4) Fokussierung auf ausgewählte Beziehungsaspekte: Schließlich beschäftigen sich viele wissenschaftliche Veröffentlichungen mit einer fokussierten Betrachtung beziehungsspezifischer Einzelthemen. So wurden seit Mitte der 90er Jahre zahlreiche empirische Arbeiten zu beziehungsinterne Funktionsweisen und Aspekte durchgeführt. Besondere Beachtung hat hier beispielsweise die Untersuchung der Bedeutung von Macht und Vertrauen in der Beziehung von Händlern und Herstellern gefunden.[34] Die empirischen Arbeiten lassen jedoch meist einen theoretischen Pluralismus vermissen. Für ein umfassendes Verständnis der strategischen Bedeutung von Händler-Hersteller-Beziehungen und ihrer Gestaltungsparameter über Effizienzaspekte im Rahmen der Schnittstellenoptimierung hinaus bedarf es der Berücksichtigung möglichst vieler Beziehungsdeterminanten. Eine systematische und fundierte Analyse aller Einflussfaktoren der Beziehung von Händlern und Herstellern aus nur einer theoretischen Perspektive ist jedoch kaum möglich. Auch die Einordnung der Beziehungsdeterminanten in ein strategisch ausgerichtetes ECR-Gesamtkonzept lässt sich nur in Ansätzen erkennen. Die Komplexität der Beziehung in allen ihren Facetten sowie die sich daraus ergebenden Potenziale und Herausforderungen werden somit bisher kaum erfasst.

Zusammenfassend ist zu konstatieren, dass strategische Fragestellungen im Bereich der Beziehungen von Händlern und Herstellern sowie die sich daraus ergebenden Implikationen für das strategische Handelsmanagement eine hohe Bedeutung besitzen. Eine umfassende und

---

[33]   Hierzu können exemplarisch die Journal-Artikel „The effects of retailer supply chain technology mandates on supplier stock returns" von Deitz/ Hansen/ Richey Jr. (2009) im International Journal of Physical Distribution & Logistics Management und „Co-op advertising and pricing models in manufacturer–retailer supply chains" von Xie/ Neyret (2009) in Computers & Industrial Engineering gezählt werden.

[34]   Verdeutlicht wird der über Jahre geführte Diskurs beispielhaft durch den im Jahr 2004 im Supply Chain Management: An International Journal publizierten Artikel „Power, value and supply chain management" von Cox (2004), der Veröffentlichung „The impact of a distributor's trust in a supplier and use of control mechanisms on relational value creation in marketing channels" von Liu/ Tao (2008), die im Journal of Business & Industrial Marketing erschienen ist oder auch den Dissertationen von Steiner (2006) „Category Management – Zur Konfliktregelung in Hersteller-Handels-Beziehungen" und Lietke (2009) „Efficient Consumer Response – Eine agency-theoretische Analyse der Probleme und Lösungsansätze".

theoriegeleitete Analyse, welchen Beitrag die Beziehungen von Händlern und Herstellern zur Schaffung komparativer Wettbewerbsvorteile leisten und welche Herausforderungen dabei zu bewältigen sind, ist bisher nicht erfolgt.[35] Deshalb ist bisher auch keine Verknüpfung der beziehungsorientierten Sichtweise mit einem Managementfokus zu finden, welcher konkret auf eine verbesserte Differenzierung der Handelsleistung abzielt und damit die Beeinflussung der vertikalen Beziehungen in den Mittelpunkt der Suche nach strategischen Alternativen zur vorherrschenden Preisorientierung stellt. Bisher wurden weder die zwischenbetriebliche Zusammenarbeit als Basisfacette der Beziehung von Händlern und Herstellern noch eine ganzheitliche Managementkonzeption dieser Beziehungen in der handelswissenschaftlichen Literatur eingehender untersucht. Umfassende und theoriegeleitete Veröffentlichungen darüber, welche Gestaltungsfelder in einem herstellergerichteten Beziehungsmanagement zu berücksichtigen sind und wie diese ausgestaltet werden können, sind bisher kaum zu finden.[36] Dies erscheint insbesondere insofern erstaunlich, als Meffert schon 1999 bemerkte, eine zunehmend vernetzte Unternehmenslandschaft werde völlig neue Anforderungen an die marktorientierte Unternehmensführung im Handel stellen.[37]

Ausgehend von der Forderung nach einer marktgerichteten, wirtschaftsstufenübergreifenden Zusammenarbeit von Händlern und Herstellern zur verbesserten Differenzierung als strategische Alternative zur vorherrschenden Preisorientierung, erscheinen eine systematische und theoriegeleitete Analyse der strategischen Potenziale interorganisationaler ECR-Beziehungen von Händlern und Herstellern sowie eine Untersuchung der grundsätzlichen Gestaltungsfelder eines herstellergerichteten Beziehungsmanagements zur Realisierung der beziehungsinhärenten Potenziale durchaus lohnenswert. Das Erkenntnisziel dieser Dissertation ist somit die Herausarbeitung der strategischen Bedeutung absatzgerichteter ECR-Kooperation sowie die Entwicklung theoretisch-konzeptioneller Ansatzpunkte zur strukturellen und phasenspezifischen Gestaltung eines herstellergerichteten ECR-Beziehungsmanagements, um vor dem Hintergrund der aktuellen Entwicklungen und der beziehungsinhärenten Konflikte strategische Zielsetzungen im Rahmen von ECR-Partnerschaften realisieren zu können. Um dieses Erkenntnisziel zu erreichen, werden drei aufeinander aufbauende Unterzielsetzungen verfolgt, die in Abbildung E-2 zusammengefasst dargestellt sind.

---

[35] Vgl. Rudolph/ Loock/ Kleinschrodt (2008), S. 9.

[36] Vgl. Aastrup/ Grant/ Bjerre (2007), S. 527. Auch in der spezifischen Marketing-Literatur wurde diese Problematik bisher kaum untersucht. Vgl. Schögel (2006), S. 16.

[37] Vgl. Meffert (1999a), S. 409ff..

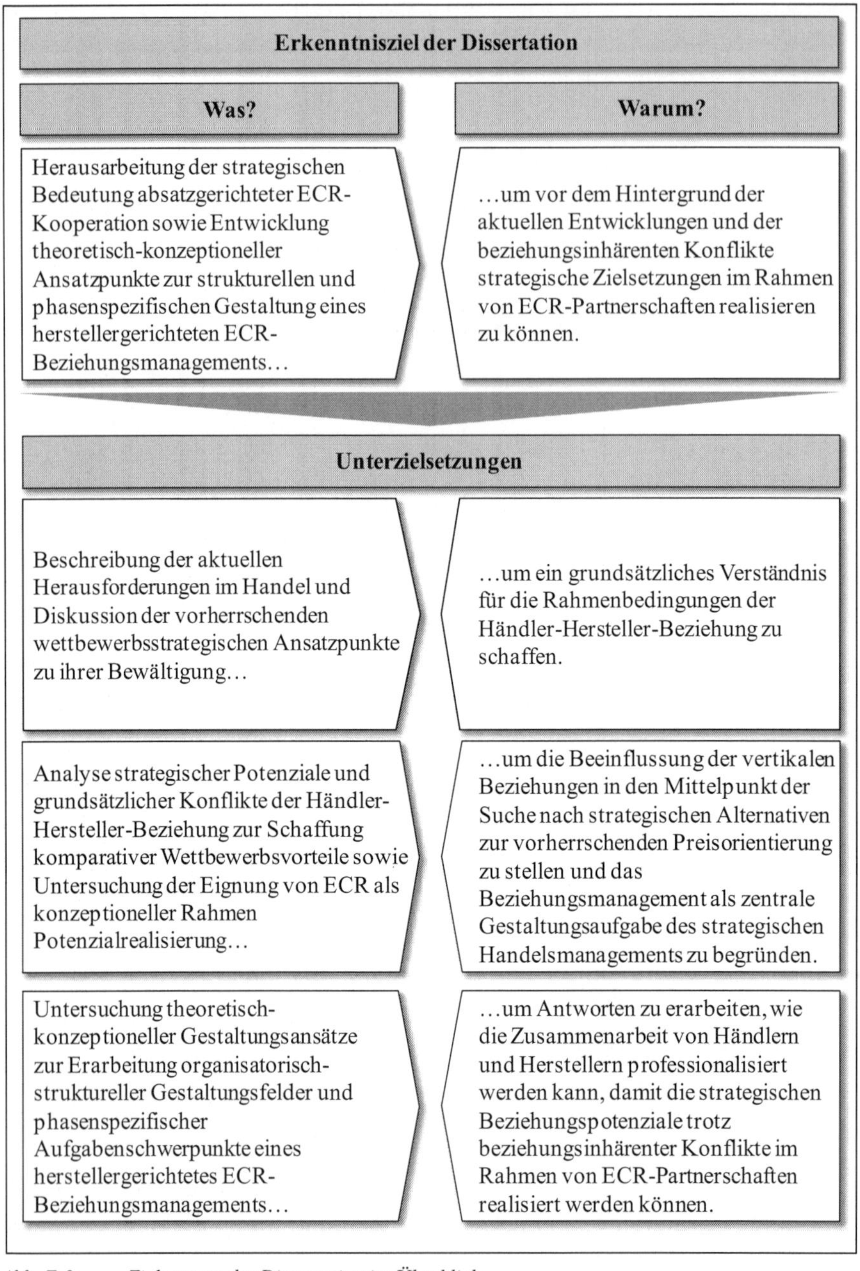

Erkenntnisziel der Dissertation

Was?

Herausarbeitung der strategischen Bedeutung absatzgerichteter ECR-Kooperation sowie Entwicklung theoretisch-konzeptioneller Ansatzpunkte zur strukturellen und phasenspezifischen Gestaltung eines herstellergerichteten ECR-Beziehungsmanagements...

Warum?

...um vor dem Hintergrund der aktuellen Entwicklungen und der beziehungsinhärenten Konflikte strategische Zielsetzungen im Rahmen von ECR-Partnerschaften realisieren zu können.

Unterzielsetzungen

Beschreibung der aktuellen Herausforderungen im Handel und Diskussion der vorherrschenden wettbewerbsstrategischen Ansatzpunkte zu ihrer Bewältigung...

...um ein grundsätzliches Verständnis für die Rahmenbedingungen der Händler-Hersteller-Beziehung zu schaffen.

Analyse strategischer Potenziale und grundsätzlicher Konflikte der Händler-Hersteller-Beziehung zur Schaffung komparativer Wettbewerbsvorteile sowie Untersuchung der Eignung von ECR als konzeptioneller Rahmen Potenzialrealisierung...

...um die Beeinflussung der vertikalen Beziehungen in den Mittelpunkt der Suche nach strategischen Alternativen zur vorherrschenden Preisorientierung zu stellen und das Beziehungsmanagement als zentrale Gestaltungsaufgabe des strategischen Handelsmanagements zu begründen.

Untersuchung theoretisch-konzeptioneller Gestaltungsansätze zur Erarbeitung organisatorisch-struktureller Gestaltungsfelder und phasenspezifischer Aufgabenschwerpunkte eines herstellergerichtetes ECR-Beziehungsmanagements...

...um Antworten zu erarbeiten, wie die Zusammenarbeit von Händlern und Herstellern professionalisiert werden kann, damit die strategischen Beziehungspotenziale trotz beziehungsinhärenter Konflikte im Rahmen von ECR-Partnerschaften realisiert werden können.

Abb. E-2:   Zielsetzung der Dissertation im Überblick
(Quelle: Eigene Darstellung)

Zusammenfassend bleibt festzuhalten, dass mit dieser Dissertation ein Beitrag geleistet werden soll, die Notwendigkeit einer interorganisationalen strategischen Perspektiverweiterung zur Generierung nachhaltiger Wettbewerbsvorteile durch eine mehrwertgenerierende Handelsleistung zu begründen, die klassischen Ansatzpunkte des strategischen Handelsmanagements um eine beziehungsorientierte Perspektive zu erweitern und gleichzeitig praxisrelevante Empfehlungen und Hinweise zu entwickeln, welche zentralen Gestaltungsparameter bei einem herstellergerichteten Beziehungsmanagement zu berücksichtigen sind.

(2)   Herangehensweise und Aufbau der Arbeit

Anknüpfend an die vorherigen Ausführungen soll im Folgenden zuerst die der Arbeit zugrundeliegende Herangehensweise näher thematisiert werden (a). Anschließend wird der Aufbau der Arbeit vorgestellt, indem die übergeordneten Forschungszielsetzungen detailliert und ihre Beantwortung innerhalb der Arbeit strukturiert werden (b).

(a) Herangehensweise der Arbeit: Der Handel ist für die betriebswirtschaftliche Forschung äußerst interessant, da er aus einer Vielzahl unterschiedlicher Perspektiven betrachtet werden kann. Mit der Untersuchung der wirtschaftszweigspezifischen Ausgestaltung interorganisationaler Beziehungen aus wettbewerbsstrategischer Perspektive widmet sich diese Arbeit einem Themenbereich an der Schnittstelle zwischen den drei betriebswirtschaftlichen Teildisziplinen „Strategisches Management", „Marketing" und „Organisation". Dafür macht sich die Arbeit Erkenntnisse der funktionalen Betriebswirtschaftslehre zu eigen und bezieht diese auf das Erkenntnisobjekt „Händler-Hersteller-Beziehungen" aus Sicht des Handels. Folglich widmet sich die Untersuchung einer wirtschaftszweigspezifischen Konkretisierung der allgemeinen betriebswirtschaftlichen Forschung und ist somit der Handelsforschung zuzurechnen.[38]

Das beschriebene Erkenntnisziel der branchenspezifischen Forschung auf Basis theoretischer Konzepte der Betriebswirtschaft besitzt den Anspruch, eine praxisrelevante Hilfestellung für das Management von Handelsunternehmen zu leisten. Das dieser Arbeit auferlegte Erkenntnisziel ist somit – wie für die betriebswirtschaftliche Forschung typisch – in erster Linie ein pragmatisches.[39]

Um dem pragmatischen Erkenntnisziel zu genügen, sind als Unterbau deskriptive und theoretische Aussagesysteme bereitzustellen.[40] Daher bedarf es zuerst einiger Begriffsdefinitionen und -abgrenzungen sowie empirischer Tatsachenbehauptungen zu den gegenwärtigen

---

[38]   Vgl. Barth/ Hartmann/ Schröder (2007), S. 14.

[39]   Vgl. Jung (2010), S. 22f.; Bea/ Göbel (2010), S. 32.

[40]   Vgl. Bea/ Haas (2005), S. 22ff..

Entwicklungen und Veränderungen in der Handelsbranche. Ziel ist es, ein dieser Arbeit zugrundeliegendes Bild der Handelsbranche und des Branchenkontextes zu zeichnen, um so ein Fundament für das theoretische Wissenschaftsziel zu schaffen. Unter das theoretische Wissenschaftsziel fällt die konzeptionelle Erweiterung des in der Realität vorherrschenden Handlungsrahmens. Dafür bedarf es einer theoriegeleiteten Untersuchung der Potenziale von Händler-Hersteller-Beziehungen zur Realisierung leistungsorientierter Wettbewerbsstrategien sowie einer Analyse der beziehungsinhärenten Konflikte, die einer Realisierung der Beziehungspotenziale entgegenstehen. Es gilt dabei möglichst unbeschränkt geltende Ursache-Wirkungs-Zusammenhänge zu identifizieren und diese dann auf den zuvor definierten Branchenkontext zu übertragen. Dass diese Übertragung keineswegs selbstverständlich ist, bemerken Pedhazur und Schmelkin (1991):

> „Even for people who speak the same language, words have different meanings, depending on, among other things, who speaks, to whom, in what context, at what time, and with what purpose. [...] The point is that the different terms reflect different outlooks, values, attitudes, and the like." (Pedhazur/ Schmelkin (1991), S. 164)

Des Weiteren ist zu erwähnen, dass keine vollständig theoriegeleitete Auseinandersetzung mit der übergeordneten Fragestellung angestrebt wird. Vielmehr soll versucht werden, Theorie und Praxis zu verknüpfen,[41] wobei die Handelspraxis in dieser Arbeit den Kontext und die betriebswirtschaftliche Theorie die Erkenntnisquelle liefert.[42] Denn wie schon Heinen (1974) feststellt, hat:

> „Die Betriebswirtschaftslehre (...) hat einen Beitrag zur Lösung praktischer Probleme zu leisten." (Heinen (1974), S. 264)

Und Barth, Hartmann und Schröder (2007) konstatieren daher auch folgerichtig:

> „Das pragmatische Wissenschaftsziel der Betriebswirtschaftslehre zwingt auch die Handelsforschung zur Formulierung solcher Aussagensysteme, die dem Praktiker zur Erreichung seiner betrieblichen Ziele adäquate betriebliche Mittel aufzeigen." (Barth/ Hartmann/ Schröder (2007), S. 18)

Um wissenschaftlich fundierte Aussagen treffen zu können, ist es zunächst notwendig, eine spezifische Perspektive zu wählen. Wie schon anfangs thematisiert, führt die Machtverschiebung zwischen Industrie und Handel verstärkt zu einem Perspektivwechsel von den produzierenden Unternehmen hin zum Handel. Diesem Perspektivwechsel folgend soll in dieser Arbeit aus Sicht eines fokalen Handelsunternehmens argumentiert werden. Hierbei wird aber nicht aus der Sicht eines bestimmten Händlers wie beispielsweise Tengelman, Edeka oder Tesco argumentiert, vielmehr steht der Begriff des fokalen Handelsunternehmens als Platzhalter für

---

[41] Vgl. zur Bedeutung der gleichzeitigen Betrachtung von Betriebswirtschaftslehre und Praxis vertiefend Grimm (1979) und Kirsch (1977).

[42] Vgl. vertiefend hierzu Kirsch (1996), S. 321ff..

ein großen, nicht discountgetriebenen Händler. Im Vordergrund stehen hierbei Händler von sogenannten „Fast Moving Consumer Goods", also Lebensmittel- und Getränkehändler sowie Drogerien.[43] Vor dem Hintergrund der eingangs skizzierten Forschungsfragen eignet sich der FMCG-Handel besonders als Untersuchungsobjekt, da die Beziehung von Herstellern und Händlern eine besonders bedeutende Rolle für die Realisierung von Differenzierungsstrategien spielt, aber gleichzeitig auch durch systemimmanente Konfliktfelder geprägt ist.[44]

Obwohl die Herausforderungen im Handel primär aus deutscher Sicht analysiert werden, beschränken sich viele dieser Entwicklungen nicht auf Deutschland. Folglich lassen sich die daraus abgeleiteten Schlussfolgerungen zum Teil auch auf Handelsunternehmen anderer Länder übertragen, und gleichzeitig kann die Argumentation auch mit Beispielen aus anderen Ländern veranschaulicht werden.

Die vorangegangenen Ausführungen induzieren ein Selektionsproblem, weil trotz eingeschränkter Perspektive eine komplette Analyse aller möglichen Variablen der Argumentation den Rahmen dieser Arbeit sprengen würde. Der große Umfang der Argumentation ginge darüber hinaus zu Lasten der Verständlichkeit und Erklärbarkeit der hergeleiteten Aussagen. Es werden daher an verschiedenen Stellen inhaltliche Verdichtungen durchgeführt, um einen Kompromiss zwischen Vollständigkeit und Verständlichkeit der Argumentation zu erzielen. Analog dem Vorgehen von Ringlstetter (1995) sind in dieser Arbeit:

> „... pragmatische Selektionsentscheidungen zugunsten übergreifender Themenstellungen und entsprechender Zusammenhänge zu treffen." (Ringlstetter (1995), S. 17)

In Abbildung E-3 ist die Untersuchung zusammengefasst, eingeordnet und abgegrenzt.

---

[43] Zur Systematisierung des Handels vgl. vertiefend auch Abschnitt I.1.1 (1) dieser Arbeit.
[44] Vgl. Mattmüller/ Tunder (2004), S. 121.

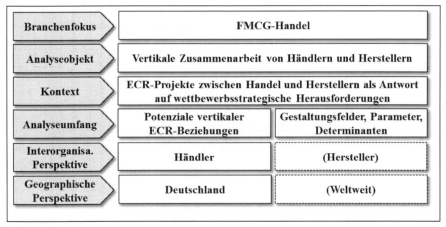

Branchenfokus	FMCG-Handel	
Analyseobjekt	Vertikale Zusammenarbeit von Händlern und Herstellern	
Kontext	ECR-Projekte zwischen Handel und Herstellern als Antwort auf wettbewerbsstrategische Herausforderungen	
Analyseumfang	Potenziale vertikaler ECR-Beziehungen	Gestaltungsfelder, Parameter, Determinanten
Interorganisa. Perspektive	Händler	(Hersteller)
Geographische Perspektive	Deutschland	(Weltweit)

Abb. E-3:   Zusammenfassende Einordnung und Abgrenzung der Untersuchung
(Quelle: Eigene Darstellung)

(b) Aufbau der Arbeit: Entsprechend der vorangestellten Gesamtkonzeption gliedert sich die Dissertation neben Einleitung und Schlusskapitel in drei thematische Hauptteile. Der erste Hauptteil dieser Arbeit dient als Basis der späteren Untersuchung. Dazu werden im ersten Hauptkapitel die definitorischen Grundlagen zur Eingrenzung der dieser Arbeit zugrundeliegenden spezifischen Perspektive der Handelsbranche vermittelt. Da jedes Konzept vor einem bestimmten Hintergrund entsteht und eine Bewertung daher in diesem Zusammenhang zu erfolgen hat,[45] wird anschließend der für die Fragestellung relevante Branchenkontext skizziert und so ein grundsätzliches Verständnis für die Rahmenbedingungen der Händler-Hersteller-Beziehung geschaffen. Im zweiten Hauptkapitel werden die klassischen wettbewerbsstrategischen Ansätze des Handels vor dem Hintergrund der aktuellen Entwicklungen analysiert. In einer Zwischenbetrachtung wird zum Abschluss des ersten Teils die Notwendigkeit einer interorganisationalen Erweiterung der strategischen Perspektive herausgearbeitet.

Nachdem im ersten Hauptteil die Grundlagen zum Handel, aktuelle Entwicklungen im Handelsumfeld sowie wettbewerbsstrategische Ansatzpunkte zu ihrer Bewältigung diskutiert worden sind, wird die Beziehung von Händlern und Herstellern im zweiten Hauptteil als zentrale Gestaltungsaufgabe des strategischen Handelsmanagements charakterisiert. Hierfür werden zuerst die von der Theorie in Aussicht gestellten Potenziale der Beziehung zur Schaffung eines komparativen Wettbewerbsvorteils untersucht. Im Anschluss daran werden mögliche Konflikte analysiert, die einer Realisierung der beschriebenen Potenziale entgegenstehen.

---

[45]   Vgl. Sheth/ Sisodia (1999), S. 72.

Hierauf aufbauend werden die konkreten Inhalte von kooperativen ECR-Beziehungen beschrieben und in Bezug auf die vorher diskutierten strategischen Potenziale und identifizierten
Konflikte untersucht. Auch der zweite Teil schließt mit einer Zwischenbetrachtung, in der die
Notwendigkeit eines übergeordneten Beziehungsmanagements zur Realisierung der strategischen Potenziale von ECR-Partnerschaften herausgearbeitet wird.

Im dritten Teil stehen die Beziehungen selbst in ihrer Funktion als zentraler strategischer
Gestaltungsfelder im Fokus der Untersuchung. In diesem Teil werden Empfehlungen und
Hinweise entwickelt, welche zentralen Gestaltungsfelder von Handelsunternehmen bei einem
herstellergerichteten Beziehungsmanagement berücksichtigt werden müssen, um vor dem
Hintergrund der aktuellen Entwicklungen und der beziehungsinhärenten Konflikte strategische Zielsetzungen im Rahmen von ECR-Partnerschaften realisieren zu können. Aufgrund der
im Mittelpunkt stehenden realitäts- und anwendungsorientierten Forschungsperspektive wird
dabei primär auf solche Planungs-, Organisations- und Führungsinstrumente zurückgegriffen,
die aus der allgemeinen betriebswirtschaftlichen Forschung bereits bekannt sind, auch schon
erfolgreich für unternehmensinterne Zwecke eingesetzt werden und deshalb nur noch an die
spezifischen Charakteristika der Händler-Hersteller-Beziehung anzupassen sind. Im ersten
Schritt werden theoretisch-konzeptionelle Gestaltungsansätze zum Management von ECR-
Beziehungen skizziert, um grundsätzliche strukturelle und prozessuale Gestaltungsfelder zu
identifizieren. Anschließend werden die strukturellen Ansatzpunkte der Gestaltung eines
ECR-Beziehungsmanagements thematisiert. Dabei werden zum einen organisatorisch-
strukturelle Optionen zur Verankerung des Beziehungsmanagements beschrieben und branchenspezifische Determinanten einer herstellergerichteten Beziehungssteuerung vor dem Hintergrund der organisatorischen Verankerung erläutert. Im Anschluss daran werden mit den
Ansatzpunkten zur phasenspezifischen Ausgestaltung und Weiterentwicklung von ECR-
Beziehungen prozessuale Gestaltungsfelder untersucht. Hierbei werden zum einen Aufgabenschwerpunkte während der Initiierungs- und Interaktionsphase und zum anderen Möglichkeiten zur Kontrolle und Weiterentwicklung der ECR-Beziehung diskutiert.

Die Arbeit endet mit einer Schlussbetrachtung. In ihr werden die zentralen Ergebnisse zusammengefasst und Ansätze für weitere Forschung aufgezeigt. In der Abbildung E-4 ist der
Aufbau der Arbeit abschließend zusammengefasst dargestellt.

Einführung: Forschungsdefizit, Zielsetzung, Herangehensweise und Aufbau der Arbeit

**Teil I: Aktuelle Herausforderungen im Handel und strategische Ansatzpunkte
            zur ihrer Handhabung**

Grundlagen und Branchenentwicklungen	Klassische Wettbewerbsstrategien
• Grundlegendes zum Handel • Aktuelle Entwicklungen im Handel	• Wettbewerbsvorteile als Aufgabe des strategischen Managements • Alternative Bezugsrahmen zur Schaffung von Wettbewerbsvorteilen

Zwischenbetrachtung 1: Notwendigkeit einer interorganisationalen Perspektiverweiterung

**Teil II: Vertikale Zusammenarbeit als Erweiterung der strategischen Perspektive und
            Bedeutung von ECR-Partnerschaften für die Realisierung strategischer Potenziale**

Kooperative Potenziale und Konfliktstellen	Eignung von ECR zur Potenzialrealisierung
• Potenziale der Händler-Hersteller-Beziehung • Konflikte zwischen Händlern und Herstellern	• Das ECR-Konzept • Der Beitrag von ECR zur Realisierung der strategischen Potenziale einer vertikalen Zusammenarbeit

Zwischenbetrachtung 2: Notwendigkeit eines übergeordneten Beziehungsmanagements

**Teil III: Ansatzpunkte für ein herstellergerichtetes ECR-Beziehungsmanagement zur
            Realisierung strategischer Potenziale im Rahmen von ECR-Partnerschaften**

Theoretisch-konzeptionelle Gestaltungsansätze

Strukturorientierte Gestaltungsfelder	Phasenspezifische Aufgabenschwerpunkte
• Organisatorisch-strukturelle Einbindung des Beziehungsmanagements • Determinanten einer herstellergerichteten Beziehungssteuerung	• Aufgabenschwerpunkte während der Initiierungs- und Interaktionsphase • Möglichkeiten zur Kontrolle und Weiterentwicklung der ECR-Beziehung

Schlussbetrachtung: Zusammenfassung zentraler Ergebnisse, kritische Würdigung und
            Ansatzpunkte für weitere Forschungsbemühungen

*Abb. E-4:   Aufbau der Arbeit
               (Quelle: Eigene Darstellung)*

I. Aktuelle Herausforderungen im Handel und strategische Ansatzpunkte zu ihrer Handhabung

Der erste Teil dieser Arbeit dient als Basis der späteren Untersuchung. Hierfür werden im ersten Hauptkapitel zum einen die definitorischen Grundlagen zur Eingrenzung der dieser Arbeit zugrundeliegenden spezifischen Perspektive der Handelsbranche vermittelt. Zum anderen wird der vor dem Hintergrund der Fragestellung relevante Branchenkontext skizziert, um so ein grundsätzliches Verständnis für die Rahmenbedingungen der Händler-Hersteller-Beziehung zu zeichnen (I.1). Im zweiten Hauptkapitel werden die klassischen wettbewerbsstrategischen Ansatzpunkte im Handel vor dem Hintergrund der aktuellen Herausforderungen diskutiert (I.2). Der Teil schließt mit einer Zwischenbetrachtung, in der die Notwendigkeit einer wettbewerbsstrategischen Perspektivausweitung auf die vertikalen Beziehungen zu den Herstellern herausgearbeitet wird (I.3).

I.1 Grundlagen zum Handel und Darstellung aktueller Entwicklungen

Die Vielfalt der Erscheinungsformen und der tägliche Kontakt mit Händlern haben dazu geführt, dass unter dem Begriff „Handel" im allgemeinen Sprachgebrauch wie auch in der wissenschaftlichen Literatur verschiedenste Teilbranchen subsumiert werden. Um wissenschaftlich fundierte Aussagen treffen zu können, ist daher im ersten Schritt ein dieser Arbeit zugrundeliegendes Handelsbegriffsverständnis zu erarbeiten und ein Branchenausschnitt einzugrenzen, für den möglichst allgemeingültige Aussagen bezüglich der Kontextentwicklung getroffen werden können (I.1.1). Im Anschluss daran werden die Entwicklungen beschrieben, welche in jüngster Zeit zu einem deutlich verschärften Wettbewerb geführt haben und damit insbesondere den nicht discountorientierten Handel zwingen, sich mit der Ausschöpfung der Potenziale vertikaler Beziehungen zu beschäftigen (I.1.2).

I.1.1 Grundlegendes zum Handel

Den thematischen Einstieg bilden die Erarbeitung des dieser Arbeit zugrundeliegenden Handelsbegriffes sowie die Abgrenzung des betrachteten Branchenausschnittes (1). Im Anschluss daran wird die Handelsleistung charakterisiert, da sie Ausgangspunkt einer differenzierten Wettbewerbsstrategie ist und dabei aufgrund ihres Charakters zwischen Sach- und Dienstleistung besondere Anforderungen an die Beziehungen von Herstellern und Händlern stellt (2).

Konkretisiert wird die Handelsleistung in den sogenannten Betriebsformen, die als realisierte Marktleistung das eigentliche Produkt des Handels darstellen. Im Laufe der letzten Jahrzehnte hat sich jedoch eine fast unüberschaubare Anzahl unterschiedlicher Betriebsformen herausgebildet. Da es bisher keine allgemein anerkannte Systematik zur Unterscheidung bzw. Einteilung der unterschiedlichen Betriebsform gibt, werden verschiedene Ansätze zur Systematisierung vorgestellt und diejenigen Merkmale genauer charakterisiert, welche geeignet sind, den Nutzen der Handelsleistung für die Kunden zu beeinflussen, und somit die Marktbearbeitung eines Händlers sowie die folgende Diskussion im Wesentlichen bestimmen (3). Abschließend werden ausgewählte und in der Praxis geläufige Betriebsformen des stationären Einzelhandels anhand ihrer Merkmalsausprägung charakterisiert (4).

(1)   Der Handel als wissenschaftliches Forschungsobjekt

Der Ausgangspunkt für die definitorische Bestimmung des dieser Arbeit zugrundeliegenden Handelsverständnisses ist eine Auseinandersetzung mit dem Begriff „Handel". Im weiteren Sinne wird unter „Handel" jeder gewerbliche Austausch von Produkten oder Dienstleistungen verstanden.[46] Im engeren Sinne wird zwischen der Funktion „Handel" und der Institution „Handel" differenziert. Folglich wird auch zwischen einem funktionalen und einem institutionellen Handelsbegriff unterschieden.

Als funktionaler Handelsbegriff wird die Vermittlung eines potenziellen Tausches zwischen selbstständigen Wirtschaftseinheiten, also in letzter Instanz zwischen Produktion und Konsumtion, verstanden.[47] Handel im funktionellen Sinne liegt vor, wenn

> „Marktteilnehmer Güter, die sie in der Regel nicht selbst be- oder verarbeiten (Handelsware), von anderen Marktteilnehmern beschaffen und an Dritte absetzen." (Ausschuss für Definitionen zu Handel und Distribution (2006), S. 32)[48]

Dem steht der institutionelle Handel gegenüber. Dieser umfasst jedoch nur den Teilbereich des Güteraustausches, der von Institution durchgeführt wird,

> „deren wirtschaftliche Tätigkeit ausschließlich oder überwiegend dem Handel im funktionellen Sinne zuzurechnen ist. In der amtlichen Statistik wird eine Unternehmung oder ein Betrieb dann dem Handel zugeordnet, wenn aus der Handelstätigkeit eine größere Wertschöpfung resultiert als aus einer zweiten oder mehreren sonstigen Tätigkeiten." (Ausschuss für Definitionen zu Handel und Distribution (2006), S. 32)

---

[46]   Vgl. Barth/ Hartmann/ Schröder (2007), S. 1.
[47]   Vgl. Hudetz/ Kaapke (2009), S. 135ff..
[48]   In der Praxis wird der Begriff im Allgemeinen auf den Austausch von Sachgütern, noch häufiger auf den Austausch von beweglichen Sachgütern eingeschränkt. Vgl. Barth/ Hartmann/ Schröder (2007), S. 1.

Diese Institutionen werden als Handelsunternehmung oder Handelsbetriebe bezeichnet.[49] Sie bilden das Erkenntnisobjekt der Handelsbetriebslehre bzw. der Handelsforschung. Aufgrund der Vielfalt unterschiedlicher Erscheinungsformen von Handelsbetrieben ist diese Begriffsdefinition entsprechend dem Erkenntnisziel dieser Arbeit noch weiter einzugrenzen.

Einen allgemeingültigen Ansatz zur Systematisierung der Erscheinungsformen von Handelsbetrieben gibt es bisher nicht.[50] Die Literatur bietet jedoch verschiedenste Typologien zur Einteilung und Abgrenzung der verschiedenen Handelsbetriebe.[51] Eine erste grobe und allgemein anerkannte Einteilung beschreibt die Position des Unternehmens zwischen Produzent und Konsument.[52] Die Unterteilung erfolgt hier nach Wirtschaftsstufen in Groß- und Einzelhandelsbetriebe.[53] Charakteristisch für den Großhandel ist, dass er Transaktionen zwischen Unternehmen und vergleichbaren Institutionen zum Gegenstand hat und damit dem Business-to-Business-Bereich („B2B"-Bereich) zuzuordnen ist.[54] Dieser betreibt also den Absatz von Waren an gewerbliche Abnehmer. Großhandelskunden können dabei in Wiederverkäufer (z.B. Einzelhandel), Weiterverarbeiter (z.B. Industriebetriebe) und Großverbraucher (z.B. Hotellerie) unterteilt werden.[55] Als Einzelhandelsunternehmen werden dagegen alle die Institutionen bezeichnet, die ihre Handelswaren oder sonstigen Leistungen an Endverbraucher, also in der Regel an private Konsumenten, vertreiben („B2C"-Bereich).[56] Im Folgenden wird der Einzelhandel aus institutioneller Perspektive untersucht. Dabei werden die Begriffe Einzelhandel und Handel synonym verwendet.

---

[49] Vgl. Barth/ Hartmann/ Schröder (2007), S. 1. In der amtlichen Statistik wird ein Unternehmen oder ein Betrieb dann dem Handel zugeordnet, wenn aus der Handelstätigkeit eine größere Wertschöpfung resultiert als aus einer zweiten oder aus mehreren sonstigen Tätigkeiten. Vgl. Hudetz/ Kaapke (2009), S. 135f..

[50] Weder die einschlägigen Handwörterbücher und Marketing-Lexika, wie beispielsweise „Handwörterbuch des Marketing" (vgl. Tietz (1995)), „Vahlens Großes Marketinglexikon" (vgl. Diller (2001d)), „Gabler Marketing Lexikon" (vgl. Bruhn (2004)) oder „Katalog E: Definitionen zu Handel und Distribution" (vgl. Ausschuss für Definitionen zu Handel und Distribution (2006)), noch die einschlägigen Lehrbücher zum Handel wie etwa „Handelsmarketing" (vgl. Ahlert/ Kenning (2007)), „Handelsmanagement" (vgl. Liebmann/ Zentes/ Swoboda (2008)), „Der Handel" (vgl. Müller-Hagedorn/ Toporowski (2009)) oder „Betriebswirtschaftslehre des Handels" (vgl. Barth/ Hartmann/ Schröder (2007)) weisen in ihren Werken eine einheitliche Systematik auf.

[51] Vgl. Müller-Hagedorn/ Toporowski (2006), S. 7.

[52] Vgl. Barth/ Hartmann/ Schröder (2007), S. 44, Liebmann/ Zentes/ Swoboda (2008), S. 345, Theis (1999), S. 490.

[53] Vgl. Barth/ Hartmann/ Schröder (2007), S. 43ff., Liebmann/ Zentes/ Swoboda (2008), S. 5, Metro AG (2009), S. 18, Müller-Hagedorn/ Toporowski (2006), S. 7. Neben Groß- und Einzelhandel wird oft noch der Direktabsatzhandel eingeordnet. Unter Direktabsatzhandel im funktionalen Sinn wird wirtschaftliche Tätigkeit des Absatzes von Produkten und sonstigen Leistungen von Herstellern direkt an die Endverbraucher verstanden – ohne Zwischenschaltung von Handelsbetrieben. Hierzu zählen neben Direktvertrieben der Industrie beispielsweise auch Landwirte, Winzer, Bäckereien oder Fleischereien. Vgl. Metro AG (2009), S. 19. Da diese Betriebe aber die Güter selbst produzieren, sind sie keine Händler im institutionellen Sinne und fallen folglich auch nicht unter den oben definierten Handelsbegriff.

[54] Vgl. Zentes (2006), S. 7.

[55] Vgl. Barth/ Hartmann/ Schröder (2007), S. 43, Zentes/ Morschett/ Schramm-Klein (2007), S. 30.

[56] Vgl. Liebmann/ Zentes/ Swoboda (2008), S. 5, Müller-Hagedorn/ Toporowski (2006), S. 9.

Der Einzelhandel kann wiederum aufgrund seiner Erscheinungsformen in „stationären Einzelhandel", „Distanzhandel" und „ambulanten Handel" unterteilt werden.[57] Unter „stationär" ist zu verstehen, dass der Absatz der Waren aus einem Ladengeschäft heraus erfolgt. Beim Distanzhandel werden die Waren statt in einem Ladengeschäft beispielsweise in Katalogen oder Onlineshops angeboten. Der Absatz erfolgt durch Versendung der Waren auf Bestellung der Kunden.[58] Unter ambulantem Handel sind beispielsweise Händler zu verstehen, die auf Märkten ihre Waren anbieten.[59]

Jedoch ist die Ausprägung unterschiedlicher Handelsbetriebe auch noch innerhalb dieser Einteilung riesig. In den letzten Jahren kann beobachtet werden, dass sich die Branchenfixierung im Handel zunehmend auflöst. Möbelgeschäfte verkaufen Wohnaccessoires, Baumärkte verkaufen Tierfutter, und Lebensmittelgeschäfte vermarkten ein wöchentlich wechselndes Non-Food-Sortiment. Um diesen Sortimentsmix beschreiben zu können, unterscheidet die Handelspraxis häufig zwischen „Non-Food-Durables", also langlebigen Gebrauchsgütern, und „Fast Moving Consumer Goods" (FMCG).[60] Unter FMCG versteht man schnelldrehende Konsum- oder Verbrauchsgüter.[61] Diese sind industriell hergestellte und technisch fertige Verbrauchsgüter, die überwiegend von privaten Endverbrauchern gekauft und konsumiert werden.[62] Es handelt sich dabei meist um Lebensmittel („Food"). Daneben fallen hierunter aber auch lebensmittelnahe Warenkategorien („Near-Food") wie beispielsweise Hygieneprodukte. Unter den FMCG-Handel fallen somit der Lebensmittel- und Getränkehandel sowie Drogerien. Unter dem Handel langlebiger Verbrauchsgüter (Non-Food-Durables) werden dagegen beispielsweise Möbelmärkte oder der Elektronikhandel subsummiert.

Dem pragmatischen Wissenschaftsziel dieser Arbeit folgend wird dieser praxisorientierten Einteilung des Einzelhandels gefolgt. Neben dem pragmatischen Wissenschaftsziel spricht für diese Betrachtung auch, dass die Besonderheiten des Einzelhandels unter Berücksichtigung der Unterteilung der Sortimente in FMCG und Durables in der Literatur bislang nur eine geringe Beachtung gefunden haben.[63] Abbildung I-1 gibt einen Überblick über den so strukturierten institutionellen Handel in Deutschland und den in dieser Arbeit betrachteten Handelsausschnitt.

---

[57] Vgl. Metro AG (2009).

[58] Vgl. Hudetz/Kaapke (2009), S. 86f..

[59] Vgl. Hudetz/Kaapke (2009), S. 20.

[60] Vgl. Heidel (2007), S. 424.

[61] Vgl. Ausschuss für Definitionen zu Handel und Distribution (2006), S. 87.

[62] Bisweilen findet man auch den Begriff Consumer Packaged Goods (CPG), der eine Untergruppe der FMCG darstellt, da an CPG die Anforderung gestellt wird, dass sie vorverpackt und damit selbstbedienungsfähig sind. Dies trifft aber auf die meisten FMCG zu. Vgl. Heidel (2007), S. 424.

[63] Vgl. Heidel (2007), S. 424.

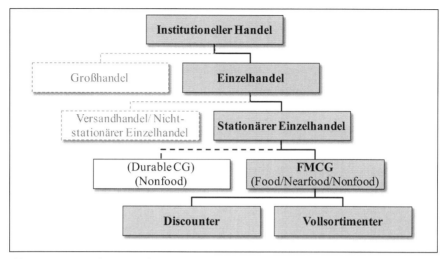

Abb. I-1:   Betrachteter Handelsausschnitt
(Quelle: Eigene Darstellung)

Der Fokus liegt dabei in erster Linie auf dem stationären FMCG-Handel. Vor dem Hintergrund der eingangs skizzierten Forschungsfragen eignet sich der FMCG-Handel besonders als Untersuchungsobjekt, da die Beziehung von Herstellern und Händlern eine besonders bedeutende Rolle für die Realisierung von Differenzierungsstrategien spielt, aber gleichzeitig auch durch systemimmanente Konfliktfelder geprägt ist.[64] Zum Teil lassen sich die Aussagen und Argumente jedoch auch auf den Durables-Handel übertragen. Die Übertragbarkeit von Argumenten sollte jedoch für jeden Einzelfall spezifisch geprüft werden, da sich nicht alle Rahmenbedingungen gleichen und insbesondere bei den aktuellen Entwicklungen verschiedene Schwerpunkte zu finden sind.

(2)   Vom Handel zur Handelsleistung

Da in Handelsunternehmen selbst keine transformatorischen Prozesse ablaufen, begleitete den Handel seit Jahrhunderten das Vorurteil der Unproduktivität.[65] Seit Anfang des 20. Jahrhunderts wurde die Frage, was das „produktive Wesen" des Handels ausmache, mit großer Intensität in der Wissenschaft diskutiert.[66] Die Handelsproduktivität wurde dabei hauptsächlich mit

---

[64]   Vgl. Mattmüller/ Tunder (2004), S. 121. Die Begriffe Handel, Einzelhandel, stationärer Handel und FMCG-Handel werden im Folgenden synonym verwendet.

[65]   Vgl. Schenk (1991), S. 50ff..

[66]   Vgl. Toporowski/ Zielke (2007), S. 28.

Hilfe der volkswirtschaftlichen Funktionen des Handels begründet.[67] Auch wenn sich, wie in Abbildung I-2 dargestellt, eine Vielzahl unterschiedlicher Funktionssystematiken entwickelt hat, wird unter den vier Hauptfunktionen des Handels meist die Überwindung von Spannungen qualitativer, quantitativer, zeitlicher und räumlicher Art zwischen Produzenten und Konsumenten von Gütern (und Dienstleistungen) verstanden.[68]

H. Buddeberg (1959)	K. Ch. Behrens (1966)	E. Hoppmann (1959)
• Kontakt	• Zeitlicher Ausgleich	• Zeitlicher Ausgleich
• Information	• Räumlicher Ausgleich	• Räumlicher Ausgleich
• Beratungsfunktion	• Pretialer Ausgleich	• Quantitativer Ausgleich
• Warenumgruppierung	• Quantitativer und	• Qualitativer Ausgleich
• Mengenumgruppierung	qualitativer Ausgleich	
• Raumausgleich	• Informatorischer	
• Zeitausgleich	Ausgleich	
• Veredelung		
C. W. Meyer (1963)	**R. Seyffert (1972)**	**E. Sundhoff (1965)**
• Überbrückung	• Überbrückungsfunktion	• Sachgüterumgruppierung
räumlicher Spannungen	– Raum	– Sortimentsfunktion
• Überbrückung zeitlicher	– Zeit	– Quantitätsfunktion
Spannungen	– Preisausgleich	• Bedarfsanpassung
• Überbrückung	• Warenfunktion	– Überbrückungs-
quantitativer	– Quantität	funktion
Spannungen	– Qualität	– Sicherungsfunktion
• Überbrückung	– Sortiment	• Marktausgleich
qualitativer Spannungen	• Funktion des	– Markterschließungs-
	Markteramtes	funktion
K. Oberparleiter (1955)	– Markterschließungs-	– Umsatzdurchführungs-
• Räumliche Funktion	funktion	funktion
• Zeitliche Funktion	– Interessenwahrung	• Sachgüteraufbereitung
• Quantitätsfunktion	und Beratung	– Qualitätsfunktion
• Qualitätsfunktion		– Vollendungsfunktion
• Kreditfunktion		
• Werbefunktion		

Abb. I-2:   *Ausgewählte Systematiken der Handelsfunktionen im Überblick*
              (Quelle: In Anlehnung an Salditt 2008, S. 4)

Diesen Funktionen gemein ist, dass sie in erster Linie Dienstleistungen sind. Produktiv ist der Handel also dadurch, dass er die gesamtwirtschaftlich notwendigen Transpositionsvorgänge unterstützt, indem er dabei hilft, die vielfältigen und immer wieder neu entstehenden Spannungen zwischen Produktion und Konsumtion zu überwinden.[69] Die Wertschöpfung des Handelsunternehmens besteht somit in der Leistung, eine noch nicht verwendungsreife Sachleistung der Industrie mit Hilfe einer handelsspezifischen Dienstleistung zur Überwindung von Spannungen zwischen Produzenten und Konsumenten einer werterhöhenden Verwendungs-

---

[67]   Vgl. zu den Anfängen der Produktivitätsforschung des Handels bspw. Schär (1923).

[68]   Vgl. vertiefend zu den Funktionen des Handels Salditt (2008), S. 3ff..

[69]   Vgl. Barth/ Hartmann/ Schröder (2007), S. 26f..

eignung zuzuführen.[70] Die handelsspezifische Dienstleistung beschränkt sich dabei nicht nur auf die Beratung und das Kassieren, sondern erstreckt sich auch auf Bereiche wie beispielsweise Beschaffung, Sortierung oder Zusammenstellung der Ware. Theis (1999) spricht daher von der Handelsleistung als einer Kombination fremderstellter Sachleistungen und eigenerstellter Dienstleistungen.[71] Damit ist der Handel zwischen Sachleistungs- und Dienstleistungsunternehmen zu verorten.[72] Diese Verortung zwischen Sach- und Dienstleistungsunternehmen sowie die sich daraus ergebende Vielzahl von Kombinationsmöglichkeiten der Sach- und Dienstleistungen können dabei als Ursache der großen Anzahl unterschiedlicher Erscheinungsformen des Handels verstanden werden.[73]

(3)   Betriebsformen als Produkte des Handels

Zur Beschreibung und Differenzierung der unterschiedlichen Ausprägungen realisierter Marktleistungen von Handelsunternehmen nutzt die einschlägige Handelsliteratur die Begriffe Betriebsform bzw. Betriebstyp.[74] Betriebsformen können als „Gruppierungen von Handelsunternehmen" verstanden werden, die durch die Realisierung unterschiedlicher Kombinationen von Sach- und Dienstleistung gebildet werden und damit das eigentliche Produkt der Handelsunternehmen darstellen.[75] Der Ausschuss für Definitionen zu Handel und Distribution (2006) definiert die Betriebsform als:

> „eine Kategorie von Handelsbetrieben mit gleichen oder ähnlichen Kombinationen von Merkmalen, die über einen längeren Zeitraum beibehalten werden, und durch den der Handelsbetrieb seine Struktur, sein Leistungsspektrum und seinen Marktauftritt festlegt."
> (Ausschuss für Definitionen zu Handel und Distribution (2006), S. 29)

---

[70]   Vgl. Barth/ Hartmann/ Schröder (2007), S. 2.

[71]   Vgl. Theis (1999), S. 34f.. George (1997) spricht in diesem Zusammenhang vom „sach- und Dienstleistungsverbund der handelsbetrieblichen Leistungserstellung". Vgl. George (1997), S. 27.

[72]   Ob Handelsunternehmen Dienstleistungsunternehmen sind oder nicht, wird seit Jahren kon-trovers diskutiert. Einige Autoren vertreten die Meinung, dass der Handel den Dienstleistungen zugerechnet werden solle. Vgl. beispielsweise Heskett (1988), S. 2, Schmidiger (1996), S. 219 oder Stauss (1998), S. 12. Dagegen sind Autoren der Auffassung, dass Handel und Dienstleistungen strikt zu trennen seien. Vgl. bspw. Fend (1998), S. 1441 oder Schenk (1991), S. 133. Vor dem Hintergrund der Fragestellung dieser Arbeit soll zu dieser Diskussion nicht weiter beigetragen werden. Festzuhalten ist nur, dass aufgrund der Besonderheit der Handelsleistung spezifische Herausforderungen für eine wie auch immer geartete Differenzierung zu bewältigen sind. Vgl. Kapitel I.2 dieser Arbeit.

[73]   Vgl. Morschett (2002), S. 103.

[74]   Vgl. Mattmüller/ Tunder (2004), S. 39.

[75]   An dieser Stelle soll der Hinweis erfolgen, dass nicht alle Autoren dieser Definition folgen und die Begriffe Betriebsform und Betriebstyp auch nicht immer synonym verwenden. Auf eine umfassende Diskussion der unterschiedlichen Auffassungen von Betriebsform und Betriebstyp wird hier jedoch verzichtet und dafür auf folgende Literatur verwiesen: Kenning (2007), S. 111ff., Ahlert/ Olbrich (1999), S. 2ff., Barth/ Hartmann/ Schröder (2007), S. 43ff., Berekoven (1995), S. 28ff., Glöckner-Holme (1988), S. 20ff., Haller (2001), S. 35ff., Lerchenmüller (2003), S. 248ff., Liebmann/ Zentes/ Swoboda (2008), S. 375ff., Mattmüller/ Tunder (2004), S. 39ff., Müller-Hagedorn (2005), S. 69ff., Müller-Hagedorn/ Toporowski (2009), S. 31ff., Purper (2007), S. 5ff.

Wie oben schon erwähnt gibt es bisher keinen allgemeingültigen Ansatz zur Systematisierung von Handelsbetrieben. Daher verwundert es auch nicht, dass in der Literatur eine sehr hohe Zahl von Betriebsformen aufgeführt wird.[76]

Schenk (1991) beispielsweise verweist auf über 100 Betriebsformen des Einzelhandels und ca. 30 Betriebsformen des Großhandels.[77] Die Abbildung I-3 gibt einen Überblick über die von ihm genannten Betriebsformen des Einzelhandels.

---

[76]   Vgl. Purper (2007), S. 22.
[77]   Vgl. Schenk (1991), S. 152ff.

Abteilungsgeschäft	Fahrender Laden	Ratio-Markt
Agenturgeschäft	Filiale	Reformhaus
Alternativhandel	Fliegender Händler	Regiebetrieb
Altwarenhandlung	Flohmarkt	
Ambulanter Handel	Flughafengeschäft	Selbstbedienungs-
Amusement Center	Franchise Geschäft	warenhaus
Antiquariat	Freezer Center	Selbstbedienungs-
Apotheke		geschäft
Automat	Gemeinschaftswarenhaus	Sex-Shop
Automaten-	Gemischtwarengeschäft	Shopping Center
Einkaufszentrum	Getränkeshop	Shouk
Automatenladen		Spezialgeschäft
Automatenstraße	Hausierhandel	Straßenhandel
	Hauszustellhandel	Stundengeschäft
Bahnhofsgeschäft	Hökerhandel	Supermarkt
Basement Store	Hypermarche	
Baumarkt		Tante-Emma-Laden
Bazar	Junior-Warenhaus	Telefonverkauf
Beamteneinkauf		Teleshop
Bestellannahme	Katalogschauraum	Theme Center
Body Shop	Katalogshop	Thrift Center
Boutique	Kaufhaus	Tiefkühlservice
Buchclub	Kaufscheinhandlung	Touristenladen
Buchhandlung	Kiosk	Trafik
	Kleinpreisgeschäft	Trinkhalle
Cableshop	Kolchosmarktstand	Trödelhandlung
Cafeboutique	Kolonialwarenhandlung	
Christkindelmarkt	Konsumgenossenschaft	Underground Center
Convenience Center		Underground Store
Convenience Store	Mall	
	Markthalle	Verbrauchermarkt
Delikatessengeschäft	Modular Store	Verkaufswagen
Department Store		Versandagentur
Depotgeschäft	Nachbarschaftsgeschäft	Versandhaus
Devisenladen		Versandhändler
Discounter	Off-Price-Center	Vertragshändler
Door-to-Door-Selling	Off-Price-Store	Videokatalog-Kiosk
Drogerie		Volkseigener Handel
Drugstore	Partiegeschäft	
	Party-Service-Shop	Wanderlager
Einheitspreisgeschäft	Party-Verkauf	Warenhaus
Einkaufsclub	Passage	Weihnachtsmarkt
Einkaufszentrum	Penny Store	Werkshandlung
Etagengeschäft	Pick-Up-Store	Werkspersonalverkauf
	Piggly-Wiggly-Store	Wochenmarkt
Fabrikladen	Pilotladen	
Fachdiscounter	Proviantschiff	Zollfrei-Laden
Fachgeschäft	PX Shop	(Duty Free Shop)
Fachmarkt		Zustelldienst

Abb. I-3:   Die Betriebsformen des stationären Einzelhandels
(Quelle: Purper (2007), S. 23 und Schenk (1991), S. 159f.)

Gemäß der Vielfalt der Erscheinungsformen des Einzelhandels werden in der Literatur ebenso vielfältige Merkmale zur Systematisierung herangezogen. Dabei kann es sich um komplexe Merkmalskombinationen über mehrere Ebenen handeln oder – wie in der aktuellen Handelsliteratur vorherrschend – nur um die Klassifikationsebene der Geschäftspolitik.[78] Zu den am häufigsten verwendeten Unterscheidungsmerkmalen zählen beispielsweise das Sortiment (z.b. Lebensmittel, Möbel, Elektrogeräte), die Lage (z.b. innerstädtische Zentren, Stadtumland), Einkaufsbequemlichkeit (z.b. Stand-alone-Standort, Einkaufszentrum), die Preispolitik (z.b. niedriges Preisniveau, hohes Preisniveau), das Andienungssystem (z.b. Selbstbedienung ohne Beratung, Fremdbedienung mit Beratung) oder die Größe (von 50 qm bis 20.000 qm).[79]

Auch die in der englischsprachigen Handelsliteratur verwendeten Unterscheidungsmerkmale stimmen weitestgehend mit den oben genannten Merkmalen überein. Newman/ Cullen (2002), nennen als wichtigste Merkmale beispielsweise „location", „size", „merchandise", „price" sowie „atmosphere" und „service" und Levy/Weitz (2007) beschreiben „variety assortment", „service", „prices", „size", „number of stock keeping units" und „location".[80]

Vor dem Hintergrund der Fragestellung dieser Arbeit sind diejenigen Merkmale genauer zu charakterisieren, welche die Marktbearbeitung eines Händlers und damit die folgende Diskussion im Wesentlichen bestimmen. Hierzu zählen die für den Handel zentrale Sortimentsausprägung (a), das Andienungssystem (b), der Standort (c) und die grundsätzliche Preisstrategie (d).[81]

(a) Sortimentsausprägung: Das Sortiment ist die Summe aller Absatzobjekte, die ein Händler seinen Kunden physisch oder auf andere Weise anbietet.[82] Es bezieht sich nicht nur auf Sachleistungen, sondern zunehmend auch auf von Handelsunternehmen angebotene Dienstleistungen. Beispielsweise bietet Tchibo neben Kaffee und wöchentlich wechselnden Non-Food-Artikeln auch Versicherungen, Mobilfunkverträge oder Reisen an.[83] Das Sortiment ist durch die Merkmale Breite und Tiefe charakterisierbar.[84] Bei einer begrifflichen Abgrenzung auf Grundlage der Konsumentenwünsche wird unter der Sortimentstiefe ein möglichst umfangreiches Angebot alternativer Möglichkeiten zur Erfüllung eines Kaufwunsches verstanden und im allgemeinen Sprachgebrauch als Auswahl bezeichnet.[85] Die Sortimentsbreite hingegen bezeichnet additive Kaufmöglichkeiten, die den gleichzeitigen Erwerb unterschiedlicher Arti-

---

[78]   Vgl. zu den Klassifikationssystemen mit verschiedenen Klassifikationsebenen vertiefend Ahlert/ Olbrich (1999), S. 3ff., Glöckner-Holme (1988). Zu der Klassifikation nur über die Ebene der Geschäftspolitik vgl. beispielsweise Autoren: Berekoven (1995), Haller (2001), Liebmann/ Zentes/ Swoboda (2008), Mattmüller/ Tunder (2004), Theis (1999).

[79]   Vgl. Mattmüller/ Tunder (2004), S. 40; Morschett (2002), S. 78.

[80]   Vgl. Levy/ Weitz (2007), S. 49, Newman/ Cullen (2002), S. 17.

[81]   Vgl. Mattmüller/ Tunder (2004), S. 40, Meyer/ Mattmüller (1987), S. 129ff..

[82]   Vgl. Ahlert/ Kenning (2007), S. 196.

[83]   Vgl. Müller-Hagedorn (2005), S. 223ff.

[84]   Vgl. Ahlert/ Kenning (2007), S. 197f.

[85]   Vgl. Tietz (1993), S. 324.

kel in einem Betrieb ermöglichen.[86] Es lassen sich drei grundsätzliche Sortimentsarten zur Differenzierung von Betriebstypen unterscheiden: das Fachsortiment, das Spezialsortiment und das Vollsortiment.[87] Das Fachsortiment ist durch eine bedarfs- oder nachfrageorientierte Bündelung von Waren gekennzeichnet.[88] Hierzu gehören vor dem Hintergrund des betrachteten Handelsausschnittes beispielsweise Spezialitäten- oder Getränkehändler. Das Fachsortiment ist also als eher tief und wenig breit zu charakterisieren. Das Spezialsortiment beschränkt sich auf nur einen definierten Bedarf des Fachsortiments.[89] Hierzu gehören dementsprechend der Händler von Käsespezialitäten oder auch der Weinhändler. Ihr Sortiment zeichnet sich durch sehr große Tiefe aus, ist gleichzeitig aber auch äußerst schmal. Im FMCG-Handel spielen das Fach- und Spezialsortiment nur eine untergeordnete Rolle, da sie immer nur einen sehr begrenzten Teil des Einkaufsbedarfes abdecken und so nur eine ergänzende Funktion besitzen. Das Vollsortiment im FMCG-Handel dagegen ist eine Kombination verschiedener Bedarfsbündel. Vollsortimenter zielen dementsprechend darauf ab, möglichst viele unterschiedliche Waren des täglichen Bedarfs zu führen, um die verschiedensten Bedürfnisse bedienen zu können. Ihr Sortiment ist folglich auch als eher breit und tendenziell nicht sehr tief zu beschreiben. Jedoch hängt die Tiefe von der spezifischen Verkaufsfläche ab. Vollsortimenter zielen also in erster Linie auf ein breites Sortiment, vertiefen ihr Sortiment jedoch mit zunehmender Verkaufsfläche.

(b) Andienungssystem: Als Andienungssystem wird die Art und Weise bezeichnet, wie die im Sortiment enthaltenen Waren angeboten und abgesetzt werden.[90] Im stationären Einzelhandel kann zwischen den Systemen der persönlichen Bedienung und der Selbstbedienung differenziert werden.[91] Bei der persönlichen Bedienung erfolgt der gesamte Kaufvorgang in persönlicher Interaktion mit dem Kunden. Bei der Selbstbedienung vollzieht der Kunde den Absatzvorgang größtenteils selbst. Eine Interaktion findet in der Regel nur noch beim Kassiervorgang statt. Ein Absatzvorgang völlig ohne Interaktion wird als mediales Andienungssystem bezeichnet. Dieses ist im stationären Einzelhandel aber bisher noch nicht zu finden. Erste Versuche mit Selbstscanner-Kassen sind jedoch ein Indikator dafür, dass in Zukunft auch mediale Andienungssysteme im stationären Einzelhandel umgesetzt werden könnten. Persönliche Bedienung besitzt bei Vollsortimentern im FMCG-Handel meist nur eine untergeordnete Be-

---

[86]   Vgl. Möhlenbruch (1994), S. 15
[87]   Vgl. Mattmüller/ Tunder (2004), S. 40f.
[88]   Vgl. Mattmüller/ Tunder (2006), S. 836f.
[89]   Vgl. Mattmüller/ Tunder (2004), S. 41.
[90]   Vgl. Meyer/ Mattmüller (1987), S. 130.
[91]   Vgl. Mattmüller/ Tunder (2004), S. 42.

deutung. So gibt es in bestimmten Sortimentsbereichen zum Teil sogenannte Frischetheken für Fleisch, Wurst oder Käse. Eine vollständige persönliche Bedienung ist im Lebensmittel-handel wenn überhaupt nur bei Händlern mit einem Fach- oder Spezialsortiment wie bei-spielsweise einem Käsehändler zu finden.

(c) Standort: Als Standort wird der geographische Raum bzw. die Lage bezeichnet, an wel-chem der Händler seine Handelsleistung gegenüber dem Kunden erbringt.[92] Der Standort ist im stationären Einzelhandel von besonderer Bedeutung, da dieser, wenn einmal gewählt, nur schwer und mit hohen Investitionen zu verändern ist.[93] Als Lagen können Innerstadtlage, Nachbarschaftslage und Randlage unterschieden werden.[94] Die Innenstadtlage zielt dabei auf Passanten bzw. Laufkundschaft. Die prominente Lage ermöglicht relativ einfach, eine hohe Besucherfrequenz im Standort zu erzielen. Dafür sind jedoch auch die Standortkosten wegen der Mietpreise vergleichsweise höher als in Nachbarschaftslagen. Diese sind in Wohngebieten gelegen und daher auch noch zu Fuß zu erreichen. Allerdings ist die Anzahl an Passanten deutlich niedriger als in innerstädtischen Lagen. Die Randlage hingegen zielt nicht mehr auf Passanten. In Gewerbegebieten und Stadtrandlagen zielt sie auf autofahrende, gezielt besu-chende Kunden. Sie wird in der Praxis daher oft auch als Zielkauflage bezeichnet. Die Stand-ortkosten sind in der Regel deutlich niedriger als in Nachbarschafts- oder Innenstadtlagen, weshalb in den Randlagen häufig Geschäftsstätten mit großen Verkaufsflächen zu finden sind.[95]

(d) Preisstrategie: Die Preisstrategie ist ein relatives Kriterium, welches immer nur im Ver-gleich zum Wettbewerb beschrieben wird und bei dem kurzfristige preisliche Maßnahmen nicht berücksichtigt werden.[96] Es lassen sich prinzipiell zwei Eckpunkte definieren: die Nied-rigpreisstrategie und die Hochpreisstrategie.[97] Ziel der Niedrigpreisstrategie ist es, Preise für Artikel, welche die Kunden mit dem Wettbewerb vergleichen können, dauerhaft zu unterbie-ten. Die Hochpreisstrategie verfolgt im Gegensatz dazu das Ziel, sich durch eine andersartige Handelsleistung so zu differenzieren, dass kein Preisvergleich auf Ebene der einzelnen Artikel erfolgen kann und dadurch ein vergleichsweise hohes Preisniveau realisiert werden kann. Die beiden Strategien sind jedoch nicht als alternativ, sondern vielmehr als zwei Eckpunkte eines

---

[92] Vgl. Müller-Hagedorn (2001), S. 110, Tietz (1993), S. 200.
[93] Vgl. Ahlert/ Kenning (2007), S. 175ff., Liebmann/ Zentes/ Swoboda (2008), S. 493ff., Schröder (2002), S. 43f..
[94] Vgl. Pepels (2007), S. 349.
[95] Vgl. Mandac (2006), S. 459f..
[96] Vgl. Ahlert/ Kenning (2007), S. 233ff., Mattmüller/ Tunder (2004), S. 42.
[97] Vgl. Liebmann/ Zentes/ Swoboda (2008), S. 539ff., Mattmüller/ Tunder (2004), S. 42f., Müller-Hagedorn/ Toporowski (2009), S. 443ff., Purper (2007), S. 25.

Kontinuums zu verstehen. Händler können in ausgewählten Warenkategorien zwar eine Niedrigpreisstrategie verfolgen und trotzdem auch gleichzeitig auf eine Differenzierung spezifischer Merkmale zielen, um einem direkten Preisvergleich so in bestimmten Bereichen zu entgehen.[98]

(4) Ausgewählte Betriebsformen des FMCG-Einzelhandels

Wie oben schon erwähnt unterscheidet die einschlägige Handelsliteratur eine Vielzahl unterschiedlicher Betriebstypen entsprechend der jeweiligen Perspektive. Vor dem Hintergrund der Fragestellung sollen im Folgenden ausgewählte und in der Praxis geläufige Betriebsformen des stationären Einzelhandels entsprechend den oben vorgestellten Unterscheidungsmerkmalen Sortimentsausrichtung, Andienungssystem, Standort, Preisstrategie und Fläche in ihrer Merkmalsausprägung charakterisiert und so die konzeptionellen Unterschiede zwischen Supermärkten, Verbrauchermärkten und Selbstbedienungs-Warenhäusern (a), den sogenannten Vollsortimentern auf der einen Seite und Discountern (b) auf der anderen Seite herausgearbeitet werden. Bei der Charakterisierung der einzelnen Betriebstypen wird jedoch nicht auf alle Merkmale, sondern nur auf die jeweils konstituierenden Merkmale zurückgegriffen.[99]

(a) Supermärkte, Verbrauchermärkte und Selbstbedienungs-Warenhäuser: Der Supermarkt ist ein Lebensmittelgeschäft in Selbstbedienung mit einer Verkaufsfläche von 400 qm – 1500 qm.[100] Neben Nahrungs- und Genussmitteln sowie Frischwaren wird in der Regel auch ein Begleitsortiment mit Waren des täglichen Bedarfs aus Non-Food-Bereichen angeboten.[101] Insgesamt kann das Sortiment daher als eher breit und relativ flach charakterisiert werden.[102] Supermärkte werden u.a. von Edeka, Rewe und Tengelmann betrieben. Dabei herrscht weitestgehend das Selbstbedienungsprinzip. Im Frischwarenbereich werden die Kunden jedoch zum Teil von qualifiziertem Personal bedient.[103] Bevorzugte Standorte sind erstklassige wohnortnahe Innenstadt- und Vorortlagen.[104] Ursprünglich verfolgten Supermärkte eher eine

---

[98] Vgl. Barth/ Hartmann/ Schröder (2007), S. 147ff., Mattmüller/ Tunder (2004), S. 43. Zu Wettbewerbsstrategien im Handel vgl. vertiefend Unterkapitel I.2.1 dieser Arbeit.

[99] Vgl. Liebmann/ Zentes/ Swoboda (2008), S. 385ff.

[100] Nach der amtlichen Statistik hat der Supermarkt höchstens eine Verkaufsfläche von 1.000 m² und nach Panelinstituten von höchstens 800 m². EuroHandelsinstitut hat keine Obergrenze in absoluten Quadratmeterzahlen festgelegt. Die Mindestgröße ist allerdings mit 400 m² zur Abgrenzung gegenüber anderen Betriebsformen eindeutig definiert. Vgl. Ausschuss für Definitionen zu Handel und Distribution (2006), S. 56f., Liebmann/ Zentes/ Swoboda (2008), S. 379.

[101] Vgl. Purper (2007), S. 29.

[102] Vgl. Theis (1999), S. 495.

[103] Vgl. Theis (1999), S. 495f..

[104] Vgl. Barth/ Hartmann/ Schröder (2007), S. 94, Liebmann/ Zentes/ Swoboda (2008), S. 379ff..

Niedrigpreisstrategie.[105] Mit zunehmender Konkurrenz durch Discounter wurde diese aber mehr und mehr aufgegeben und die Preise auf ein mittleres Niveau angehoben.[106] Allerdings haben die Entwicklungen im Konsumentenverhalten[107] und das Wachstum der Discounter[108] dazu geführt, dass Supermärkte in jüngster Zeit wieder verstärkt auf eine Niedrigpreisstrategie zielen und sich damit in den direkten Wettbewerb mit Discountern begeben.[109]

Die großflächigeren Formate werden als Verbrauchermärkte bezeichnet. Sie führen ein breites und auch mitteltiefes Sortiment an Nahrungs- und Genussmitteln und besitzen meist auch ein vergleichsweise breites, aber wenig tiefes Angebot an Ge- und Verbrauchsgütern des kurz- und mittelfristigen Non-Food- bzw. Near-Food-Bedarfs.[110] Das Bedienprinzip ist überwiegend Selbstbedienung mit Ausnahme der Frischetheken.[111] Die Verkaufsfläche liegt zwischen 1.500 qm und 5.000 qm.[112] Der Standort ist in der Regel autokundenorientiert, entweder in Alleinlage am Stadtrand bzw. Stadtumland oder innerhalb von Einzelhandelszentren.[113] Auf umfassende Dienst- und Serviceleistungen wird meist verzichtet und dabei eine preisaggressive Strategie verfolgt.[114] Verbrauchermärkte werden u.a. von Edeka (E-Center), Metro (kleine real-Varianten), Schwarz Gruppe (kleine Kaufland-Variante), Rewe (große Minimal-, kleine Toom-Varianten) oder Tesco (britisches Unternehmen) geführt.

Die nächstgrößere Betriebsform wird als Selbstbedienungs-Warenhaus bezeichnet.[115] Dieses wird definiert als ein großflächiger Einzelhandelsbetrieb mit mindestens 5.000 qm Verkaufsfläche[116] und einem breiten und je nach Warenbereich auch tiefem Sortiment vorwiegend an Food- sowie Near- und Non-Food-Artikeln ganz oder überwiegend in Selbstbedienung.[117] SB-Warenhäuser verzichten ebenso wie Verbrauchermärkte auf kostenintensive Dienst- und Serviceleistungen und befinden sich ausschließlich in autokundenorientierten und

---

[105] Vgl. Purper (2007), S. 29.
[106] Vgl. Baum (2002), S. 47, Kotler/ Keller/ Bliemel (2008), S. 1132ff.
[107] Vgl. zu den Entwicklungen des Konsumentenverhaltens vertiefend Unterkapitel I.1.2 Abschnitt (1).
[108] Vgl. zu der Betriebsform Discount im Allgemeinen Punkt (b) und zum Wachstum der Discounter im speziellen Unterkapitel I.1.2 Abschnitt (3).
[109] Vgl. o.V. (2010a), S. 8.
[110] Vgl. Ausschuss für Definitionen zu Handel und Distribution (2006), S. 60.
[111] Vgl. Purper (2007), S. 31, Tietz (1993), S. 32.
[112] Vgl. Barth/ Hartmann/ Schröder (2007), S. 94. Nach der Abgrenzung des EuroHandelsinstituts. Die amtliche Statistik zählt schon Betriebe mit mindestens 1.000 m² als Verbrauchermärkte, und bei manchen Panelinstituten muss die Verkaufsfläche sogar nur 800 m² betragen. Dabei unterscheiden diese dann jedoch noch zwischen kleinen (800 m² – 1.500 m²) und großen Verbrauchermärkten (1.500 m² –5.000 m²). Vgl. Hudetz/ Kaapke (2009), S. 320.
[113] Vgl. Barth/ Hartmann/ Schröder (2007), S. 94, Theis (1999), S. 495.
[114] Vgl. Barth/ Hartmann/ Schröder (2007), S. 94, Tietz (1993), S. 32.
[115] Selbstbedienungs-Warenhäuser werden synonym auch als SB-Warenhaus oder Hypermarkt bezeichnet. Vgl. Barth/ Hartmann/ Schröder (2007), S. 94.
[116] Vgl. Ausschuss für Definitionen zu Handel und Distribution (2006), S. 60.
[117] Vgl. Liebmann/ Zentes/ Swoboda (2008), S. 381ff.

kostengünstigen Stadtrandlagen oder innerhalb von Einkaufszentren.[118] Der Verzicht auf Serviceleistungen und die kostengünstigen Lagen ermöglichen die Umsetzung einer an den Discount angelehnten Niedrigpreisstrategie, die durch ausgeprägte Sonderangebotspolitik gekennzeichnet ist.[119] Bekannte Unternehmen mit SB-Warenhäusern sind z.b. Schwarz Gruppe (Kaufland), Edeka (Marktkauf), Metro (real), Rewe (Toom) oder Carrefour (französisches Unternehmen).[120] Strategisches Leitprinzip der Supermärkte, Verbrauchermärkte oder Selbstbedienungs-Warenhäuser ist der Vollsortimentsgedanke und das One-Stop-Shopping.[121] Von One-Stop-Shopping wird gesprochen, wenn es dem Kunden möglich ist, an einem Anlaufpunkt (One-Stop – ein Halt) seinen gesamten Bedarf an Waren und Dienstleistungen, am selben Standort decken kann.[122] Ihr FMCG-Sortiment umfasst daher eine Vielzahl von Produkten unterschiedlicher Marken. Obwohl der Anteil an Herstellermarken in der Regel deutlich höher ist als der an Handelsmarken[123], wird in den Sortimenten trotzdem ein sehr breites Preisspektrum abgedeckt: von sehr preisgünstigen Handelsmarken bis hin zu hochpreisigen Premium-Artikeln von Markenherstellern.

Zusammenfassend kann festgehalten werden, dass sich Supermärkte, Verbrauchermärkte und Selbstbedienungs-Warenhäuser dadurch auszeichnen, dass sie vielfältige Kombination verschiedener Bedarfsbündel aus dem FMCG-Bereich anbieten. Dabei zielen sie darauf, in der Breite möglichst den Gesamtbedarf an FMCG- und häufig benötigten Non-Food-Artikeln anzubieten. Sie werden daher entsprechend ihrer Sortimentsausprägung auch als Vollsortimenter bezeichnet. Aus strategischer Perspektive können die sogenannten Vollsortimenter als Gegenkonzept zum Discount verstanden werden, welches im Folgenden beschrieben wird.[124]

(b) Discounter: Discounter zeichnen sich dadurch aus, dass sie ein auf raschen Warenumschlag ausgerichtetes und daher im Vergleich zu den Vollsortimentern schmales und flaches Sortiment von Waren des Alltagsbedarfs zu niedrig kalkulierten Preisen in Selbstbedienung

---

[118]   Vgl. Tietz (1993), S. 32.
[119]   Vgl. Hudetz/ Kaapke (2009), S. 284, Liebmann/ Zentes/ Swoboda (2008), S. 381ff..
[120]   Vgl. Hudetz/ Kaapke (2009), S. 284.
[121]   Vgl. Lademann (2008), S. 89.
[122]   Vgl Hudetz/ Kaapke (2009), S. 229.
[123]   Handelsmarken werden synonym häufig auch als Eigenmarken des Handels bezeichnet. Unter ihnen werden Marken subsumiert, deren Markenrechte sich im Eigentum einer Handelsunternehmung befinden und mit der die jeweilige Handelsunternehmung Artikel kennzeichnet. Im Gegensatz zu den klassischen Marken ist also nicht der Hersteller, sondern die Handelsorganisation Träger der Marke. Sie unterliegen daher meist einer beschränkten Distribution und werden in der Regel nur in handelsorganisationseigenen oder angeschlossenen Einzelhandelsbetrieben abgesetzt. Vgl. Ailawadi/ Neslin/ Gedenk (2001), S. 71, Batra/ Sinha (2000), S. 175, Meffert/ Burmann (2005), S. 178, Sethuraman/ Cole (1999), S. 340. Zum Markenbegriff im Handel allgemein vgl. Ahlert/ Kenning/ Schneider (2000), S. 1ff., Morschett (2002), S. 11ff., zum Begriff der Betriebstypen Marke vgl. Große-Bölting (2005), S. 7ff, Salfeld (2003), S. 11ff..
[124]   Vgl. Lademann (2008), S. 89f..

anbieten.[125] Im Mittelpunkt steht die konsequente Ausrichtung an den Kosten bzw. Preisen.[126]
Sie beschränken sich deshalb auf schnelldrehende Artikel mit einem hohen Eigenmarkenanteil und bieten diese weitestgehend ohne Kundendienstleistungen und ohne großen Aufwand in der Warenpräsentation an.[127] Neben Lebensmitteln werden den Konsumenten auch Near-Food Produkte wie etwa Waschmittel und Körperpflegeartikel sowie Non-Food-Produkte, diese meist in einem wöchentlich wechselndem Rhythmus, angeboten.[128] Der geringe Sortimentsumfang, die einfache, in allen Filialen standardisierte Warenpräsentation und Ladengestaltung sowie die meist gute Erreichbarkeit mit Bereitstellung von Parkplätzen zielen darauf ab, den Kunden einen effizienten Einkauf zu ermöglichen.[129]

Unterschieden wird zwischen zwei Hauptrichtungen, dem Hard- und dem Soft-Discount.[130] Hard-Discounter haben ein sehr flaches und äußerst schmales Sortiment mit deutlichem Schwerpunkt auf Handelsmarken.[131] Darüber hinaus ist die Verkaufsfläche mit nur bis zu 1000 qm im Vergleich zu den Vollsortimentern eher klein. Die bekanntesten Hard-Discounter sind Aldi und Lidl. Soft-Discounter dagegen besitzen ein größeres Sortiment und sind daneben auch häufig noch um Bäcker oder Metzger ergänzt. Neben den Handelsmarken spielen die Marken im Soft-Discount eine viel größere Rolle. Bekannteste Soft-Discounter sind beispielsweise Netto (Edeka) und Penny (Rewe).[132] Allerdings ist zu bemerken, dass die Trennung zwischen Hard- und Soft-Discount sowie zwischen Discountern und Vollsortimentern zunehmend verschwimmt. Diese Entwicklung und ihre Folgen werden im folgenden Unterkapitel diskutiert.

I.1.2   Aktuelle Entwicklungen im Handel

Der Handelssektor stellt den größten verbraucherbezogenen Dienstleistungsmarkt in Deutschland dar. Aktuell gehört der Handelssektor in Deutschland mit rund 740.000 Unternehmen und rund vier Millionen Beschäftigten zu den beschäftigungsintensivsten Wirtschaftsbereichen. Über 15 Prozent aller Erwerbstätigen sind im Handel tätig.[133] Einzel- und Großhandel sowie Handelsvermittler, Kfz-Handelsbetriebe, Tankstellen und Reparaturbetriebe für Ge-

---

[125] Vgl. Diller (1999), S. 319, Hudetz/ Kaapke (2009b), S. 84.
[126] Vgl. Purper (2007), S. 30.
[127] Vgl. Hudetz/ Kaapke (2009), S. 84, Specht/ Fritz (2005), S. 85.
[128] Vgl. Schmitz (2007), S. 41, Theis (1999), S. 496.
[129] Vgl. Diller (1999), S. 355, Twardawa (2006), S. 392.
[130] Vgl. Diller (2008), S. 471, Theis (1999), S. 496.
[131] Vgl. Theis (1999), S. 496.
[132] Vgl. Accenture (2008), S. 9ff..
[133] Vgl. Statistisches Bundesamt (2009), S. 493.

brauchsgüter, die auch noch zum Handelssektor gezählt werden,[134] realisierten 2008 einen Umsatz von ca. 1,2 Billion Euro.[135] Der Großhandel erzielte davon ca. 839 Mrd. Euro, und der Einzelhandel trug mit ca. 377 Mrd. Euro zum Umsatz bei. Im Jahr 2008 wurden im Lebensmittelhandel 164,3 Mrd. Euro umgesetzt (Siehe Abb. I-4).

Anzahl Unternehmen:	Ca. 740.000
Beschäftigte:	Ca. 4 Mio.
Anteil Erwerbstätige:	Ca. 15%
Umsatz:	Ca. 1,2 Billionen EUR
Anteil Bruttowertschöpfung:	Ca. 10% (absolut 232,24 Mrd. EUR)

Abb. I-4:   Bedeutung des Handelssektors in 2008
(Quelle: Eigene Darstellung auf Basis von Daten des Statistischen Bundesamtes (2009))

Es gibt allerdings nur wenige Bereiche der Wirtschaft, die in den vergangenen Jahren von so grundlegenden Veränderungen betroffen waren wie der Handel.[136] Im Folgenden sollen die Entwicklungen der Rahmenbedingungen des Einzelhandels skizziert werden. Dabei wird insbesondere analysiert, welche Entwicklungen die aktuelle Wettbewerbssituation primär determinieren und damit die heutige für viele Handelsunternehmen äußerst kritische Wettbewerbssituation verursacht haben.[137]

Die nachfolgende Darstellung der Rahmenbedingungen orientiert sich an der entsprechenden Einteilung von Liebmann, Zentes und Swoboda (2008), wird jedoch um für die Fragestellung relevante Aspekte erweitert.[138] Wie dabei deutlich werden wird, sind die einzelnen Umfeldbereiche nicht unabhängig voneinander, sondern beeinflussen sich in erheblichem Maße gegenseitig. Daher wird auch nur vor dem Hintergrund der Entwicklungen der interdependenten Rahmenbedingungen deutlich, warum durch die gegenwärtigen Markt- und Wettbewerbsbedingungen der gesamte Handel und insbesondere die Vollsortimenter gezwungen werden, ihre vertikalen Beziehungen zu überdenken. Ausgangspunkt der Analyse sind die soziokulturellen Entwicklungen, die zu einem stark veränderten Konsumentenverhalten geführt haben (1). Im Anschluss daran werden die technologischen Entwicklungen beschrieben,

---

[134]   Vgl. Bundesministerium für Wirtschaft und Technologie (2009).
[135]   Vgl. Statistisches Bundesamt (2009), S. 401.
[136]   Vgl. Riekhof (2008a).
[137]   Somit ist es ausdrücklich nicht das Ziel des Autors, alle auf den Handel wirkenden Entwicklungen ausführlich zu diskutieren. Für eine ausführliche Analyse der aktuellen Entwicklungen und Rahmenbedingungen im Handel sei hier auf Liebmann/ Zentes/ Swoboda (2008), KPMG (2006b), Krafft/Mantrala (2006e), Pietersen (2008), Zentes/ Morschett/ Schramm-Klein (2007) verwiesen.
[138]   Vgl. Liebmann/ Zentes/ Swoboda (2008), S. 93ff..

die zu einer Effizienzorientierung im Handel geführt haben und damit die Handelstätigkeit massiv beeinflussen (2). Darauf aufbauend werden das damit zusammenhängende Wachstum der effizienzorientierten Betriebsform Discount und das daraus resultierende Handelsmarkenwachstum thematisiert (3). Das Wachstum der effizienzorientierten Betriebsformen hat wiederrum stark zur Konsolidierung des Handels beigetragen, welche abschließend beschrieben wird (4).

(1)   Sozioökonomische und soziokulturelle Entwicklungen

Die sozioökonomischen und soziokulturellen Entwicklungen zählen zu den wichtigsten Rahmenbedingungen des Einzelhandels, da sie besonderen Einfluss auf das Nachfrageverhalten der Konsumenten und damit auch direkte Auswirkungen auf den Absatz von Handelsunternehmen haben. Ausgangspunkt ist die Analyse der Konsumausgaben der deutschen Verbraucher.

Betrachtet man die gegenwärtige Situation, so zeigt sich, dass der Umsatzzuwachs des deutschen Lebensmitteleinzelhandels seit Jahren relativ gering ist.[139] Das geringe Wachstum von durchschnittlich 1,8 Prozent pro Jahr (2004 bis 2008) beruht jedoch allein auf Preiserhöhungen. Preisbereinigt sank der Umsatz des Lebensmitteleinzelhandels sogar um durchschnittlich 0,8 Prozent pro Jahr. Der Rückgang wurde vor allem von der weiteren Verlagerung zu Discountern sowie von verstärkten Einsparungen bei einzelnen Produktkategorien ausgelöst.[140]

Gleichzeitig ist auch der Anteil des Einzelhandels am privaten Konsum seit Jahren rückläufig: Obwohl die Ansprüche der Konsumenten an Komfort und Lebensqualität zunehmen, sinken die relativen Ausgaben für Nahrungs- und Genussmittel kontinuierlich (vgl. Abbildung I-5).

---

[139]   Vgl. o.V. (2007).
[140]   Vgl. A.T. Kearney (2009), S. 1.

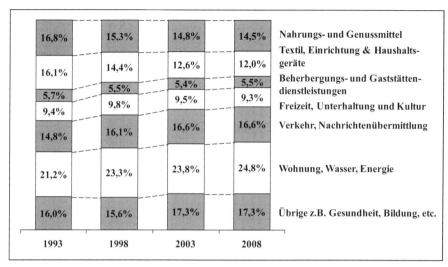

16,8%	15,3%	14,8%	14,5%	Nahrungs- und Genussmittel
16,1%	14,4%	12,6%	12,0%	Textil, Einrichtung & Haushalts- geräte
5,7%	5,5%	5,4%	5,5%	Beherbergungs- und Gaststätten- dienstleistungen
9,4%	9,8%	9,5%	9,3%	Freizeit, Unterhaltung und Kultur
14,8%	16,1%	16,6%	16,6%	Verkehr, Nachrichtenübermittlung
21,2%	23,3%	23,8%	24,8%	Wohnung, Wasser, Energie
16,0%	15,6%	17,3%	17,3%	Übrige z.B. Gesundheit, Bildung, etc.
1993	1998	2003	2008	

Abb. I-5:   *Verteilung der Konsumausgaben der privaten Haushalte von 1993 bis 2008 in Deutschland (Quelle: Metro AG (2009), S. 5)*

Entfielen vor 15 Jahren noch 16,8 Prozent der privaten Konsumausgaben auf Nahrungs- und Genussmittel aus, so ist dieser Wert im Jahr 2008 auf 14,5 Prozent gesunken.[141] Heute geben Konsumenten ihr verfügbares Einkommen lieber für Mobilfunk oder Wohnen aus. Als Begründung hierfür kann der gesellschaftliche Wertewandel aufgeführt werden. Stand in der Nachkriegsphase die Befriedigung von Grundbedürfnissen im Vordergrund, entwickelte sich ab den 60er Jahren die sogenannte „Überflussgesellschaft".[142] In dieser sind die einfachen Grundbedürfnisse weitestgehend befriedigt. Die Konsumenten suchen daher zunehmend nach der Befriedigung komplexerer Bedürfnisse, wie etwa dem Bedürfnis nach Prestige durch Anerkennung anderer oder auch dem Bedürfnis nach Selbstverwirklichung durch Ausdruck von Individualität und Persönlichkeit.[143] Folglich hat auch die Bedeutung von Werten wie beispielsweise Hedonismus, Lebensgenuss oder Freizeitorientierung stark an Bedeutung gewonnen.[144] Leistungsangebote, die auf einfache Konsumbedürfnisse[145] abzielen, reichen dafür

---

[141]   Vgl. Metro AG (2009), S. 5.

[142]   Vgl. Barth/ Hartmann/ Schröder (2007), S. 10.

[143]   Vgl. zum Konsumentenverhalten und Konsummotivation über Grundbedürfnisse hinaus Lindstrom (2009), Ullrich (2006), Ziems/ Krakau (2008). Zu psychologischen Motivationstheorien als Ausgangspunkt ökonomischer Erklärungen wirtschaftlichen Verhaltens vgl. Haller (2000) und Maslow (1975).

[144]   Vgl. Schulze (2000), S. 34ff.. Zu den durch Werteveränderungen hervorgerufenen Konsumtrends vgl. Gömann/ Münchow (2008).

[145]   Einfache Konsumbedürfnisse sind dadurch gekennzeichnet, dass sie durch substituierbare Waren oder Dienstleistungen gelöst werden können, z.b. bei Hunger das Bedürfnis nach Nahrungsmitteln. Vgl. Ahlert (2001a), S. 26.

heute nicht aus. Vielmehr müssen sich insbesondere Vollsortimenter verstärkt auf das Angebot von Produkt- und Dienstleistungskombination konzentrieren, die auf die Lösung komplexer Konsumprobleme[146] abzielen.[147] Einhergehend mit dieser Entwicklung wuchs zum einen das Qualitätsbewusstsein, und zum anderen erwachte der Wunsch nach Einkaufserlebnissen und Genuss. In der Folge suchen Verbraucher heute nach Einkaufserlebnissen, die ihren Werten entsprechen und sie in der Art ihrer Lebensführung bestätigen.[148] Neben der Erlebnisorientierung ist die Preisorientierung die zweite herausragende Entwicklung im Konsumentenverhalten. Diese äußert sich in dem Wunsch vieler Konsumenten, ökonomisch rational begründete Einkäufe zu tätigen.[149]

Das Ergebnis von gleichzeitiger Erlebnis- und Preisorientierung wird als hybrides Konsumentenverhalten bezeichnet.[150] Es zeichnet sich sowohl durch eine Polarisierung als auch durch eine Ambivalenz im Nachfrageverhalten aus.[151] Neben dem Wunsch nach Konsumerlebnissen und Lebensqualität steht gleichzeitig auch eine ökonomisch begründete Einkaufsrationalität im Vordergrund des Verhaltens.[152] Hybride Konsumenten verkörpern somit gegensätzliche Verhaltensmuster in einer Person:[153] Für hochwertige, prestigeträchtige Güter sind sie bereit, viel Geld auszugeben, während sie bei den standardisierten Produkten der Grundversorgung versuchen, so günstig wie möglich einzukaufen. Sie gehen daher sowohl zu einem exklusiven Feinkosthändler oder in einen teuren Bio-Markt als auch zum Discounter.[154]

Weil der günstige Einkauf allgemein als „clever" gilt, während der unnötig teure Einkauf als Verschwendung angesehen wird, können heute alle Bevölkerungsschichten ohne Angst vor Sozialprestigeverlust gezielt nach Schnäppchenangeboten suchen.[155] Ziel dieses sogenannten „Smart Shopping" ist es, möglichst viel für möglichst wenig Geld zu erhalten. Gefördert wird das „Smart Shopping" durch die zunehmende Angebotshomogenität und die sich

---

[146] Komplexe Konsumbedürfnisse zeichnen sich dadurch aus, dass der Verbraucher ein spezifisches und vielschichtiges Bedürfnis hat, zu dessen Lösung „eine Vielzahl von Sach- und Dienstleistungen mit hohem Abstimmungsbedarf kombiniert eingesetzt werden müssen". (Ahlert (2001a), S. 27)

[147] Vgl. Ahlert (2004), S. 67f., Ahlert/ Hesse (2002), S. 18ff., Köster (2005), S. 30ff..

[148] Vgl. Hudetz/ Kaapke (2009), S. 109, Redwitz (1991), S. 267.

[149] Vgl. Purper (2007), S. 14.

[150] Für eine Übersicht über die Begriffe, die in der wissenschaftlichen und praxisnahen Literatur im Zusammenhang mit dem hybriden Kaufverhalten verwendet werden, sowie für eine ausführliche Charakterisierung des hybriden Konsumenten vgl. Schmitt (2005), S. 6ff..

[151] Vgl. Bieber/ Rumpel (2004), S. 32.

[152] Vgl. Barth/ Hartmann/ Schröder (2007), S. 11, Pötzl (2001), S. 3.

[153] Vgl. Metro AG (2009), S. 131.

[154] Vgl. Bieber/ Rumpel (2004), S. 29ff..

[155] Vgl. Brennan/ Lundsten (2000), S. 158, Heidenreich/ Huber/ Vogel (2008), S. 81, Marks (2002), S. 142, Salditt (2008), S. 63f..

angleichende Produktqualität.[156] Der Grund hierfür ist, dass sich das Sortiment der Händler insgesamt wie auch die einzelnen Produkte im Sortiment immer weniger unterscheiden und günstige Artikel auch kaum noch wahrnehmbare qualitative Nachteile gegenüber hochpreisigen Artikeln besitzen. In der Folge sinken zum einen die Händler- sowie die Markentreue, und zum anderen sind Verbraucher heute auch nicht mehr bereit, bei günstigen Produkten eine schlechtere Qualität zu akzeptieren oder für gute Produktqualität automatisch mehr zu bezahlen. Konsumenten haben heute gelernt, dass der Einkauf qualitativ hochwertiger Produkte und ein geringer Preis nicht grundsätzlich im Widerspruch zueinander stehen.

Gleichzeitig führen das gestiegene Bildungsniveau und die technologische Entwicklung im Bereich des Internets dazu, dass Konsumenten heute auch ein gesteigertes Wissen über den Markt, z. B. über alternative Produktlösungen, Qualität oder Preise, besitzen. Darüber hinaus haben die neuesten technologischen Entwicklungen im Bereich des mobilen Internets dazu geführt, dass die Markttransparenz in jüngster Zeit weiter gestiegen ist, weil es für Verbraucher immer einfacher wird, sich über alternative Angebote bei Wettbewerbern zu informieren. So gibt es heute beispielsweise schon die ersten Programme, mit denen Konsumenten den Strichcode mir ihrem Handy scannen können, um die Verkaufspreise „beim Händler um die Ecke" oder die Qualität der Handelsmarke im Vergleich zur Marke zu prüfen.[157]

Die beiden hier beschriebenen Entwicklungen im Konsumentenverhalten „Hybrider Konsument" und „Smart Shopping" wurden hervorgehoben, weil durch sie die Preisorientierung im Handel in besonderem Maße gefördert worden ist. Daneben gibt es noch zahlreiche weitere Veränderungen der Rahmenbedingungen wie beispielsweise die soziodemographische Entwicklung und gesetzliche Deregulierung. Auch lassen sich weitere Trends im Konsumentenverhalten wie etwa die Convenience-Orientierung oder das Lifestyle-Shopping beobachten.[158] Diese wirken jedoch auf Discounter und Vollsortimenter gleichermaßen und sind – auch wenn für den Handel insgesamt bedeutend – vor dem Hintergrund der Fragestellung als nachrangig anzusehen.

---

[156] Vgl. Tomczak/ Brockdorff (2000), S. 30ff..
[157] Vgl. o.V. (2010b).
[158] Zu den Konsequenzen der soziodemographischen Entwicklung für den Handel vgl. vertiefend Redwitz (1999), S. 260ff.. Zu den Konsequenzen der Trends im Konsumentenverhalten für den Handel vgl. vertiefend Gömann/ Münchow (2008), S. 147ff. und Riekhof (2008b), S. 13ff..

(2)   Technologische Neuerungen

Ein weiterer Treiber des rasanten Wandels im Handel ist die Entwicklung der Informations-
und Kommunikationstechnologien.[159] Der technologische Fortschritt beeinflusst die Handelstätigkeit massiv und hat zu deutlichen Veränderungen der zwischenbetrieblichen Organisation von Händlern und Hersteller und der intraorganisatorischen Prozesse im Handel geführt.

So spielt z.b. die starke Verbreitung des Internets sowohl im B2B-Bereich als auch im B2C-
Bereich eine große Rolle. Das Internet ermöglicht nicht nur vielfältige neue Formen der Information und Kommunikation, sondern auch den Aufbau neuer Distributionskanäle bzw.
neuer virtueller Handelsformate.[160] Unter E-Commerce werden diejenigen Transaktionen auf
einem Markt verstanden, bei denen nicht nur das Angebot elektronisch offeriert, sondern auch
die Bestellung elektronisch unter Verwendung eines computergestützten Netzwerkes (Internet) erfolgt.[161] E-Commerce ermöglicht den Kunden eine schnellere und bessere vergleichen-
de Suche und einfachere Bestellung von Produkten unabhängig von Ladenöffnungszeiten.
Dabei ergänzt der Online-Handel häufig andere Kanäle wie Filialen, TV oder Telefon und
führt dazu, dass immer mehr Handelsunternehmen eine Multi-Channel-Strategie verfolgen.[162]
Die Verbreitung des E-Commerce und die damit verbundenen Multi-Channel-Strategien unterscheiden sich jedoch stark nach Branchen. So hat sich das Internet im Lebensmitteleinzelhandel als Kommunikationskanal zwar bei allen Unternehmen durchgesetzt, wird bisher aber
nur selten auch als Distributionskanal genutzt und stellt somit höchstens einen Nebenabsatz-
kanal dar, um z.B. Aktionssortimente oder zusätzliche Dienstleistungen wie Fotoservice anzubieten. Tatsächlicher Vertrieb von Food-Sortimenten über das Internet erfolgt nur in sehr
eingeschränkter Form.[163]

Bei den Veränderungen der zwischenbetrieblichen Organisation von Händlern und Herstellern ist hier vor allem das Electronic Data Interchange hervorzuheben.[164] Dieses erlaubt einen
normierten, papierlosen Datenaustausch zwischen Standorten und Unternehmen und ermöglicht so eine Optimierung der Informationslogistik durch einen kostengünstigeren, schnelleren
und fehlerfreien Austausch von Geschäftsinformationen.[165] Durch die Optimierung der In-

---

[159] Vgl. Barth/ Hartmann/ Schröder (2007), S. 6ff., Wenzel (2003), S. 40f..
[160] Vgl. Liebmann/ Zentes/ Swoboda (2008), S. 48.
[161] Vgl. Ausschuss für Definitionen zu Handel und Distribution (2006), S. 24f..
[162] Vgl. Heinemann (2008), S. 3.
[163] Vgl. Zentes/ Schramm-Klein (2006), S. 8.
[164] Vgl. Barth/ Hartmann/ Schröder (2007), S. 10.
[165] Vgl. Nollau/ Ziegler (2002), S. 5ff., Salditt (2008), S. 76.

formationslogistik werden wiederum auch eine Beschleunigung und eine Kostensenkung der physischen Warenprozesse erreicht.[166]

Mit den Entwicklungen zur Abstimmung von Zuliefer- und Absatzketten und deren Vernetzung mit Bestands- und Bestellsystemen ist auch in den Betriebsstätten des stationären Einzelhandels eine zunehmende Technologisierung einhergegangen. Die bedeutendste Entwicklung in diesem Bereich stellt dabei sicherlich die Scanner-Technologie dar, die sich insbesondere im Lebensmittelhandel in den letzten Jahren auf breiter Front durchgesetzt hat. Als Scanning wird die optisch-elektronische Erfassung von Bar- bzw. Balkencodes entlang des Warenflusses bis hin zur Kasse bezeichnet. Die per Scanning erfassten Warenfluss- und Abverkaufsdaten bilden die Grundlage für integrierte Handelsinformationssysteme auf Data-Warehouse-Basis und intelligente Filialinformationssysteme.[167] So lassen sich erhebliche Rationalisierungspotentiale in der Warenwirtschaft mobilisieren und die Informationsbasis für betriebliche Entscheidungen deutlich verbessern. Neben dem „Scanning" werden in den letzten Jahren noch eine Reihe weiterer technologischer Innovationen in den Betriebsstätten des stationären Einzelhandels erprobt. Hierzu gehören RFID-Chips[168], elektronische Selbstbedienungssysteme (Selbstzahlerkassen und Informationssysteme), in die Einkaufswagen integrierte Einkaufsassistenten oder elektronische Werbe- und Kundenleitmedien.[169]

Die Folge der Technologisierung ist, dass sich die Prozesse aller Handelsunternehmen mehr und mehr angleichen und damit zu einem kontinuierlich steigenden Effizienzdruck in der gesamten Branche führen. Die Notwendigkeit der Effizienzsteigerung hat dazu geführt, dass in den letzten Jahren die meisten Innovationen in der Handelsbranche primär auf Kostenoptimierung durch Senkung von Personalkosten und die weitere Steigerung der Prozesseffizienz, insbesondere der Supply Chain, abzielten – und nicht auf eine effektive Verbesserung der Handelsleistung vor dem Hintergrund der sich verändernden sozioökonomischen und sozio-kulturellen Rahmenbedingungen.[170]

---

[166] Vgl. Heid (2008), S. 161ff.. Vgl. hierzu auch II.2.

[167] Vgl. Barth/ Möhlenbruch (1999), S. 219.

[168] Die Abkürzung RFID steht für „Radio Frequency Identification". Für eine ausführliche Beschreibung der Einsatzmöglichkeiten von RFID-Technologie im Handel vgl. vertiefend Salditt (2008), S. 106ff..

[169] Vgl. Salditt (2008), S. 48f..

[170] Vgl. Janoff/ Summerour (2000), S. 57, Porter/ Millar (1985), S. 149f. (allgemein zu strategischer Bedeutung von Informationstechnologie), Walters/ Rand (1999), S. 465. Zur Differenzierung der Handelsleistung mit Hilfe neuer Technologien vgl. Liebmann/ Friessnegg/ Gruber/ Riedl (2006), S. 24ff.

(3)   Wachstum von Discountern und Handelsmarken

Der Wandel des Konsumentenverhaltens und der auf Effizienz ausgerichtete technische Fortschritt haben zu einem starken Bedeutungsanstieg der Discounter geführt.[171] Gegenüber den
Vollsortimentern konnten die Discounter ihren Umsatz in Deutschland von 2000 bis 2007 um
49 Prozent von 41,5 auf 61,6 Mrd. Euro steigern (siehe Abbildung I-6).[172]

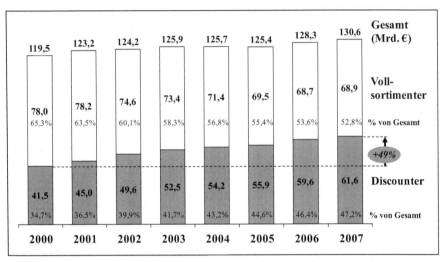

*Abb. I-6:   Umsatzentwicklung und Betriebsformenanteil von Vollsortimentern und Discountern
               (Quelle: Eigene Darstellung und Berechnung in Anlehnung an Accenture (2008), S.
               11, EHI Retail Institute (2009), S. 178ff.)*

Dieses Wachstum ist vor allem der aggressiven Expansionsstrategie der Unternehmen ge-
schuldet. So ist beispielsweise in Deutschland die Zahl der Discounter von 13.600 Geschäftsstätten im Jahr 2000 um 14 Prozent auf 15.500 Geschäftsstätten im Jahr 2008 gestiegen.[173]
Dies bedeutet, dass seit 2000 im Schnitt an jedem zweiten Werktag ein neuer Discounter in
Deutschland eröffnet hat und heute jeder Verbraucher 3,5 Discounter innerhalb von zehn Au-
tominuten erreichen kann.[174] Einhergehend mit der starken Expansion der vergangenen zehn
Jahre haben Discounter, und hierbei insbesondere Aldi, einen Imagewandel vom schmuddeli-
gen „Billigladen" zum bedarfsgerechten Nahversorger mit ausgesprochen guter Qualität
durchgemacht. Dabei haben sie mehr und mehr Wohn- und Innenstadtlagen erschlossen.[175]

---

[171]   Vgl. Bieber/ Rumpel (2004), S. 34f., Rudolph/ Loock/ Kleinschrodt (2008), S. 8.
[172]   Vgl. Accenture (2008), S. 11.
[173]   Vgl. Accenture (2008), S. 16, EHI Retail Institute (2009), S. 179, Twardawa (2006), S. 381.
[174]   Vgl. Accenture (2008), S. 11.
[175]   Vgl. Accenture (2008), S. 12ff..

Nachdem zu Anfang der Versorgungskauf[176] auf Vorrat, d.h. nur die von Konsumenten im Voraus geplante Bedürfnisbefriedigung, im Vordergrund der Handelsaktivitäten stand, zielen Discounter heute darauf, möglichst viele kurzfristig auftretende Bedürfnisse der Konsumenten in der täglichen Versorgung befriedigen zu können. Dafür wurde das ursprünglich auf zur Bevorratung geeignete lange haltbare Produkte wie beispielsweise Dosenlebensmittel beschränkte Sortiment zunehmend verbreitet und dabei erstens um Herstellermarken und zweitens um Frischeprodukte wie Obst und Gemüse sowie Molkerei- und Fleischprodukte erweitert. Mussten Konsumenten früher zwingend noch weitere Lebensmittelhändler aufsuchen, weil Discountern nicht alle für den täglichen Bedarf benötigten Waren führten, so können sie heute aufgrund der Verbreiterung des Sortiments fast alle Waren des täglichen Bedarfs bei Discountern erhalten. Für die Konsumenten stellt sich heute also nicht mehr die Frage, ob sie neben der täglichen Nahversorgung beim Vollsortimenter auch noch einen günstigen Vorratskauf bei einem Discounter tätigen wollen, sondern vielmehr, ob sie überhaupt noch einen Vollsortimenter besuchen müssen oder ihren Bedarf komplett beim Discounter decken können.

Darüber hinaus ist zu beobachten, dass auch die Warenpräsentation immer aufwendiger wird. In der Folge werden Discounter heute nicht mehr nur für günstige Vorratskäufe genutzt, sondern übernehmen in Warenangebot und Warenpräsentation mehr und mehr die Rolle eines billigen Vollsortimenters.[177] Mit dieser Entwicklung jedoch wurde die angesprochene Zielgruppe deutlich erweitert, so dass 98 Prozent aller Haushalte im Jahr 2008 mindestens einmal im Jahr bei Discountern einkauften.[178] Folglich stehen Discounter heute zunehmend im direkten Wettbewerb mit den Vollsortimentern.[179]

Mit dem Wachstum der Discounter stieg auch die Bedeutung von Handelsmarken, da Discounter ihre Niedrigpreisstrategie meist (oder wie im Falle von Aldi fast ausschließlich) auf Handelsmarken stützen.[180] Handelsmarken sind jedoch kein auf Discounter begrenztes Phänomen. Auch Vollsortimenter haben als Antwort auf die niedrigen Preise der Discounter ihre Handelsmarkensortimente seit den 1960er Jahren kontinuierlich ausgebaut.[181] Das ursprüngliche Ziel der Vollsortimenter im horizontalen Wettbewerb war es, mit Handelsmarken durch

---

[176] Versorgungskäufe zeichnen sich durch einen bewussten Verzicht auf emotionale Anreicherung des Einkaufs in einem nüchternen und funktionalen Kaufumfeld aus. Das Gegenstück dazu ist der Erlebniskauf, der auf der Ansprache emotionaler Bedürfnisse des Kunden beispielsweise durch eine besondere Einkaufsatmosphäre basiert. Vgl. Ausschuss für Definitionen zu Handel und Distribution (2006), S. 93.

[177] Vgl. Liebmann/ Friessnegg/ Gruber/ Riedl (2006), S. 90.

[178] Vgl. Accenture (2008), S. 15f., Twardawa (2006), S. 384.

[179] Vgl. Accenture (2008), S. 12ff..

[180] Vgl. Ahlert/ Kenning/ Schneider (2000), S. 27, Ahlert/ Kenning (2007), S. 147, Mattmüller/ Tunder (2004), S. 219, Olbrich (2002), S. 165.

[181] Vgl. Lauer (2001), S. 3.

Ausbau der Preiseinstiegssegmente auf die günstigen Preise der Discounter zu antworten.[182] Die Produkte erfüllten daher zumeist nur die die qualitativen Mindestanforderungen der Produktkategorie. Neben dem Schaffen von „aldinativen" Preiseinstiegssegmenten[183] erfüllen die Handelsmarken heute jedoch noch verschiedene weitere Funktionen im vertikalen Wettbewerb für die Händler: So verbessern sie beispielsweise die Verhandlungsposition gegenüber den Herstellern, da die Abhängigkeit von den Markenprodukten der Hersteller sinkt.[184] Darüber hinaus werden die Hersteller von Markenprodukten durch die Handelsmarken wegen der zunehmenden Konkurrenz um Regalplätze zu verstärkten Aktivitäten wie beispielsweise zusätzlicher Werbung und Promotionen genötigt.[185] Des Weiteren steigt durch die Konkurrenz die Bereitschaft der Hersteller für prominenteren Regalplatz mehr Regalplatzgebühren („Slot Allowances") zu bezahlen.[186] Schließlich tragen Handelsmarken auch dazu bei, die Profitabilität des gesamten Sortiments zu verbessern, da sie im Vergleich zu Herstellermarken im niedrigen und mittleren Preissegment meist höhere Margen besitzen und sich mit ihrer Hilfe gleichzeitig auch die Margen für Herstellermarken im oberen Preissegment durch Preiserhöhungen verbessern lassen, weil preissensible Kunden auf das Angebot der Handelsmarke zurückgreifen können.[187]

Der Einsatz von Handelsmarken als primär preispolitisches Instrument steht im Gegensatz zu anderen europäischen Ländern wie Frankreich oder England, wo Handelsmarken schon seit längerer Zeit zur Sortimentsdifferenzierung dienen.[188] Die Sortimentsdifferenzierung soll die Einzigartigkeit des Händlers unterstreichen und so die Angebotshomogenität und damit Austauschbarkeit der Handelsleistung verringern.[189] Erst in jüngster Zeit zielt das Handelsmarkenmanagement von Vollsortimentern vermehrt auf eine Sortimentsdifferenzierung gegenüber Wettbewerbern und eine Verstärkung der Kundenbindung durch emotionale Aufladung der Handelsmarken.[190] Die emotionale Aufladung geht jedoch nicht über das bloß abverkaufsorientierte Eliminieren oder Hinzufügen von Produktkategorien unter dem Dach der Handelsmarke hinaus. Sie erfordert eine strategische Markenführung des Handels und damit

---

[182] Vgl. Mattmüller/ Tunder (2004), S. 217.

[183] Vgl. Bruhn (1999), S. 793.

[184] Vgl. Chintagunta/ Bonfrer/ Song (2002), S. 1242ff..

[185] Vgl. Glémet/ González-Andión/ Leitao/ Ribeiro (1995), S. 174, Narasimhan/ Wicox (1998), S. 588, Salditt (2008), S. 55f..

[186] Vgl. Glémet/ González-Andión/ Leitao/ Ribeiro (1995), S. 174, Narasimhan/ Wicox (1998), S. 588, Salditt (2008), S. 55f..

[187] Vgl. Ailawadi/ Harlam (2004), S. 155ff., Corstjens/ Lal (2000), S. 281f., Dekimpe/ Steenkamp (2002), S. 33, Salditt (2008), S. 55f., Strebinger/ Schweiger (2003), S. 71.

[188] Vgl. Bieber/ Rumpel (2004), S. 39.

[189] Vgl. Strebinger/ Schweiger (2003), S. 71.

[190] Vgl. Ahlert/ Kenning (2007), S. 149. Vgl. Strebinger/ Schweiger (2003), S. 74.

den Aufbau von spezialisiertem Know-how und geeigneten Organisationsstrukturen, welche bisher der Markenartikelindustrie vorbehalten waren.[191] Dies hat dazu geführt, dass Handelsmarken in letzter Zeit nicht mehr nur in den Preiseinstiegssegmenten, sondern häufig auch im mittleren und gehobenen Preisniveau zu finden sind. Gleichzeitig hat sich auch die Qualität von Handelsmarken deutlich verbessert, so dass sich diese von Herstellermarken kaum noch unterscheidet. Waren bisher hauptsächlich B- und C-Marken von der Verdrängung durch Handelsmarken betroffen, führt die verstärkte Entwicklung von Premium-Handelsmarken dazu, dass zumindest mittelfristig auch die bisher sichere Position der marktführenden Markenhersteller von den Handelsmarken angegriffen werden wird.[192]

(4)   Konsolidierung des Handels

Der Effizienzdruck infolge der skizzierten Entwicklungen im Discountbereich und die zunehmende Bedeutung der Informations- und Kommunikationstechnologien für ein effizientes Management haben dazu geführt, dass die großen filialisierten Handelsunternehmen die kleinen selbstständigen Händler zunehmend verdrängt haben. Gab es 1970 beispielsweise noch ca. 134.000 Lebensmittelgeschäfte, so ist ihre Zahl bis 1995 um ca. 41 Prozent auf 76.403 gesunken und bis 2005 noch einmal um ca. 20 Prozent auf 61.460 zurückgegangen.[193] Gleichzeitig ist aber die Verkaufsfläche von 23,73 Mio. qm im Jahr 1995 um ca. 20 Prozent auf 28,59 Mio. qm im Jahr 2005 gestiegen (vgl. Abbildung I-7).[194]

---

[191]   Vgl. Ahlert/ Kenning (2007), S. 149. Vgl. Strebinger/ Schweiger (2003), S. 74.
[192]   Vgl. Dierig (2009), S. 49, Ergenzinger/ Krulis-Randa (2003), S. 160, KPMG (2006b), S. 36, Mattmüller/ Tunder (2004), S. 218, Pietersen (2008), S. 65.
[193]   Vgl. KPMG (2006a), S. 19, Bieber/ Rumpel (2004), S. 33.
[194]   Vgl. KPMG (2006a), S. 19.

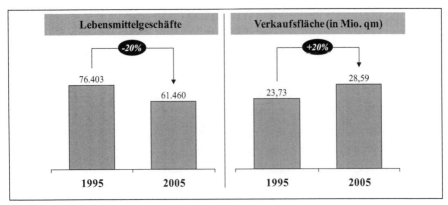

Abb. I-7:   *Entwicklung der Anzahl der Lebensmittelgeschäfte und der Verkaufsfläche im Lebens-*
mittelhandel in Deutschland von 1995 bis 2005.
(Quelle: KPMG (2006a), S. 19)

Das Wachstum der Fläche steht dabei in direktem Gegensatz zum abnehmenden Anteil der Konsumausgaben im Handel und hat somit eine stetig abnehmende Flächenproduktivität zur Folge. Diese Entwicklung führt dazu, dass immer weniger und immer größere Unternehmen in einem immer stärkeren Wettbewerb um immer preissensiblere Kunden stehen.[195] Die Händler sind, wenn sie den Konzentrationsprozess überstehen wollen, gezwungen, ihre „Überlebensfähigkeit" zu erhalten bzw. zu steigern.[196] Die Konzentrationsbewegung zeigt sich vor allem in der Entwicklung des Umsatzanteils der Top-5-Handelsunternehmen über die vergangenen 20 Jahre. Während der Marktanteil der fünf umsatzstärksten Unternehmen im Jahr 1980 gerade einmal 26,3 Prozent betrug, ist er im Jahr 2008 auf 69,9 Prozent gestiegen (siehe Abbildung I-8).

---

[195] Vgl. Appelhoff/ Gerling (2003), S. 25.
[196] Vgl. Olbrich (2001), S. 1, Olbrich (1999), S. 425ff..

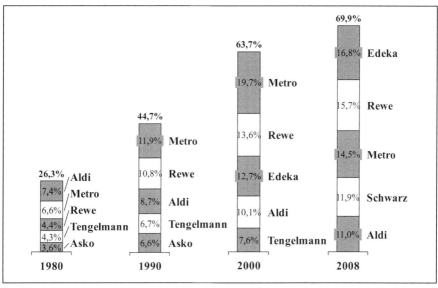

Abb. I-8:   *Marktanteilsentwicklung der TOP-5-Händler*
(Quelle: M+M Eurodata (2001), M+M Eurodata (2009))

Die zehn umsatzstärksten Händler erzielten 2008 sogar einen Marktanteil von 85,8 Prozent.[197]

Wird die europäische Handelslandschaft insgesamt betrachtet, so ist davon auszugehen, dass die Handelskonzentration in Zukunft weiter steigen wird, denn Deutschland liegt gemessen an den Marktanteilen der Top 5 im Jahr 2008 bisher nur im europäischen Mittelfeld. Die Länder mit der höchsten Händlerkonzentration in Europa sind Schweden (84,6 Prozent), Finnland (83,2 Prozent) und Belgien (76,3 Prozent).[198]

Abschließend ist zu konstatieren, dass die beschriebenen und in Abbildung I-9 zusammengefassten Entwicklungen zu einer deutlichen Zunahme des Verdrängungswettbewerbs im Handel geführt haben. Getrieben durch die Veränderungen im Konsumentenverhalten versuchen auch die Vollsortimenter möglichst sämtliche Kosteneinsparungspotenziale zu realisieren.

---

[197]   Vgl. M+M Eurodata (2009).
[198]   Vgl. Metro AG (2009), S. 50.

Sozio-ökonomische Entwicklungen	**Wachstum der Discounter**
• Rückgang des relativen Anteils von Nahrungsmitteln an den Konsumausgaben • Erlebnis- und Genussorientierung bei gleichzeitig steigendem Preisbewusstsein (hybride Konsumenten) • Smart Shopping bzw. Schnäppchensuche nach qualitativ hochwertigen Produkten • Gesteigertes Marktwissen und höhere Markttransparenz • Convenience- und Lifestyle-Orientierung	• Anstieg Umsatzanteil von 34,7% in 2000 auf 47,2% in 2007 • 1900 Neueröffnungen von 2000 bis 2008 • 98% aller Verbraucher kauften in 2008 mindestens einmal bei einem Discounter • Wandel von Komplementären der Vollsortimenter zu bedarfsorientierten Nahversorgern (Verbreiterung und Vertiefung des Sortimentes) • Preiskampf und Handelsmarkenwachstum
Technologische Neuerungen	**Konsolidierung des Handels**
• Zwischen Händler und Kunde: E-Commerce (elektronische Information, Kommunikation, Angebot und Bestellung) • Zwischen Händler und Hersteller: Electronic Data Interchange (Verzahnung der zwischenbetrieblichen Prozesse) • Innerhalb des Handels: Scanner-Technologie (Beschleunigung und Vereinfachung der innerbetrieblichen Prozesse) • Angleichung der Prozesse und Systeme im Handel	• Rückgang der Anzahl an Lebensmittelgeschäften von 76.403 im Jahr 1995 auf 61.460 im Jahr 2005 • Gleichzeitiges Wachstum der Verkaufsflächen um 20% • Wachstum des Umsatzanteils der 5 größten Händler von 26,3% im Jahr 1980 auf 69,9% im Jahr 2008 • Im europäischen Vergleich noch unterdurchschnittlich – Konsolidierung wird sich weiter fortsetzen

Abb. I-9:   *Zusammenfassende Darstellung der aktuellen Entwicklungen im Handel (Quelle: eigene Darstellung)*

Daher wird die rasante technologische Entwicklung meist nicht für eine bedürfnisorientierte Weiterentwicklung der Handelsleistung, sondern vielmehr nur zur Steigerung der Prozesseffizienz genutzt. In der Folge gleichen sich Prozesse und Leistungen aller Handelsunternehmen mehr und mehr mit der Konsequenz, dass das einzelne Handelsunternehmen zunehmend austauschbar ist. In der Hoffnung auf eine Präferenzstellung beim Verbraucher und als Antwort auf den Erfolg der Discounter versucht mehr oder weniger der gesamte Handel die realisierten Effizienzsteigerungen über günstige Preise direkt an die Kunden weiterzugeben. Der Preis ist damit das primäre Wettbewerbsinstrument nicht mehr nur der Discounter, sondern des gesamten FMCG-Handels geworden.[199]

---

[199]   Vgl. Ahlert/ Köster (2004), S. 179ff., Appelhoff/ Gerling (2003), S. 26, Köster (2005), S. 27f..

I.2 Klassische wettbewerbsstrategische Perspektiven vor dem Hintergrund der aktuellen Herausforderungen

Wie im letzten Kapitel beschrieben wurde, scheint der Preis heute das vorherrschende wettbewerbsstrategische Instrument im Handel zu sein. Im Folgenden soll die Preisorientierung als wettbewerbsstrategisches Instrument untersucht werden. Nachfolgend wird ein theoretischer Rahmen aufgespannt, in den die Preisorientierung als wettbewerbsstrategischer Ansatzpunkt zur Handhabung der aktuellen Herausforderungen eingebettet werden kann. Hierzu wird zuerst die Bedeutung der Schaffung von Wettbewerbsvorteilen durch das strategische Management im Handel allgemein erläutert (I.2.1). Anschließend werden die zwei dominanten theoretischen Perspektiven, die Marktorientierung und die Ressourcenorientierung, als klassische Ansatzpunkte für die Entwicklung von Wettbewerbsstrategien im Handel skizziert und die vorherrschende Preisorientierung vor diesem Hintergrund beleuchtet (I.2.2).

I.2.1 Wettbewerbsvorteile als Aufgabe des strategischen Handelsmanagements

Ausgangspunkt der Beschäftigung mit Wettbewerbsvorteilen im Handel ist eine grundsätzliche Einführung in das strategische Handelsmanagement (1). Hierauf aufbauend wird der für Kunden geschaffene Mehrwert der Handelsleistung als zentrales Konstrukt für die Begründung von Wettbewerbsvorteilen im Handel thematisiert (2).

(1)   Einführung in das strategische Handelsmanagement

Die für den betriebswirtschaftlichen Erfolg im Handel relevanten Erfolgsfaktoren sind ganz allgemein zum einen die Kosten. Zum anderen wird der betriebswirtschaftliche Erfolg eines Handelsunternehmens durch das Maß des Kundenzuspruchs und die damit einhergehende Kaufbereitschaft der Kunden bestimmt.[200] Ghemawat und Rivkin (2006) bemerken hierzu:

> „There are two basic ways a firm can establish an advantage. First, the firm can raise customers´ willingness to pay for its products without incurring a commensurate increase in supplier opportunity costs. Second, the firm can devise a way to reduce supplier opportunity costs without sacrificing commensurate willingness to pay. Either establishes the wider wedge that defines competitive advantage." (Ghemawat/ Rivkin (2006), S. 7)

Die Aufgabe des strategischen Managements als Teilbereich der Unternehmensführung ist es hierbei, Wettbewerbsvorteile zu generieren, indem mit Hilfe unternehmensspezifischer Er-

---

[200]   Vgl. Dietl/ Royer/ Stratmann (2009), S. 24f., Werner/ Werner (2006), S. 112.

folgspotenziale[201] entweder eine überlegene Leistung angeboten und damit höherer Kundenzuspruch und/oder höhere Zahlungsbereitschaft bei den Kunden geschaffen oder niedrigere
Kosten der Leistungserstellung im Vergleich zum Wettbewerb realisiert und so überdurchschnittliche Ergebnisse erzielt werden können.[202] Hiermit grenzt sich das strategische Management eindeutig vom operativen Management ab, welches die Aufgabe hat, aus den vorhandenen Erfolgspotenzialen den bestmöglichen wirtschaftlichen Nutzen zu ziehen.[203] Das
strategische Management versteht sich dabei weniger als Gestaltungsmethodik, denn als spezifische Denkhaltung, indem es sich die Unternehmensentwicklung bewusst zu machen und
dementsprechend zu handeln gilt.[204]

In diesem Zusammenhang können Strategien als das Vorgeben einer grundsätzlichen Rich-
tung bzw. „als grundsätzliche Ausrichtung des generellen Kurses des Unternehmens" (Kirsch/
zu Knyphausen/ Ringlstetter (1989), S. 9) zur Schaffung und Ausschöpfung von Erfolgspotenzialen verstanden werden.[205] Becker (2009) beschreibt Strategien wie folgt:

> „Strategien sind Grundsatzentscheidungen, die im Unternehmen mittel- oder längerfristi-
> ge Geltung finden. Sie sind mehr oder weniger ‚konstante' Vorgaben, Richtlinien oder
> Leitmaxime, die einen konkreten Aktivitätsrahmen und die Stoßrichtung des unternehme-
> rischen Handelns bestimmen. Dadurch sind Strategien das zentrale Bindeglied zwischen
> Unternehmenszielen einerseits und den laufenden operativen Maßnahmen andererseits."
> (Becker (2009), S. 143)

Nach dem organisatorischen Geltungsbereich werden der herrschenden Meinung entsprechend Strategien auf Unternehmens-, Geschäftsbereichs- und Funktionsbereichsebene unterschieden.[206] Auf der obersten Ebene bestimmt die Unternehmensstrategie, in welchen Ge-
schäftsfeldern das Unternehmen tätig ist bzw. wie es in diese eintritt. Auf der zweiten Ebene

---

[201]   Unter Erfolgspotenzialen sind hierbei Ressourcen und Fähigkeiten bzw. Kompetenzen zu verstehen, die
es dem Unternehmen ermöglichen, im Markt langfristig überdurchschnittliche Ergebnisse zu erzielen.
Vgl. Bea/ Haas (2005), S. 109, Simon (1988), S. 461ff. und Abschnitt I.2.2 (2) dieser Arbeit. Vgl. vertiefend auch Ahlert (1998), die Erfolgspotenziale mit den Begriffen der spezifischen Kompetenz und der
Unique Selling Position verknüpft, Gälweiler/ Schwaninger (1986), der Erfolgspotenziale in erster Linie
im Zusammenhang mit Produkt-Markt-Kombinationen verwendet, und Pümpin (1986), der den Begriff
Erfolgsposition im Kontext des Wettbewerbs verwendet.

[202]   Vgl. Dietl/ Royer/ Stratmann (2009), S. 24ff..

[203]   Vgl. Ahlert/ Kenning (2007), S. 87.

[204]   Vgl. Kirsch (1996), S. 130, zu Knyphausen-Aufsess (1996), S. 20, Müller-Stewens/ Lechner (2005), S.
21. Für einen Überblick über das Forschungsfeld des strategischen Managements vgl. bspw. Bea/ Haas
(2005), Müller-Stewens/ Lechner (2005), Welge/ Al-Laham (2005).

[205]   In der wissenschaftlichen Diskussion gibt es verschiedene Auffassungen von Strategie. Es ist jedoch nicht
das Ansinnen des Verfassers, zur Diskussion um die Definition des Strategiebegriffes durch Vorstellung
und Abwägung verschiedener Ansätze beizutragen. Es geht vielmehr darum, ein für die Fragestellung
dieser Dissertation relevantes Strategieverständnis zu bestimmen, das im Weiteren der Diskussion zu-
grunde gelegt werden kann. Vgl. zur ausführlichen Diskussion des Strategiebegriffes beispielsweise Mül-
ler-Stewens/ Lechner (2005), Ringlstetter/ Aschenbach/ Kirsch (2003), Welge/ Al-Laham (2005). Zur
Strategie im Handelskontext vgl. Ahlert (1998), S. 1ff., Mattmüller/ Tunder (2004), S. 2ff., Rudolph/
Loock/ Kleinschrodt (2008).

[206]   Vgl. Hofer/ Schendel (1989), S. 27ff., Welge/ Al-Laham (2005), S. 328.

definieren die Geschäftsbereichsstrategien die grundsätzlich anzuwendenden Verhaltensweisen von Geschäftseinheiten bzw. Unternehmensbereichen in den einzelnen Produkt-Markt-
Bereichen.[207] Wettbewerbsstrategien beschreiben hierbei einen Aktivitätsrahmen, mit dem
Unternehmensbereiche eine vorteilhafte Position im Wettbewerb innerhalb ihrer Geschäfts-
felder zu erlangen versuchen.[208] Ziel der Wettbewerbsstrategien ist die Schaffung bzw. Ver-
teidigung von Wettbewerbsvorteilen durch im Vergleich zur Konkurrenz niedrigere Kosten
der Leistungserstellung oder überlegene Leistung und daraus resultierenden höheren Kundenzuspruchs und/oder höherer Zahlungsbereitschaft.[209] Wettbewerbsvorteile wirken dabei in
einem strategischen Dreieck zwischen dem eigenen Unternehmen, konkurrierenden Unternehmen und den Kunden in zwei Richtungen. Dabei sind zum einen die Kundensicht und zum
anderen eine konkurrenzorientierte Perspektive zu berücksichtigen.[210]

(2)   Der Mehrwert als zentrales Konstrukt zur Schaffung von
Wettbewerbsvorteilen

Die zunehmende Angebotshomogenität, die sich immer weiter angleichenden Prozesse und
Systeme sowie die insgesamt optimierten Kostenstrukturen haben dazu geführt, dass die aus-
schließliche Kostenfokussierung und die stete Bemühung des Handels, den Kostendruck
durch ihre Einkaufsmacht an die Hersteller weiterzureichen, heute keinen dauerhaften wirtschaftlichen Erfolg mehr sichern. Daher stellt sich im Handel heute ganz allgemein die Frage,
wie ein Wettbewerbsvorteil durch einen höheren Kundenzuspruch und/oder eine höhere Zahlungsbereitschaft aufgrund einer wie auch immer überlegenen Handelsleistung erzielt werden
kann.[211] Prinzipiell kann jedoch angenommen werden, dass ein Leistungsvorteil durch einen
Mehrwert der Handelsleistung für den Kunden im Vergleich zum Wettbewerb geschaffen
wird. Aus Kundensicht ist eine überlegene Handelsleistung ein relevanter Leistungsvorteil
bzw. Mehrwert, der wahrgenommen wird und über eine bestimmte Zeit relativ stabil, also
nicht schnell durch Wettbewerber imitierbar ist.[212] Dieser Mehrwert führt dann zu einem größeren Kundenzuspruch und wird mit höherer Kaufbereitschaft belohnt.[213]

---

[207]   Vgl. Welge/ Al-Laham (2005), S. 382. Für einen Überblick möglicher Geschäftsfeldstrategien vgl. Fleck
(1995), S. 9.

[208]   Vgl. Welge/ Al-Laham (2005), S. 383.

[209]   Vgl. Rudolph/ Loock/ Kleinschrodt (2008), S. 37f..

[210]   Vgl. Day/ Wensley (1988), S. 1, Rudolph/ Loock/ Kleinschrodt (2008), S. 37.

[211]   Vgl. Dobson/ Waterson/ Davies (2003), S. 111ff., Petry (2006), S. 37.

[212]   Vgl. Simon (1988), S. 465.

[213]   Vgl. Pappu/ Quester (2006), S. 4, Werner/ Werner (2006), S. 112.

Grundsätzlich und unabhängig vom Handel gilt, dass Kunden und Konsumenten beständig auf der Suche nach Werten zur Befriedigung von materiellen und immateriellen Bedürfnissen sind. Folglich ist der von den Kunden wahrgenommene Wert davon abhängig, inwieweit der Händler Bedürfnisse des Konsumenten befriedigt.[214] Obwohl die Wergenerierung durch Bedürfnisbefriedigung der Kunden in einer Vielzahl von wissenschaftlichen Beiträgen und aus verschiedensten Blickwinkeln untersucht wurde und dabei die Bedeutung der Wertgenerierung im Allgemeinen und von Aktivitäten zur Wertgenerierung für den Kunden im Speziellen erkannt wurde,[215] sind bis jetzt weder eine allgemein anerkannte Definition eines Mehrwerts für Kunden noch ein umfassendes Modell zur Generierung von Mehrwerten oder eine Typologie von Nutzenwerten zur Identifikation von Ansätzen zur Bedürfnisbefriedigung im Handel vorhanden.[216]

Viele Definitionen betonen jedoch die Bedeutung des empfundenen Trade-offs zwischen dem, was ein Kunde beim Kauf und der Benutzung eines Produktes oder einer Dienstleistung erhält, und dem, was er dafür abzugeben hat.[217] Woodruff (1997) beschreibt dies als

„[a] customer's perceived preference for, and evaluation of, those product attributes, attributes performances and consequences arising from use that facilitates (or blocks) achieving the customer's goals and purposes use situations." (Woodruff (1997), S. 141)

Der empfundene Trade-off hängt also von einer Vielzahl unterschiedlicher Faktoren ab und basiert auf individueller Wahrnehmung, Normen, Werten oder Zielen.[218] Darüber hinaus wird die Bedeutung der Nutzungssituation für den Wert des Kunden und seine Abhängigkeit von spezifischen Momenten oder Gelegenheiten diskutiert.[219] In einer der jüngsten Untersuchungen identifizieren Smith und Colagate (2007) vier Nutzentypen, die von Unternehmen für ihre Kunden geschaffen werden können und die für den Kunden wertstiftend sind: der funktional-instrumentelle Nutzen, der erfahrbar-hedonistische Nutzen, der symbolisch-expressive Nutzen und Kosten- und Verzichtsnutzen.[220] Jeder dieser vier Nutzentypen besitzt wiederum verschiedene Dimensionen. Der funktional-instrumentale Nutzen eines Produktes oder einer Dienstleistung wird durch die von den Kunden gewünschten Leistungseigenschaften und ihre

---

[214] Vgl. Werner/ Werner (2006), S. 112.

[215] Vgl. Bowman/ Ambrosini (2007), S. 360ff..

[216] Vgl. Holbrook (2005), S. 45ff., Priem (2007), S. 219ff., Smith/ Colgate (2007), S. 7ff., Ulaga (2003), S. 677ff., Vandenbosch/ Dawar (2), S. 35ff.. Für eine ausführliche Übersicht über die existierende Literatur zur Mehrwertgenerierung siehe auch Lindgreen/ Wynstra (2005), Payne/ Holt (1999).

[217] Vgl. Aastrup/ Grant/ Bjerre (2007), Anderson/ Narus (1998), S. 53ff., Smith/ Colgate (2007), S. 8, Ulaga/ Chacour (2001), S. 525.

[218] Vgl. Aastrup/ Grant/ Bjerre (2007), S. 523ff., Ulaga/ Chacour (2001), S. 525ff., Woodruff (1997), S. 139ff..

[219] Vgl. Aastrup/ Grant/ Bjerre (2007), S. 523ff., Flint/ Blocker (), S. 249ff., Saren/ Tzokas (2003), Woodruff (1997), S. 139ff..

[220] Vgl. Smith/ Colgate (2007), S. 10f..

Nützlichkeit bzw. tatsächliche Funktionalität determiniert. Hierunter fallen beispielsweise empfundene Ästhetik, Qualität und Effektivität bzw. Vorteilhaftigkeit der Leistung in Bezug auf das erwartete Ergebnis. Der erfahrbar-hedonistische Nutzen und der symbolisch-expressive Nutzen beschreiben das Ausmaß, zu welchem Kunden psychologische und emotionale Bedeutung mit dem Produkt bzw. der Dienstleistung verbinden und erhalten. Beim erfahrbar-hedonistischen Wert richtet sich dieser eher nach innen, während der symbolisch-expressive Nutzen eher nach außen gerichtet ist. Beispielsweise kann die Handelsleistung bestimmte Emotionen auslösen, weil sie mit ganz bestimmten persönlichen Erinnerungen verknüpft sind (Innenorientierung). Die Handelsleistung kann jedoch auch Gefühle auslösen, wenn sie zum Ausdruck von Status, Prestige oder Image dient (Außenorientierung). Erfahrbar-hedonistische und symbolisch-expressiver Nutzen sollen daher im Folgenden als psychologisch-emotionaler Nutzen zusammengefasst werden.

Zur Verbesserung des Kosten- und Verzichtsnutzens der Leistung für den Kunden sind die Kosten bzw. der empfundene Verzicht für die Kunden zu verringern. Die Preisorientierung des Handels ist in diesem Zusammenhang als eine Maßnahme zu verstehen, die von den Konsumenten empfundenen ökonomischen Kosten durch (die Betonung) niedriger Preise zu senken. Händler, welche ihre Convenience-Leistung betonen, versuchen dagegen, die von Konsumenten empfundenen psychologischen Kosten der Kunden zu verringern, indem kognitiver Stress, Suchkosten und zeitbezogenen Kosten gesenkt werden. Andere Händler konzentrieren sich auf die Minimierung des persönlichen Investments der Kunden, d.h. Zeit, Anstrengung und Energie, welche die Kunden während des Kaufprozesses aufbringen müssen – neben möglichst niedrigen ökonomischen Kosten versuchen beispielsweise Discounter das persönliche Investment der Konsumenten durch besonders hohe Einkaufseffizienz zu verringern. Schließlich kann auch das von den Konsumenten wahrgenommene Kaufrisiko durch das Angebot von besonders langen Garantiezeiten, umfassenden Umtauschmöglichkeiten und objektiven Qualitätsbeweisen (z.B. Stiftung Warentest) verringert werden.

Ausgehend von diesem Verständnis erweitern sich der Begriff des Wertes für den Kunden und damit auch der Begriff der Wertschöpfung durch den Händler über den unmittelbaren funktional-instrumentellen Aspekt hinaus. Der Händler hat nicht nur den Preis und die objektive Produktqualität als wertkonstituierende Faktoren für die Konsumenten zu berücksichtigen.[221] Der Wertbegriff ist vielmehr auch um qualitative Nutzendimensionen zu erweitern und durch den Händler in der Händlerleistung zum Ausdruck zu bringen. Die qualitativen Nutzendimensionen scheinen dabei gerade vor dem Hintergrund der im ersten Kapitel skiz-

---

[221] Vgl. Werner/ Werner (2006), S. 113.

zierten Entwicklungen in Bezug auf die zunehmende Angebotshomogenität, die Angleichung der objektiven Produktqualität, die Vereinheitlichung der Kaufprozesse, die Smart-Shopping-Schnäppchen-Suche und das hybride Konsumentenverhalten erheblich an Bedeutung zu gewinnen. Leistungsangebote, die auf einfache Konsumbedürfnisse abzielen, berücksichtigen diese qualitativen Nutzendimensionen nicht ausreichend. Für nachhaltigen betriebswirtschaftlichen Erfolg haben sich daher insbesondere Vollsortimenter verstärkt auf das Angebot von Produkt- und Dienstleistungskombination konzentriert, die über den rein funktionalen Nutzen hinaus auf weitere Nutzendimensionen abzielen und damit die Lösung komplexer Konsumprobleme ermöglichen.[222]

I.2.2 Alternativer Bezugsrahmen zur Schaffung von Wettbewerbsvorteilen

Die Fähigkeit, eine vom Kunden wahrgenommene überlegene Handelsleistung anzubieten und damit Wettbewerbsvorteile zu generieren und zu erhalten, kann aus einer Vielzahl unterschiedlicher theoretischer Perspektiven betrachtet werden.[223] Die meiste Beachtung haben jedoch sicherlich der marktorientierte Ansatz (engl. market-based view oft he firm) und die verschiedenen Ausprägungen des ressourcenorientierten Ansatzes (engl. ressource-based view of the firm) gefunden.[224] Als theoretischer Analyserahmen zur Beurteilung der vorherrschenden Preisorientierung im Handel wird im Folgenden daher zuerst die Marktorientierung als Bezugsrahmen für die Entwicklung von Wettbewerbsstrategien diskutiert (1). Anschließend wird die Argumentationslogik der Ressourcenorientierung als zur Marktorientierung konträrer klassischer Bezugsrahmenrahmen vorgestellt (2).

(1)   Marktorientierung als Bezugsrahmen der Entwicklung von Wettbewerbsstrategien

Der marktorientierte Ansatz (MBV), der theoretisch auf der Industrieökonomie basiert, sieht die vorgegebene Branchenumwelt als Determinante des Unternehmensverhaltens sowie den

---

[222]   Vgl. Ahlert/ Kenning (2007), S. 71, Ahlert (2004), S. 67f., Ahlert/ Hesse (2002), S. 18ff., Barth/ Hartmann/ Schröder (2007), S. 123, Köster (2005), S. 30ff., Liebmann/ Friessnegg/ Gruber/ Riedl (2006), S. 101f..

[223]   Für einen Überblick über die möglichen Betrachtungsperspektiven vgl. bspw. Müller-Stewens/ Lechner (2005), Welge/ Al-Laham (2005).

[224]   Vgl. Tzokas/ Saren (2004), S. 124ff..

Ursprung von Wettbewerbsvorteilen an.[225] Dabei wird davon ausgegangen, dass der betriebswirtschaftliche Erfolg eines Unternehmens maßgeblich von den Markt- bzw. Branchenbedingungen determiniert wird und nur diejenigen Unternehmen einen Wettbewerbsvorteil und ihre Existenz nachhaltig sichern können, die sich durch ihre Strategie erfolgreich in ihrer Branche positionieren.[226] Porter (2004) beschreibt Wettbewerbsstrategien in diesem Zusammenhang wie folgt:

> „Competitive strategy is the search for a favorable competitive position in an industry....Competitive strategy aims to establish a profitable position against the forces that determine industry competition." (Porter (2004), S. 1)

Folglich bildet im MBV das unternehmensexterne Umfeld den analytischen Schwerpunkt bei der Suche nach Wettbewerbsvorteilen. Im MBV wird der Unternehmenserfolg also primär durch die Positionierung im Markt bzw. der Branche determiniert. Die Höhe des unternehmerischen Erfolges wird hierbei weniger als eine Funktion unternehmensindividueller Leistungsfähigkeit, sondern vielmehr als marktinhärent bzw. exogen verstanden. Da sich das Unternehmensverhalten im wettbewerblichen Umfeld widerspiegelt, besitzen unternehmerische Fähigkeiten keinen direkten erfolgskritischen Charakter, und unterschiedliche Unternehmensperformance wird primär über divergierende Renditeaneignungsfähigkeiten von Unternehmen im Markt begründet. Im Mittelpunkt strategischer Überlegungen steht daher die Suche nach Maßnahmen, mit denen Marktpositionen besetzt und gehalten werden können, die überdurchschnittliche Renditen ermöglicht. Folglich erscheinen bei diesen strategischen Überlegungen gerade die Branchen als attraktiv, in denen unternehmensspezifische Aktivitäten strukturell möglich sind, die zum Aufbau einer Marktposition mit überdurchschnittlicher Rendite führen. Da diese Aktivitäten wiederum Rückkopplungseffekte auf die Branchenattraktivität bzw. dem Renditepotenzial der Branche aufweisen, konstatiert Porter (2004):

> „Both industry attractiveness and competitive position can be shaped by a firm.... While industry attractiveness is partly a reflection of factors over which a firm has little influence, competitive position has a considerable power to make an industry more or less attractive. At the same time, a firm can clearly improve or erode its position within an industry through its choice of strategy. Competitive strategy, then, not only responds to the environment, but also attempts to shape that environment in a firm's favour." (Porter (2004), S. 2)

---

[225] Zum Market-Based View im Überblick vgl. Bain (1956), S. vii, Barney (1991), S. 102f., Barney (1995), S. 49f., Cockburn/ Henderson/ Stern (2000), S. 1123f., Müller-Stewens/ Lechner (2005), S. 145.

[226] Vgl. Porter (2004), S. 1ff., Zou/ Cavusgil (2002), S. 44. Die Grundannahme, dass die unternehmerische Umwelt wichtige Determinante des Unternehmenserfolgs ist und damit primärer Untersuchungsgegenstand zur Erklärung von Wettbewerbsvorteilen sein müsse, führte zu dem Vorwurf die Out-Side-In-Betrachtungsweise des marktorientierten Ansatzes sei eine reaktive und defensive Grundhaltung, welche die individuellen Merkmale einzelner Unternehmen vernachlässige. Vgl. Scherm/ Fey (1999), S. 28, Thiele (1996), S. 33.

Folglich postuliert Porter, dass der Unternehmenserfolg zum einen von der originären Branchenstruktur und zum anderen von den strategischen Aktionsparametern des Unternehmens zur vorteilhaften Beeinflussung der Wettbewerbsbedingungen abhängig ist.

Zur Analyse des Attraktivitätsgrades einer Branche entwickelt Porter den sogenannten 5-Forces-Analyserahmen.[227] Dieser ermöglicht eine Analyse der marktlichen Kräfte, die Einfluss auf die Wettbewerbsintensität einer Branche haben und die so den Erfolg von Unternehmen im Wettbewerb bestimmen. Hierzu gehören die Bedrohung durch Markteintritte, die bestehende Wettbewerbsintensität zwischen aktuellen Wettbewerbern, die Gefahr von Substitutionsangeboten sowie die Verhandlungsmacht von Lieferanten und Kunden. Diesen Faktoren gemein ist, dass sie die Preisgestaltungsmöglichkeiten und damit die Renditeaneignungsfähigkeit von Unternehmen entscheidend beeinflussen.

Wird der Handel in Bezug auf fünf Wettbewerbskräfte von Porter analysiert, so lässt sich zusammenfassend festhalten, dass die Macht von Lieferanten aufgrund des Größenwachstums der Handelsunternehmen abgenommen hat. Die Macht der Kunden hat sich durch das Flächenwachstum und die dadurch begründete vereinfachte Erreichbarkeit alternativer Händler und den E-Commerce als neuen Vertriebsweg etwas erhöht. Bedeutende erfolgreiche Markteintritte gab es nicht. Auch ist im stationären FMCG-Handel die Gefahr von Substitutionsangeboten beispielsweise durch E-Commerce im Unterschied zu anderen Handelsbereichen wie etwa dem Elektronikhandel nicht sehr stark angestiegen. Die abnehmenden Renditen über die letzten Jahre im Handel sind damit primär auf die aktuelle Wettbewerbssituation und die Tatsache zurückzuführen, dass der Wettbewerb verstärkt über den Preis ausgetragen wurde.

Nach Porter (1998) sollten Strategien zur Marktbearbeitung immer auf eine für das Unternehmen positive Beeinflussung der Wettbewerbskräfte abzielen. Er beschreibt in diesem Zusammenhang verschiedene:

> „... offensive and defensive actions to create a defendable position in an industry, to cope successfully with the five competitive forces and thereby yield a superior return on investment for the firm." (Porter (1998), S. 34)

Größte Relevanz in der theoretischen Diskussion über offensive und defensive Maßnahmen, die entweder dem Markteintritt (offensiv) oder der Abwehr von Markteintritten (defensiv) dienen, hat die Typologie der sogenannten generischen Wettbewerbsstrategien der Harvard-Schule. In dieser wird postuliert, dass es drei grundlegende Strategietypen gibt: Kostenführerschaft, Differenzierung und bei zusätzlicher Berücksichtigung der Marktabdeckung die

---

[227]   Vgl. Porter (2004), Porter (1998).

Schwerpunktstrategie. Die Strategien zielen darauf ab, das Angebot von Branchekonkurrenten am Markt dauerhaft zu übertreffen und sie so zu verdrängen.[228]

Der Wettbewerbsvorteil der Kostenführerschaft besteht darin, die Leistung im Vergleich zur Konkurrenz kostengünstiger anbieten und so relative Preisvorteile erzielen zu können. Die Kostenvorteile lassen sich zurückführen auf größenbedingte Kostendegressionen, Lerneffekte, Struktur der Kapazitätsauslastung, Verknüpfungen zwischen eigenen Aktivitäten und denen von Abnehmern und Lieferanten, Verflechtungen zwischen Geschäftsbereichen, vertikaler Integration, Timing, Standortvorteile sowie außerbetriebliche Faktoren.[229] Um Kostenvorteile und damit höhere Spannen als der Wettbewerb erzielen zu können, müssen tendenziell viele Marktsegmente möglichst standardisiert bearbeitet werden und dabei alle Aktivitäten in der gesamten Wertkette sowie an den Schnittstellen mit den Wertketten der Partner konsequent auf Effizienzoptimierung und Kostenminimierung ausgelegt werden.[230] Hierzu zählen im Handel im Bereich der Verkaufsstätten beispielsweise eine einfache Ladengestaltung, wenig Serviceleistungen, geringe Personalkosten, ein kleines Sortiment mit vielen schnelldrehenden Artikeln oder günstige Standorte. Darüber hinaus ist auf Unternehmensebene u.a. auf eine effiziente Beschaffungs- und Distributionslogistik, eine effiziente Warenwirtschaft und ein schlankes Management zu achten.[231] Da Unternehmen hierfür tendenziell einen hohen Marktanteil sowie i.d.R. hohe Einstiegsinvestitionen benötigen, fällt es insbesondere großen Handelsunternehmen einfacher, eine Kostenführerschaft zu erreichen.[232]

Eine Differenzierungsstrategie zielt auf die Schaffung von Leistungsvorteilen ab, die den Kunden einen Mehrwert im Vergleich zu Angeboten von Wettbewerbern bieten, für die sie bereit sind, höhere Preise zu bezahlen, wobei jedoch die zusätzlichen Kosten der Mehrwertgenerierung durch den höheren Preis gedeckt werden.[233] Differenzierung soll also durch die Einzigartigkeit der Leistung die Zahlungsbereitschaft der Abnehmer erhöhen und somit die Bedeutung des Preiswettbewerbs verringern.[234] Allgemeine Ansatzpunkte zur Differenzierung sind beispielsweise Produkteigenschaften, Service, genutzte Technologie, Qualität der Inputfaktoren, Personal, Verflechtungen der eigenen Aktivitäten sowie mit denen der Lieferanten und Abnehmer, Timing, Standortvorteile, Lerneffekte und der Grad der vertikalen Integrati-

---

[228] Vgl. für eine ausführliche Beschreibung der generischen Wettbewerbsstrategien insbesondere Porter (2008), S. 71ff., zusammenfassend aber auch Bea/ Haas (2005), S. 184ff., Müller-Stewens/ Lechner (2005), S. 262ff. und Welge/ Al-Laham (2005), S. 383ff..

[229] Vgl. vertiefend zu den kostentreibenden Faktoren Porter (2000), S. 102ff.

[230] Vgl. Porter (2000), S. 97ff..

[231] Vgl. Liebmann/ Zentes/ Swoboda (2008), S. 198ff., McGoldrick (2002), S. 98.

[232] Vgl. Morschett (2002), S. 197.

[233] Vgl. Gröppel-Klein (1998), S. 39ff., Porter (2000), S. 168ff..

[234] Vgl. Porter (2008), S. 73ff.

on.[235] Die Differenzierung im Einzelhandel kann sich grundsätzlich auf alle kundenrelevante Nutzendimensionen beziehen. Dabei hat sie jedoch aufgrund der Besonderheit der Handelsleistung entweder am fremderstellten Produkt oder an der eigenerstellten Dienstleistung anzusetzen.[236] Setzt sie an den fremderstellten Produkten an, kann sie beispielsweise über die Sortimentszusammenstellung in Bezug auf Produktqualität, Marken oder einzigartige Kombination von Waren erfolgen. Differenzierung über die Dienstleistungskomponente der Handelsleistung kann beispielsweise durch die Freundlichkeit und Kompetenz des Verkaufspersonals, die Ladengestaltung und Warenpräsentation, das äußere Erscheinungsbild des Ladens oder die individuelle Erfüllung von Kundenwünschen erzielt werden.[237] Allerdings ist hier zu bemerken, dass die eingangs skizzierten Entwicklungen der Rahmenbedingungen dazu führen, dass eine Differenzierung über den funktional-instrumentellen Nutzen der Handelsleistung u.a. wegen der sich angleichenden Qualität und der grundsätzlich befriedigten Grundbedürfnisse kaum noch möglich ist. Für den Handel stellt sich daher die Frage, wie eine Differenzierung zu erfolgen hat, die über erfahrbar-hedonistische und/oder symbolisch-expressive Nutzendimensionen erfolgen kann.

Die Schwerpunktstrategie basiert auf der Konzentration aller Aktivitäten auf die bestmögliche Erfüllung der Bedürfnisse einer bestimmten Kundengruppe, eines regionalen Marktes oder eines nach sonstigen Kriterien segmentierten Marktes, wobei in der gewählten Marktnische dann wiederum entweder eine Differenzierung oder eine Kostenführerschaft angestrebt wird.[238] Für den Handel ist die Konzentration auf bestimmte Marktsegmente mit einer Spezialisierung auf bestimmte Zielgruppen und/oder bestimmte Sortimentsbereiche verbunden, um die Segmente möglichst bedarfsorientiert bedienen zu können.[239] Häufig handelt es sich dabei um vergleichsweise kleine Marktsegmente, die aufgrund ihrer Größe für Wettbewerber uninteressant sind. Somit ist diese Strategie insbesondere für kleine Händler geeignet, die mit spezifischer Kompetenz auch in kleinen Märkten ausreichend Nachfrage finden. Allerdings ist bei der Wahl einer solchen Strategie genau zu prüfen, ob die Position in der Nische auf Dauer gegen die Wettbewerber verteidigt werden kann oder damit zu rechnen ist, dass das Segment in absehbarer Zeit auch von größeren bzw. stärkeren Wettbewerbern besetzt wird.[240]

---

[235]   Vgl. Porter (2000), S. 169ff..

[236]   Vgl. Rudolph/ Loock/ Kleinschrodt (2008), S. 47, Wortzel (1987), S. 50.

[237]   Vgl. Gröppel-Klein (1998), S. 52ff., Wortzel (1987), S. 50.

[238]   Vgl. Porter (2000), S. 41.

[239]   Vgl. Morschett (2002), S. 196.

[240]   Vgl. Barth/ Hartmann/ Schröder (2007), S. 145, der in diesem Zusammenhang von einer Strategie der Marktnischenpositionierung spricht.

Für die Position eines Unternehmens, das sich auf keine der beschriebenen Strategien festlegt, hat Porter den Begriff „stuck in the middle", in welcher keine Wettbewerbsvorteile geschaffen werden, geprägt.[241] Auch Strategien, die gleichzeitig auf Leistungs- und Kostenvorteile abzielen, generieren laut Porter keine Wettbewerbsvorteile, da sie unterschiedliche organisatorische Rahmenbedingungen benötigen.[242]

Mit der Wahl der Betriebsform legt sich der Händler auf ein bestimmtes Leistungsbündel fest. Ansatzpunkt der marktorientierten Wettbewerbsstrategien eines fokalen Händlers ist folglich die existierende Betriebsform. Als organisatorische Einheit und als Produkt des Handels ist sie das primäre Objekt, an dem sich der Gesamteindruck festmacht, den der Kunde wahrnimmt.[243] Darüber hinaus determiniert sie, welche grundsätzlichen Leistungsmerkmale in Bezug auf die konkrete Ausgestaltung und Kombination der fremdbezogenen Sach- und eigenerstellten Dienstleistung der Händler im Wettbewerb bieten muss.[244] Folglich kann der Handel im Gegensatz zu Anbietern aus der Industrie bei den für die Differenzierung relevanten Leistungsmerkmalen nicht zwischen der organisatorischen Einheit und der eigentlichen Leistung trennen. In Anlehnung an Meffert (2005) können die verschiedenen Betriebsformen des stationären Einzelhandels daher den strategischen Stoßrichtungen wie in Abbildung I-10 zugeordnet werden.

---

[241]   Vgl. Porter (2000), S. 44.
[242]   Vgl. Porter (2000), S. 23.
[243]   Vgl. Mattmüller/ Tunder (2004), S. 109.
[244]   Vgl. Mattmüller/ Tunder (2004), S. 39.

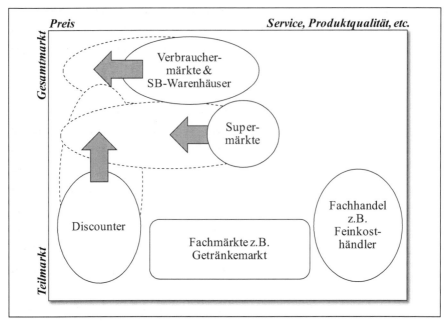

*Abb. I-10:   Wettbewerbsstrategien verschiedener Betriebsformen im FMCG-Handel
                (Quelle: Eigene Darstellung in Anlehnung an Meffert (2005), S. 1188)*

Der Fachhandel, wie beispielsweise ein Feinkosthändler, zielt auf eine Leistungsdifferenzierung in einem Teilmarkt, da er nur ausgewählte Spezialitäten und hohe Beratung anbietet. Discounter besitzen auch eine klar ausgerichtete Strategie der Kostenführerschaft. Wegen des anfangs äußerst schmalen Sortiments verfolgten sie diese ursprünglich nur auf einen Teilmarkt des stationären Einzelhandels. Durch die beschriebene Sortimentsausweitung steigern sie jedoch ihre Marktabdeckung kontinuierlich und decken damit einen immer größeren Teil des FMCG-Handels ab. Die Vollsortimenter, d.h. Supermärkte, Verbrauchermärkte und SB-Warenhäuser, zielen auf eine möglichst hohe Marktabdeckung. Damit befinden sie sich jedoch zunehmend in einer Stuck-in-the-Middle-Position.

Aufgrund des von den Kunden erwarteten Leistungsangebotes können sie keine konsequente Kostenführerschaft verfolgen. Dementsprechend verwundert es, dass sie, wie es scheint, auch keine konsequenten Differenzierungsaktivitäten verfolgen, sondern als Antwort auf die beschriebenen Herausforderungen häufig nur ihre Preiskompetenz d.h. Preisführerschaft betonen. Die Folge ist, dass sie mehr und mehr im direkten Wettbewerb mit den Discountern stehen.

Es ist anzunehmen, dass ein wesentlicher Grund für die primäre Betonung der Preiskompetenz das fehlende strategische Gesamtkonzept im Bezug auf den Mehrwert der eigenen Leistung ist. Wegen des hohen Wettbewerbsdrucks versuchen die Händler mit Einzelaktivitäten meist im Bereich der Verkaufsförderung kurzfristige Absatzsteigerungen zu erzielen und damit den Druck auf ihr Geschäftsmodell zu verringern, anstatt die eigene Leistung konsequent zu differenzieren und so den direkten Preiswettbewerb mit Discountern durch das Angebot einer mehrwertgenerierenden Leistung zu verringern.

Trotz empirischer Belege für ihre Existenz sind die generischen Wettbewerbsstrategien im Handel fortdauernder Kritik ausgesetzt.[245] Erster allgemeiner Kritikpunkt ist der statische Charakter der generischen Wettbewerbsstrategien. Gerade in Branchen mit hoher Marktdynamik wie dem Handel sollten Anpassungen vorgenommen werden können. Diese Anpassungen widersprechen aber auf den ersten Blick der klassischen Einteilung von Porter. Hybride Wettbewerbsstrategien, auch Outpacing-Strategien genannt, berücksichtigen die zeitliche Dimension von Wettbewerbsstrategien explizit.[246] Ausgehend von dem ursprünglichen Wettbewerbsvorteil einer Kostenführerschaft oder Differenzierung sollen daher insbesondere Unternehmen in dynamischen Wettbewerbsumfeldern im zweiten Schritt einen weiteren Wettbewerbsvorteil anvisieren.[247]

Solche hybriden Wettbewerbsstrategien scheinen im Handel nicht nur existent, sondern in den letzten Jahren auch überaus erfolgreich zu sein. Als Beispiel ist hier Ikea zu nennen, das im Möbeleinzelhandel ursprünglich die Position des Kostenführers besetzte und nun gleichzeitig auch auf eine Leistungsdifferenzierung zielt.[248] Weitere weltweit erfolgreiche Händler, die Outpacing-Strategien verfolgen, sind beispielsweise Zara, H&M oder GAP. Diesen Unternehmen gelingt es ebenfalls seit Jahren, sich zum einen als Kostenführer zu positionieren und gleichzeitig auch eine Strategie der Leistungsdifferenzierung in ihren Marktsegmenten zu verfolgen. Einschränkend zu erwähnen ist, dass im deutschen Lebensmitteleinzelhandel bisher keine erfolgreichen Beispiele zu finden sind. Auf europäischer Ebene ist jedoch das britische Unternehmen Tesco anzuführen. Tesco wurde auf Basis einer Preis- bzw. Kostenführerschaft Marktführer im britischen FMCG-Handel.[249] In den letzten Jahren versucht das Unternehmen nun verstärkt den Preisangriffen von Discountern und Wettbewerbern durch Differenzierung der Handelsleistung entgegenzuwirken.[250] Zum einen hat Tesco versucht, den funktional-instrumentellen Nutzen des Dienstleistungsbestandteils der Handelsleistung zu erhöhen, in-

---

[245]   Vgl. Morschett (2002), S. 185.
[246]   Vgl. vertiefend auch Gilbert/ Strebel (1987). Zur dynamischen Betrachtung von Strategiealternativen vgl. auch Hungenberg (2011), S. 236ff..
[247]   Vgl. Fleck (1995), S. 62, Gilbert/ Strebel (1987), S. 28ff..
[248]   Vgl. Jungbluth/ Kamprad (2008), Normann/ Ramírez (1993).
[249]   Vgl. Dawson/ Larke/ Choi (2006), S. 173f., Dawson (2007), S. 71.
[250]   Vgl. Palmer (2005), S. 23ff., Zentes/ Morschett/ Schramm-Klein (2007), S. 247.

dem die Serviceleistungen umfassend ausgebaut und so beispielsweise die Möglichkeit für Kunden geschaffen wurde, über die EC- oder Kreditkarte Bargeld an der Kasse ausgezahlt zu bekommen oder sich die in der Verkaufsstätte gekauften Waren nach Hause liefern zu lassen.[251] Weiter wurden diverse zusätzliche Dienstleistungen wie beispielsweise Versicherungen oder Kommunikationsangebote in das Verkaufssortiment mit aufgenommen. Neben dem Service hat Tesco auch darauf gezielt, den psychologisch-emotionalen Nutzen durch die Weiterentwicklung des Handelsmarkensortimentes über alle Preissegmente zu steigern.[252] Ausgangspunkt der Outpacing-Strategie war also das Angebot einer Handelsleistung mit einem attraktiven Kosten- bzw. Verzichtsnutzen für die Kunden. Anschließend zielte Tesco darauf, den funktional-instrumentellen Nutzen der Handelsleistung durch Verbesserung der Funktionalität über die Ausweitung des Dienstleistungsangebotes zu erhöhen. Schließlich sollte mit dem Ausbau des Handelsmarkensortimentes auch der psychologisch-emotionale Nutzen der Leistung über den rein funktional-instrumentellen Nutzen hinaus gesteigert und damit ein im Wettbewerb einzigartiger und nicht mehr einfach austauschbarer Nutzen für den Konsumenten geschaffen werden.

Der zweite Kritikpunkt an den generischen Wettbewerbsstrategien von Porter ist die grundsätzliche Einteilung in Kostenführerschaft und Differenzierung. Eine Kostenführerschaft, bei der die Kostenvorteile über den Preis an die Kunden weitergegeben werden, ist eher als „Preisführerschaft" zu bezeichnen.[253] Eine Preisführerschaft weist jedoch nur noch eine unzureichende Trennschärfe zur Differenzierung auf, da das Angebot in beiden Fällen eine Leistungsdifferenzierung im Vergleich zu konkurrierenden Unternehmen aus Sicht der Kunden erfährt. Anstelle des Differenzierungskriteriums „Preis", der auf eine Differenzierung über den ökonomischen Verzichtsnutzen abzielt, könnten viele weitere auf nutzenrelevanten Eigenschaften basierende Strategietypen formuliert und entsprechend dem jeweiligen nutzenrelevanten Differenzierungskriterium benannt werden.

Daher sind in den vergangenen Jahren viele Autoren zu dem Schluss gekommen, dass die Zahl der grundlegenden Strategiedimensionen im Handel größer ist, als es die Qualitäts-Kosten-Dichotomie nach Porter postuliert. Wortzel (1987) geht beispielsweise davon aus, dass sich der Handel neben Produktdifferenzierung und Preisführerschaft auch mit einem Sortimentsangebot differenzieren kann, das sich weniger durch die Produkte selbst und ihren Preis als vielmehr durch die Art des Angebotes und ergänzende Serviceleistungen unterschei-

---

[251]   Vgl. Palmer (2004), S. 1075ff..
[252]   Vgl. Burt (2000), S. 875ff..
[253]   Vgl. Mattmüller/ Tunder (2004), S. 115.

det.[254] Ahlert und Schröder (1990) unterscheiden zwischen den Dimensionen Preis- und Leistungsführerschaft sowie Erlebnis- und Versorgungsführerschaft.[255] Weitere Ansätze zur Differenzierung untersucht auch Rudolph (1993) und unterscheidet dabei zwischen Preis, Qualität, Produktauswahl und Service-Dienstleistungen.[256] Und auch Burkhard (1997) weist ausdrücklich darauf hin, dass die Unterteilung in Kosten- und Preisführerschaft zu undifferenziert ist. Er postuliert vielmehr, dass alle Einkaufsstättenmerkmale als wettbewerbsstrategische Ansatzpunkte dienen könnten. Als zentrale wettbewerbsstrategische Ansätze nennt er die sortimentsbasierte, die preisbasierte und die servicebasierte Präferenzstrategie.[257]

Somit stellt der Preis nur einen Faktor zur Differenzierung neben vielen anderen nutzenrelevanten Eigenschaften der Handelsleistung dar. Deswegen sollten Preis und Differenzierung auch nicht alternativ, sondern vielmehr komplementär verstanden werden. Barth, Hartmann und Schröder (2007) bemerken dazu:

> „So würde ein Handelsbetrieb bei ausschließlicher Betrachtung der Qualitätsdimension beispielsweise Gefahr laufen, Qualität ohne entsprechende Nachfrage zu produzieren oder mehr Kundenzufriedenheit über abnehmende Wirtschaftlichkeit zu erkaufen. Ebenso wird eine Tiefpreisstrategie nur dann zum erwünschten Erfolg führen, wenn die Balance zwischen Preis und Leistung stimmt." (Barth/ Hartmann/ Schröder (2007), S. 146)

Wettbewerbsvorteile im Handel basieren also auf einer für den Kunden Mehrwert bietenden einzigartigen Kombination von Leistungsmerkmalen, die sich aus dem Preis auf der einen Seite und der dafür angebotenen spezifischen Kombination von fremderstellter Sachleistung und eigenerstellter Dienstleistung auf der anderen Seite zusammensetzt. Die spezifische Kombination kann sich dabei auf alle Einkaufsstättenmerkmale wie beispielsweise Anzahl und Qualität der angebotenen Waren, Standort, Serviceleistungen, Ladengestaltung oder das Personal des Händlers als wettbewerbsstrategische Ansatzpunkte beziehen.[258] Es ist daher zu konstatieren, dass sich die sehr heterogenen Ansätze zur Differenzierung der Handelsleistung nicht durch die Reduktion der Wettbewerbsstrategien auf Kostenführerschaft und Differenzierung abbilden lassen. Porters Wettbewerbsstrategien sind (wenn überhaupt) als basisstrategische Grundausrichtung des Unternehmens zu verstehen. Für die Realisierung einer dem Kunden einen einzigartigen Mehrwert bietenden Handelsleistung bedarf es jedoch einer sukzessiven Konkretisierung der strategischen Konsequenzen im Sinne einer spezifischen Ausgestaltung der verschiedenen Nutzendimensionen.

---

[254]   Vgl. Wortzel (1987), S. 50.
[255]   Vgl. Ahlert/ Schröder (1990), S. 221ff..
[256]   Vgl. Rudolph (1993), S. 181ff..
[257]   Vgl. Burkhard (1997), S. 130ff..
[258]   Vgl. Mattmüller/ Tunder (2004), S. 116.

(2)   Ressourcenorientierung als Bezugsrahmen der Entwicklung von

Wettbewerbsstrategien

Die Argumentationslogik des ressourcenorientierten Ansatzes (RBV) zur Begründung von Wettbewerbsvorteilen ist konträr zum marktorientierten Ansatz. Ausgangspunkt sind theoretische Überlegungen aus der Neoklassik bzw. der Preistheorie sowie die damit verbundene funktionale Charakterisierung von Unternehmen als Ressourcenbündeln.[259] Der RBV kann damit als ein Perspektivwechsel verstanden werden, bei dem Unternehmen nicht mehr als bestimmte Produkt-Markt-Position, sondern als Bündel von Ressourcen betrachtet werden.[260] Somit wird die Entstehung von Wettbewerbsvorteilen nicht mehr auf eine einzigartige marktliche Position, sondern auf das unternehmensinterne Potenzial, die sogenannten Ressourcen, zurückgeführt.[261] Hierzu Penrose (1959) grundlegend:

> „The fact that most resources can provide a variety of different services is of great importance for the productive opportunity of a firm. It is the heterogeneity, and not the homogeneity, of the productive services available or potentially available from its resources that gives each firm its unique character. This kind of heterogeneity in the services from the material resources ... permits the same resources to be used in different ways and for different purposes ....." (Penrose (1959), S. 75)

Folglich wird die Qualität der unternehmensinternen Potenziale, der sogenannten Ressourcen und die im Vergleich zu Konkurrenz bessere Nutzung dieser, als Quelle dauerhafter Wettbewerbsvorteile angesehen.[262] Ressourcen können dabei allgemein verstanden werden als:

> „... all assets, capabilities, organizational processes, firm attributes, information, knowledge etc. controlled by a firm that enable the firm to conceive of and implement strategies that improve its efficiency and effectiveness (...)." (Barney (1991), S. 101)

Wie in Abbildung I-11 dargestellt, können die Unternehmensressourcen in einer ersten Gliederung in finanzielle, materielle und immaterielle Ressourcen unterteilt werden.[263] Die finanziellen Ressourcen beinhalten beispielsweise Barreserven, Kredite oder zur Verfügung stehendes Eigenkapital aus potenziellen Kapitalerhöhungen. Unter den materiellen Ressourcen werden Gebäude, Grundstücke oder auch die gelagerte Waren subsumiert. Als immaterielle Ressourcen werden dagegen intangible Werte bezeichnet. Sie lassen sich in immaterielle Vermögenswerte und Fähigkeiten unterteilen. Die immateriellen Ressourcen stehen oft im Vordergrund des RBV, da sie sich durch Nichthandelbarkeit auszeichnen und sich ihre Werthaftigkeit damit über den unternehmensspezifischen Kontext definiert. Immaterielle Vermö-

---

[259]   Vgl. Träger (2008), S. 37.

[260]   Vgl. Müller-Stewens/ Lechner (2005), S. 357.

[261]   Vgl. Barney (2001), S. 644ff., zu Knyphausen-Aufsess (1996), S. 82f., Rasche/ Wolfrum (1994), S. 502.

[262]   Zum Ressource-Based View im Überblick vgl. Barney (1991), S. 99ff., Barney (2001), S. 643ff., Bea/ Haas (2005), S. 16ff., Welge/ Al-Laham (2005), S. 256ff..

[263]   Vgl. Ringlstetter (1995), S. 109.

genswerte im Handel umfassen beispielsweise Handelsmarken, Lieferantenverträge oder Kundendaten. Aber auch Herstellermarken können immaterielle Vermögenswerte für den Handel darstellen, wenn durch sie höhere Umsätze erzielt werden und wegen der Unterstützung der Hersteller im Bereich der Werbung und Promotion das Händlerimage positiv beeinflusst wird.[264]

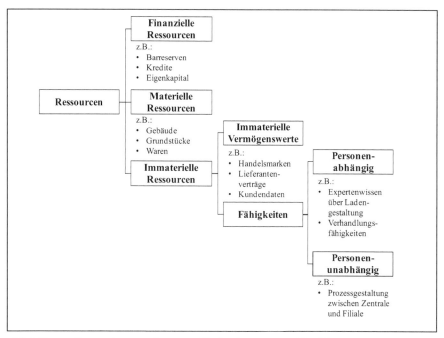

Abb. I-11:   *Taxonomie unternehmensspezifischer Ressourcen im Handel*
                 (Quelle: Eigene Darstellung)

Fähigkeiten können als Sonderform der immateriellen Ressourcen verstanden werden, die in ihrer Kombination wettbewerbsrelevante Kompetenzen begründen und sich in konkreten Produkten oder Dienstleistungen und damit als mehrwertbietender Kundennutzen niederschlagen.[265] Sie beziehen sich hauptsächlich auf personenabhängige und personenunabhängige aber organisationsinterne Ressourcen bzw. Wissensbasis. Personenabhängige Fähigkeiten im Handel sind beispielsweise Expertenwissen über Kundenverhalten, Know-how im Bereich der

264   Vgl. Glynn (2009), S. 138, Glynn (2007), S. 55ff..
265   Vgl. Hall (1993), S. 608f., Salfeld (2003), S. 29. Hall (1992), S. 135ff., trennt „Assets", „Skills" und „Competencies". Ähnlich argumentierten auch Collis/ Montgomery (1995), S. 123f.. Sie unterscheiden tangible und intangible Ressourcen sowie Fähigkeiten (capabilities). Knaese (1996), S. 17 unterscheidet dagegen zwischen personenunabhängigen (z.b. Verfügungsrechte und Routinen) und personenabhängigen (z.b. Fähigkeiten und Fertigkeiten) immateriellen Ressourcen. Strategisch relevante Kompetenzen werden in der Literatur darüber hinaus oft auch als „Kernkompetenzen", „distinctiv competences", „core competences" oder „core capabilities" bezeichnet. Vgl. beispielsweise Prahalad/ Hamel (1990), S. 1f..

Ladengestaltung oder auch besondere Verhandlungsfähigkeiten von Einkaufsmitarbeitern oder Verkaufsfähigkeiten von Filialmitarbeitern. Personenunabhängige, aber organisationsinterne Fähigkeiten im Handel sind beispielsweise die Prozessausgestaltung zwischen Filialen und Zentrale oder eine spezifische Unternehmenskultur.[266]

Im Hinblick auf die skizzierten Entwicklungen der Rahmenbedingungen im Handel standen in den letzten Jahren insbesondere solche Ressourcen im Managementfokus, die dazu beitragen konnten, die Effizienz der Leistungserstellung zu steigern und damit die Kosten zu senken. Die beschriebenen Entwicklungen führen jedoch dazu, dass in Zukunft die Bedeutung von Fähigkeiten wachsen wird, mit deren Hilfe die Veränderungen der Konsumentenbedürfnisse und des Einkaufsverhaltens erkannt und die funktionalen und psychologischen Dimensionen der Handelsleistung entsprechend angepasst werden können, um den Mehrwert der Handelsleistung für Kunden zu erhalten oder auszubauen. Die Einführung von zusätzlichen Dienstleistungen wie beispielsweise der Lieferung von Einkäufen nach Hause oder Bargeldabhebungen an der Kasse kann in diesem Zusammenhang als Folge der Fähigkeit interpretiert werden, ein gesteigertes Bedürfnis nach Bequemlichkeit erkannt und den funktionalen Nutzen der Handelsleistung entsprechend ergänzt zu haben.

Die Existenz von finanziellen, materiellen und immateriellen Ressourcen ist zwar eine notwendige, allerdings keine hinreichende Bedingung für das Schaffen eines nachhaltigen Wettbewerbsvorteils durch einen einzigartigen Mehrwert für den Kunden. Damit Ressourcen als Basis für einen längerfristigen Wettbewerbsvorteil dienen können, haben sie nach Barney (1991) zunächst einen wertstiftenden Charakter aufzuweisen, d.h. über die Verwendungsmöglichkeiten signifikant dazu beizutragen, für den Kunden einen spezifischen Zusatznutzen zu generieren.[267] Dies impliziert eine Zugriffsbeschränkung der Wettbewerber durch Knappheit über eine natürliche Mengenbeschränkung und über die Restriktionen bei der Zugangsfähigkeit zu den Ressourcen. Darüber hinaus zeichnen sich erfolgskritische Ressourcen durch eine schwere Imitierbarkeit aus, die vor allem dann gegeben ist, wenn die spezifischen bzw. konfigurativen Ressourceneigenschaften und deren Verwendungszusammenhänge vom Wettbewerb durch kausale Ambiguität und/oder relationale Komplexität nicht zu erschließen ist.[268] Peteraf (1993) nennt dies die Bedingung der Ex-post-Wettbewerbsbeschränkung, die als ein Sicherheitsmechanismus für die Ressourcenheterogenität verstanden werden kann, weil Wettbewerber die Ressourcenkombination nicht zeitnah kopieren und damit neutralisieren kön-

---

[266]   Bei einer Unternehmenskultur handelt es sich um Routinen, in denen die kumulierten Erfahrungen und Wissensbestandteile der Organisationsmitglieder verankert sind. Vgl. Welge/ Al-Laham (2005), S. 261ff..

[267]   Vgl. Barney (1991), S. 105ff., Blohm (2000), S. 91f..

[268]   Vgl. Barney (1991), S. 107ff., Rasche (1994), S. 70ff., Steidl (1999), S. 136. Vgl. Peteraf (1993), S. 182f..

nen.[269] Daneben kann auch eine Ressourcenakkumulation des etablierten Unternehmens durch Skalen-, Erfahrungs- und Synergieeffekte zur erschwerten Imitierbarkeit beitragen.

Schließlich gelten Ressourcen als erfolgskritisch, wenn ihr Einsatz nicht durch andere Ressourcen substituierbar ist und die strukturellen Rahmenbedingungen existieren, um eine optimale Verwendung zu gewährleisten. Sind diese Voraussetzungen erfüllt, dann weist die Ressource strategisches Potenzial auf.[270] Barney (1991) konstatiert hierzu:

> „... [A] firm is said to have a competitive advantage when it is implementing a value creating strategy not simultaneously being implemented by any current or potential competitors. A firm is said to have a sustained competitive advantage when it is implementing a value creating strategy not simultaneously being implemented by any current or potential competitors and when these other firms are unable to duplicate the benefits of this strategy." (Barney (1991), S. 102)

Allerdings bieten Kompetenzen und Ressourcen in wettbewerbsintensiven Märkten mit hohem Veränderungstempo wie dem Handel meist nur temporäre Vorteile.[271] Daher müssen Handelsunternehmen in der Lage sein, neue Kompetenzen und Ressourcen zu schaffen, wenn alte, ehemals wettbewerbsrelevante Kompetenzen und Ressourcen möglicherweise keinen Wettbewerbsvorteil mehr generieren. Die Beispiele Tesco und Ikea lassen vermuten, dass Handelsunternehmen insbesondere dann erfolgreich sind, wenn es ihnen gelingt, ihre Kompetenzen und Ressourcen flexibel dort einzubringen, wo sich im Markt und Wettbewerb Chancen dafür ergeben.[272] Diesen Unternehmen ist es anscheinend gelungen, den Schwerpunkt ihres Ressourceneinsatzes und ihrer Kompetenzen von der Entwicklung einer auf Effizienz ausgerichteten Wertschöpfungskette auf das Schaffen von Konsumentenverständnis und der Entwicklung von Angeboten zur Bedürfnisbefriedigung über den reinen Verlustnutzen hinaus verschoben zu haben. Folglich scheint gerade die Fähigkeit, eigene Kompetenzen und Ressourcen entsprechend den Umweltveränderungen anzupassen und neue Kompetenzen zu entwickeln, besondere Bedeutung im Handel zu besitzen.

I.3   Zwischenbetrachtung I: Zur Notwendigkeit einer interorganisationalen Perspektiverweiterung

Vor dem Hintergrund der skizzierten Entwicklungen im Handel ist es nur plausibel, dass die Erfolgspotenziale zur Generierung von Wettbewerbsvorteilen sowohl unternehmensexternen

---

[269]   Vgl. Peteraf (1993), S. 182f..
[270]   Vgl. Amit/ Schoemaker (1993), S. 38f..
[271]   Vgl. D'Aveni (1995), S. 130f..
[272]   Vgl. Meffert (1999c), S. 426f., Schögel (2006), S. 89.

als auch unternehmensinternen Ursprungs sein können.[273] Eine isolierte markt- oder ressourcenorientierte Betrachtung wird daher kaum zur Entwicklung nachhaltiger Wettbewerbsvorteile auszureichen. Vielmehr sind die unternehmensexternen Kontextvariablen und die unternehmensinternen Strukturvariablen bei der Entwicklung von Strategien zur Schaffung und zum Ausbau von Wettbewerbsvorteilen zu berücksichtigen.[274] Kirsch (1991) führt dazu aus:

> „... um eine Erfolgswirkung zu entfalten, müssen unternehmerische Fähigkeiten und Ressourcen mit marktlichen Chancen korrelieren." (Kirsch (1991), S. 17).

Das strategische Handelsmanagement hat also das, was der Händler in seinem Markt tun könnte, mit dem abzustimmen, was er kann, sodass dadurch eine einzigartige strategische Ausrichtung auf Basis eines für den Kunden Mehrwert bietenden Nutzens der Handelsleistung erzielt wird.[275] Obwohl dieses Verständnis umfangreiche Anerkennung in der handelswissenschaftlichen Forschung gefunden hat, kann von einer generellen Verbreitung in der Handelspraxis bisher keine Rede sein. Dagegen spricht die häufig problematische Beziehung von Handelsunternehmen und Strategie bzw. die kritische Einstellung vieler Handelsmanager gegenüber einer strategischen Planung.[276] In der Folge finden konzeptionelle Fragestellungen bezüglich eines überlegenen Nutzens bzw. eines einzigartigen Mehrwerts der eigenen Handelsleistung oft keine ausreichende Beachtung.[277] Vielmehr versuchen Händler primär durch kurzfristige preis- und kommunikationspolitische Aktivitäten sowie taktische Sortimentsänderungen eine Verbesserung in der Präferenzstellung beim Konsumenten zu erzielen und so Mengen- und damit letztendlich auch Umsatzsteigerungen zu generieren. Zur Realisierung von Umsatzsteigerungen durch Preissenkungen muss die eigene Preiswürdigkeit aktiv beworben werden. Derzeit versuchen sich alle Händler dabei gegenseitig zu überbieten. Mit Slogans wie „Wir senken die Preise – dauerhaft!" (Aldi), „Nirgendwo günstiger – versprochen" (Edeka) oder „ja! Keiner ist billiger – Tägliche Tiefstpreis-Kontrolle" (Rewe) wird die angebliche Preisführerschaft auf Plakaten oder in Tagesanzeigen marktschreierisch herausgestellt.[278] Die zentrale Bedeutung des Preises ist dabei wohl auf den hohen unmittelbaren Einfluss, den der Preis auf die Erreichung ökonomischer Ziele hat, zurückzuführen.[279] Darüber hinaus ist die Wirkungsgeschwindigkeit preispolitischer Maßnahmen höher als die von strategischen Maß-

---

[273] Vgl. Scherm/ Fey (1999), S. 39.

[274] Vgl. Tzokas/ Saren (2004), S. 124ff..

[275] Vgl. Bea/ Haas (2005), S. 16ff., Scherm/ Fey (1999), S. 40, Sydow/ Ortmann (2001), S. 3f. Zur grundsätzlichen Vereinbarkeit von markt- und ressourcenorientierter Perspektive vgl. auch Day (1994), S. 41.

[276] Vgl. Mattmüller/ Tunder (2004), S. 12, Meffert (2005b), S. 1182ff..

[277] Vgl. Ahlert/ Kenning (2007), S. 75, Köster (2005), S. 28, Liebmann/ Friessnegg/ Gruber/ Riedl (2006), S. 19f., Mattmüller/ Tunder (2004), S. 12.

[278] Vgl. o.V. (2010a). Zur Thematik der Preiswürdigkeit vgl. vertiefend auch Ahlert/ Kenning/ Vogel (2003), Ahlert/ Köster (2004), Diller (2008), Horst (1992).

[279] Vgl. Müller-Hagedorn (2005), S. 256ff..

nahmen zur Verbesserung funktionaler und psychologischer Nutzen der Handelsleistung, so dass relativ kurzfristig Auswirkungen auf das im Fokus der Händler stehende operative Tagesgeschäft realisierbar sind.[280] Diller und Goerdt (2005) zeigen jedoch auf Basis empirischer Analysen auf, dass durch häufige Sonderpreisaktionen des Handels die Kundentreue sinkt.[281] Daher stellen Ahlert und Köster (2004) fest:

> „Da nicht mehr der genussorientierte bzw. ideelle Konsum im Vordergrund steht, sondern vielmehr der sachliche-rationale und preissensible Grundkonsum, nimmt auch die Konsummenge ab. Das Niedrigpreis-/Discountalternativsegment mit Preiseinstiegsprodukten gewinnt einen zunehmend höheren Stellenwert. Der Verdrängungswettbewerb schreitet weiter fort." (Ahlert/ Köster (2004), S. 183)

Wird dieser Argumentation gefolgt, dann sinken die Verkaufsmengen der Vollsortimenter im Vergleich zu Discountern nicht trotz, sondern gerade wegen der starken Preisorientierung.[282]

Wenn jedoch die als Antwort auf den Discount gedachte Preisorientierung der Vollsortimenter die negativen Entwicklungen des Verbraucherverhaltens und das Wachstum der Discounter weiter verstärkt, wird auch der schon vorhandene Verdrängungswettbewerb weiter intensiviert.[283] In dem sich durch den allgemeinen Preiswettbewerb verstärkenden Verdrängungswettbewerb verlieren dann diejenigen Händler, welche die Position des Preisführers nicht nachhaltig besetzen können. Hierzu zählen mehr oder weniger alle Vollsortimenter, die nicht mit Discountern vergleichbar schlanke Kostenstrukturen besitzen.

Zur Schaffung von komparativen Wettbewerbsvorteilen durch einen von Kunden honorierten möglichst einzigartigen Nutzen der Handelsleistung hat daher insbesondere der nicht discountorientierte Handel nach Wegen zu suchen, die neben der Betonung der Preisattraktivität bzw. des Verlustwertes auch den funktionalen oder psychologischen Wert der Handelsleistung erhöhen. Dafür sind die marktstrategischen Entscheidungen stärker als bisher an den Bedürfnissen, Wünschen und Erwartungen der Konsumenten auszurichten und der Kunde so verstärkt in den Mittelpunkt der händlerischen Bemühungen zu stellen.[284] Werner und Werner (2006) bemerken hierzu:

> „Denn wie bereits erwähnt, kann sich nur aus der Bedürfnisbefriedigung der Kunden eine Handelsleistung generieren, welche von diesen auch als werthaltig anerkannt wird." (Werner/ Werner (2006), S. 117)

Mit diesem Verständnis ändert sich jedoch die Stellung des Kunden im Aktivitätsrahmen des Handelsunternehmens. Anstatt ihn als Objekt zu verstehen, das es geschickt zu manipulieren

---

[280] Vgl. Meffert (2005b), S. 482.
[281] Vgl. Diller/ Goerdt (2005), S. 1020.
[282] Vgl. Ahlert/ Köster (2004), S. 183.
[283] Diese sich spiralförmig verstärkende Entwicklung wird als Downtrading-Spirale bezeichnet. Vgl. Ahlert (2006), S. 11.
[284] Vgl. Barth/ Hartmann/ Schröder (2007), S. 124ff..

und abzuschöpfen gilt, wird der Kunde zur Ausgangs- und Zielgröße der händlerischen Aktivitäten, d.h. auf ihn sind alle Leistungen auszurichten. Somit ist der Kunde nicht mehr Mittel zum Zweck des Erreichens finanzieller Zielgrößen des Handelsunternehmens, sondern Ausgangspunkt aller händlerischen Bemühungen schlechthin.[285] Die aktuell in Preiskriegen verstrickten Handelsunternehmen sind jedoch bisher kaum in der Lage, die Bedürfnisse der Kunden wahrzunehmen und sie in den Mittelpunkt ihrer unternehmerischen Aktivitäten zu stellen, um den Wert der Handelsleistung für die Kunden über den generischen funktionalen Nutzen der einfachen Versorgung sowie am Wettbewerb ausgerichteten Verlustnutzen hinaus zu steigern und damit Kundenzuspruch und/oder Preisbereitschaft zu erhöhen.[286]

Soll der Wert der Handelsleistung für die Kunden über den Kosten- bzw. Verlustwert hinaus gesteigert werden und auf die Erfüllung komplexerer Konsumbedürfnisse, wie etwa das Streben nach emotionaler Bindung oder kommunikativen Kontakten, Selbstverwirklichung oder ästhetischem Genuss, abzielen, bedarf es jedoch der Entwicklung von Leistungswelten. Für diese haben sich die Handelsunternehmen, anstelle der bisher weitestgehend homogenen, auf austauschbare Massenkonsumartikel abzielenden Gestaltung der Handelsleistung, verstärkt auf die Kombination von Produkt- und Dienstleistungsbestandteilen zu konzentrieren.[287] In einer solchen Handelsleistung sind die fremderstellten Produkte der Hersteller und die eigenerstellte Dienstleistung integrierte Bestandteile einer Gesamtlösung.[288] Die Besonderheit der Handelsleistung als eine Kombination aus fremderstellter Sach- und eigenerstellter Dienstleistung bedingt dabei, dass eine Veränderung der Leistung nicht nur die unternehmensinternen Prozesse der Leistungserstellung beeinflusst, sondern meistens auch die interorganisatorischen und unternehmensexternen Prozesse betrifft und der Händler eine auf die Erfüllung komplexer Konsumbedürfnisse abzielende Handelsleistung somit nicht unabhängig vom Hersteller bzw. Lieferanten gestalten kann.[289] Folglich erscheint auch die klassische Form der Arbeitsteilung, die Ahlert (2001) beschreibt als:

> „Der Hersteller produziert, der Händler verkauft die Ware, zwischen diesen beiden Stufen koordiniert der Markt." (Ahlert (2001b), S. 333)

---

[285]　Vgl. Werner/ Werner (2006), S. 111ff..

[286]　Neben dem Fokus auf das operative Tagesgeschäft wird oft auch die mit wachsender Unternehmensgröße zunehmende funktionale Trennung von Einkaufs- und Verkaufsverantwortung als Ursache für die mangelnde Ausrichtung auf die Bedürfnisse der Kunden angeführt. Vgl. zu den verschiedenen Möglichkeiten der organisatorischen Verankerung von Einkauf und Verkauf in Abhängigkeit von der Unternehmensgröße Tietz (1993), S. 937ff..

[287]　Vgl. Ahlert (2004), S. 67f., Ahlert/ Hesse (2002), S. 18ff., Ahlert (2001a), S. 27, Köster (2005), S. 30ff..

[288]　Vgl. Spath/ Demuß (2003), die in diesem Zusammenhang von einem Paradigmenwechsel in der Produkt- und Dienstleistungsentwicklung sprechen.

[289]　Vgl. Ganesan/ George/ Jap/ Palmatier/ Weitz (2009), S. 85, 90f..

nicht mehr zu funktionieren. Vielmehr ist für die Entwicklung einer auf die Lösung komplexer Konsumbedürfnisse abzielenden Handelsleistung zur Ausweitung der preispolitischen Spielräume die vertikale Zusammenarbeit mit den Herstellern bzw. Lieferanten der weiterzuverkaufenden Ware verstärkt in den Fokus des strategischen Handelsmanagements zu rücken.[290] Zur systematischen Entwicklung in sich abgestimmter strategischer Gesamtkonzepte benötigen die Handelsunternehmen somit einen theoretisch gestützten Rahmen, der neben den Marktbedingungen und den unternehmensinternen Stärken und Schwächen auch die Beziehung mit den Herstellern berücksichtigt.[291] Daher beschäftigt sich die restliche Arbeit vor dem Hintergrund der diskutierten Herausforderungen und der aktuellen Wettbewerbssituation zum einen damit, die Beziehung von Händlern und Hersteller als zentrale Gestaltungsaufgabe des strategischen Handelsmanagements zu begründen und die Brauchbarkeit von Efficient Consumer Response als konzeptionellem Rahmen einer strategischen Zusammenarbeit vor dem Hintergrund möglicher Konflikte kritisch zu hinterfragen (Teil II). Zum anderen wird untersucht, welche Gestaltungsfelder für ein effektives Management der strategisch relevanten Herstellerbeziehungen zu berücksichtigen sind (Teil III).

---

[290] Vgl. Meffert (2005b), S. 1190.
[291] Vgl. Mattmüller/ Tunder (2004), S. 12f, Rudolph/ Loock/ Kleinschrodt (2008), S. 9.

II. Zusammenarbeit im Rahmen von ECR-Partnerschaften als Erweiterung der strategischen Perspektive

Wie der erste Teil dieser Arbeit gezeigt hat, sind Handelsunternehmen mit einem stetig zunehmenden Druck auf ihr Geschäftsmodell durch die Konkurrenz insbesondere von Discountern, einer steigenden Preisorientierung der Kunden und dem auf Effizienz ausgerichteten technologischen Fortschritt konfrontiert. Ihre Reaktion auf diese Entwicklungen ist vornehmlich durch die Bemühungen geprägt, alle Effizienzpotenziale auszuschöpfen und sie über den Preis direkt an die Kunden weiterzugeben. Aber erstens kann der Preis nicht dauerhaft weiter gesenkt werden, und zweitens führen die sich angleichenden Prozesse im Rahmen der Technologisierung dazu, dass sich die Kostenstrukturen im Handel immer stärker ähneln. In der Folge steigt die Bedeutung einer auf die Konsumenten ausgerichteten Handelsleistung, die komplexe Konsumbedürfnisse erfüllt, einen einzigartigen Mehrwert im Wettbewerb bietet und so einen höheren Kundenzuspruch und/oder höhere Zahlungsbereitschaft erzielt. Da für eine solche Handelsleistung die Sachleistungen der Hersteller und die handelsspezifische Dienstleistung in einer integrativen Handelsgesamtleistung zusammenzuführen sind, bedarf es einer verstärkten vertikalen Zusammenarbeit. Vazquez, Iglesias und Alvarez-Gonzales (2005) bemerken in diesem Zusammenhang:

> "Market pressure and the need to meet demands have led to manufacturer and distributors facing the challenge of establishing cooperation agreements in the fields of physical distribution and marketing" (Vazquez/ Iglesias/ Alvarez-Gonzales (2005), S. 125)

In der Managementpraxis und beratungsorientierten Literatur werden schon seit Mitte der 1990er Jahre Konzepte für eine verstärkte vertikale Zusammenarbeit von Händlern und Herstellern diskutiert. Bei diesen steht nicht mehr nur das fokale Handelsunternehmen, sondern vielmehr die Beziehung zwischen Händlern und Herstellern im Fokus von Wissenschaft und Praxis. Die meiste Beachtung hat hierbei sicherlich das Konzept Efficient Consumer Response erhalten. Dieses zielt darauf ab, den Wert der Leistung für den Kunden durch eine verbesserte Zusammenarbeit zu steigern und gleichzeitig durch höhere Umsätze und niedrigere Kosten für die Leistungserstellung zu profitieren.[292]

Es scheint jedoch, als würde die Bedeutung der Beziehung vom strategischen Handelsmanagement meist nicht erkannt. In der Folge findet die Beziehung von Händlern und Herstellern nicht ausreichende Beachtung, um in einer leistungsorientierten Zusammenarbeit mit Herstellern zusätzliche Umsatzpotenziale durch eine Steigerung des Kundenzuspruchs unab-

---

[292] Vgl. Whipple/ Frankel/ Anselmi (1999), S. 311ff., Tuominen (2004), S. 179.

hängig vom Preis zu erschließen.[293] Vielmehr sind die Beziehungen von Händlern und den ihnen zuliefernden Herstellerbetrieben von einem sehr starken Antagonismus geprägt. Dabei stehen anstelle der Erschließung zusätzlicher Umsatzpotenziale oft nur Konditionen und Preise im Fokus der Zusammenarbeit. Die Konditionen der Warenbeschaffung determinieren jedoch lediglich die Aufteilung der durch den Verkauf der Handelsleistung generierten Erlöse und nicht die gemeinsam geschaffenen Werte insgesamt durch die Generierung von zusätzlichem Kundenzuspruch und höherer Zahlungsbereitschaft aus einer für die Kunden mehrwertgenerierenden Handelsleistung. In diesem Zusammenhang konstatieren Sytch und Gulati (2008):

> „One is indeed value appropriation, in which each company's performance is determined by how much value it captures from the pool of value generated by the partnership. But to capture value, companies first need to create it, and this is where the second process comes into play: value creation. In other words, what matters for a company's performance in a buyer-supplier relationship is not just the share of the pie it gets, but also how big the entire pie is." (Sytch/ Gulati (2008), S. 12)

Um Kundenzuspruch und Zahlungsbereitschaft durch das Erkennen von Kundenbedürfnissen auf der einen und der Entwicklung von darauf basierenden für die Kunden mehrwertgenerierenden Angeboten auf der anderen Seite zu steigern, bedarf es also Beziehungen, bei denen der Händler die Hersteller nicht nur als Konkurrenten bei der Verteilung der geschaffenen Werte, sondern auch als Partner beim Schaffen der Werte begreift.[294] Dies jedoch verschiebt die strategische Bedeutung von Ressourcen und Fähigkeiten eines Händlers von günstigen Einkaufspreisen, effizientem Logistik- und Distributionsprozessen auf die prinzipielle Beziehungsfähigkeit und die Interaktionsprozesse innerhalb der Beziehung.[295]

Ziel dieses Teils ist es also erstens, die klassischen Perspektiven der Markt- und Ressourcenorientierung des strategischen Handelsmanagements um eine beziehungsorientierte Perspektive zu erweitern und die Beziehung von Händlern und Herstellern damit als zentrale Gestaltungsaufgabe des strategischen Handelsmanagements zu begründen. Zweitens wird die Brauchbarkeit von Efficient Consumer Response als konzeptionellem Rahmen einer strategischen Zusammenarbeit von Händlern und Herstellern geprüft. Dazu wird im ersten Hauptkapitel die Bedeutung der vertikalen Zusammenarbeit von Händlern und Hersteller herausgearbeitet, indem Potenziale und Konflikte in der Beziehung analysiert werden (II.1). Im zweiten Hauptkapitel werden anschließend konkrete Inhalte der kooperativen Beziehung im Rahmen

---

[293] Vgl. Larsson/ Brousseau/ Driver/ Holmqvist/ Tarnovskaya (2003), S. 8f.; Rudolph/ Loock/ Kleinschrodt (2008), S. 12ff., Schögel (2006), S. 15.

[294] Vgl. Ahlert (2004), S. 68, Ahlert/ Borchert (2001), S. 133ff., Meffert (2000), S. 24ff., Möller/ Törrönen (2003), S. 109ff., Vazquez/ Iglesias/ Alvarez-Gonzales (2005), S. 126.

[295] Vgl. Berger/ Möslein/ Piller/ Reichwald (2005), S. 70ff..

des ECR-Konzeptes dargestellt, um aufzuzeigen, wie beschaffungs- und absatzorientierte Aufgabenbereiche im Rahmen eines modernen Handelsmanagements unternehmensübergreifend kooperativ zu gestalten sind. Dabei wird insbesondere analysiert, inwieweit ECR vor dem Hintergrund der Konflikte zwischen Händlern und Herstellern als konzeptioneller Rahmen einer strategischen Zusammenarbeit geeignet ist, um durch Effizienz- und Effektivitätssteigerungen Werte aus der Beziehung selbst zu generieren (II.2). Der zweite Teil schließt mit einer Zwischenbetrachtung zur Bedeutung eines übergeordneten Beziehungsmanagements, um die beziehungsinhärenten Potenziale erschließen zu können (II.3).

II.1 Potenziale und Konflikte in der Zusammenarbeit von Händlern und Herstellern

Zur Erarbeitung eines Verständnisses der Bedeutung einer vertikalen Zusammenarbeit werden im ersten Unterkapitel die Potenziale der Beziehung von Händlern und Herstellern untersucht (II.1.1). Im Anschluss daran werden die Beziehungskonflikte thematisiert, die kooperativen Beziehungen entgegenstehen und die Realisierung der durch die Wissenschaft in Aussicht gestellten Potenziale bisher weitestgehend verhindert haben (II.1.2)

II.1.1 Potenziale der Händler-Hersteller-Beziehung

Zur Untersuchung der Potenziale der Händler-Hersteller-Beziehung ist im Folgenden zuerst ein grundlegendes Verständnis für die vertikale Zusammenarbeit von Händlern und Herstellern zu schaffen. Dafür werden im nächsten Abschnitt die zentralen Begrifflichkeiten der vertikalen Zusammenarbeit beschrieben, definiert und abgegrenzt (1). Anschließend werden die wissenschaftstheoretischen Potenziale einer kooperativen Händler-Hersteller-Beziehung skizziert, auf dessen Basis eine Beurteilung der Bedeutung von Efficient Consumer Response als konzeptionellem Rahmen einer Zusammenarbeit erfolgen kann (2).

(1) Annäherung an die vertikale Zusammenarbeit im Distributionssystem

Ausgangspunkt der weiteren Untersuchung ist die vertikale zwischenbetriebliche Zusammenarbeit von Händlern und Herstellern aus Sicht des Handels. Vertikal bedeutet, dass die Zusammenarbeit über die aufeinander folgenden Wertschöpfungsstufen von Händlern und Herstellern in den Fokus rückt. Der Begriff „vertikal" wird dabei jedoch meist nur absatzorientiert aus Sicht der Industrie ausgelegt.[296] Die Beschaffungs- bzw. Herstellerorientierung aus Sicht des Handels hat dagegen in der wissenschaftlichen Diskussion bisher nur relativ wenig Beachtung gefunden.[297]

Der Hersteller bzw. das herstellende Unternehmen kann aus produktionstechnischer, logistischer oder rechtlicher Perspektive abgegrenzt werden. Aus rechtlicher Sichtweise ist der Hersteller beispielsweise eine natürliche oder juristische Person, die für die Herstellung, Verpackung und Kennzeichnung eines Produktes im Hinblick auf das erstmalige Inverkehrbringen im eigenen Namen verantwortlich ist.[298] Im Folgenden soll der Hersteller lediglich abgrenzungsbezogen verwendet werden. Der Begriff bezieht sich dabei auf einen dem Handel vertikal vorgelagerten Beschaffungspartner mit verschiedenen Kontaktpunkten zum Händler. Auf dem Beschaffungsmarkt können zwei unterschiedliche Arten von Beschaffungspartnern in ihrer Bedeutung für eine mehrwertgenerierende Handelsleistung unterschieden werden: die Zulieferer von Produktivgütern, wie beispielsweise Ladenausstattung, oder EDV-Anlagen und die Produktlieferanten, welche die weiterzuverkaufenden Güter für den eigentlichen Umsatzprozess liefern.[299] Die Beziehung zu den Lieferanten von Produktivgütern ist strategisch relativ unproblematisch, da die Herkunft dieser Güter keinen Einfluss auf die Kaufentscheidung der Kunden des Händlers hat. Im Gegensatz dazu besitzen die Zulieferer bzw. Hersteller der weiterzuverkaufenden Waren eine zentrale Rolle, da sie in erheblichem Maße die Kaufentscheidung des Nachfragers der Handelsbetriebe beeinflussen.[300] Der Grund hierfür ist darin zu sehen, dass das Sortiment einen Großteil des Charakters der Handelsleistung determiniert und damit auch das akquisitorische Potenzial des Handelsbetriebs maßgeblich bestimmt. Somit hat es entscheidenden Einfluss auf den Kundenzuspruch, d.h. die Kundenfrequenz sowie die Preisbereitschaft der Kunden und damit in letzter Konsequenz auf den Umsatz des Unternehmens. Gleichzeitig wird durch das Sortiment aber auch ein wesentlicher Teil der Kosten von Handelsunternehmen z.B. durch Warenlagerung, Kapitalbindung oder auch Bewirtschaftung der benötigten Flächen verursacht.[301] Die Lieferanten der weiterzuverkaufenden Ware werden im weiteren Verlauf dieser Arbeit synonym als Hersteller, herstellendes Unternehmen oder Lieferant bezeichnet.

---

[296] Vgl. Mattmüller/ Tunder (2004), S. 161. In dieser Arbeit werden die Begriffe vertikale Zusammenarbeit, interorganisationale Zusammenarbeit, zwischenbetriebliche Zusammenarbeit und Zusammenarbeit von Händlern und Herstellern synonym verwendet.

[297] Vgl. Meffert (1999c), S. 416ff..

[298] Vgl. Daniel (2007), S. 34.

[299] Vgl. Mattmüller/ Tunder (2004), S. 32.

[300] Vgl. Mattmüller/ Tunder (2004), S. 33.

[301] Vgl. Ahlert/ Kenning (2007), S. 195, Müller-Hagedorn (2005), S. 223ff.. Zur Bedeutung des Sortiments als Ansatzpunkt zur Differenzierung der Handelsleistung vgl. vertiefend auch die Beiträge im Jahrbuch der Handelsforschung 1998/99 „Innovationen im Handel", Trommsdorff (1998).

Eine Besonderheit der vertikalen Zusammenarbeit von Händlern und Herstellern im Vergleich zur Zusammenarbeit von herstellenden Unternehmen ist die Positionierung des Handels an der Schnittstelle zwischen Produktion und Konsumtion. Der Handel ist somit Teil eines Systems zur Distribution[302] von Produkten der Hersteller an die Konsumenten. Dieses System wird als Distributionssystem[303] bezeichnet und wie folgt definiert:[304]

> Das Distributionssystem umfasst (a) alle Institutionen, durch deren Tätigkeit Eigentums- oder Nutzungsrechte an den Gütern einer absetzenden Unternehmung auf den Verwender übertragen werden, und (b) alle Flüsse (z.b. Waren-, Informations- oder Eigentumsflüsse) zwischen diesen Institutionen. (Toporowski/ Zielke (2007), S. 28)

Ahlert und Kollenbach (1996) unterscheiden eine güterspezifische und eine subjektspezifische Art, Distributionssysteme abzugrenzen.[305] Im ersten Fall werden nur die an der Distribution eines bestimmten Gutes (Produkt oder Dienstleistung) beteiligten Absatzmittler und -helfer als am Distributionssystem beteiligte Institutionen verstanden. Im zweiten Fall dagegen werden von einem Wirtschaftssubjekt (Hersteller oder Händler) ausgehend alle Institutionen zum Distributionssystem gezählt, mit deren Unterstützung dieses Wirtschaftssubjekt seine Güter absetzt.[306] Zum Distributionssystem gehören in diesem Fall neben dem Hersteller, Händler und Endverbraucher auch Dienstleister wie beispielsweise Logistik- und Datenverarbeitungsunternehmen oder auch Werbeagenturen, da sie für Hersteller und Händler Transportaufgaben übernehmen, den Informationsaustausch sicherstellen oder Kommunikationsfunktionen besitzen.[307] Wird dagegen die güterspezifische Abgrenzung von Distributionssystemen gewählt, ist das entscheidende Kriterium der Zugehörigkeit zum Distributionssystem die Übernahme von Funktionen im Zusammenhang mit der Distribution eines bestimmten Absatzgutes. Diesem Vorgehen wird hier mit der Konzentration auf Fast Moving Consumer Goods auch gefolgt, wobei sich die Analyse dabei vor dem Hintergrund der Fragestellung auf die am Verkaufsprozess beteiligten Unternehmen beschränkt, d.h. auf die Hersteller von FMCGs und die Händler, wenn diese dem abgegrenzten Bereich des Handel zugerechnet werden können.[308]

---

[302]   „Distribution bedeutet den Umsatz von Wirtschaftsgütern zwischen den erzeugenden und verbrauchenden Wirtschaftseinheiten." (Ahlert/ Kollenbach (1996), S. 8f.)

[303]   Neben dem Begriff Distributionssystem werden auch Begriffe wie Distributionskanal, Absatzweg oder Marketing Channel verwendet. An dieser Stelle soll keine detaillierte Beschreibung der begrifflichen Unterschiede erfolgen, da diese Begriffe in der Literatur weitestgehend synonym verwendet werden. Vgl. für einen umfassenden Überblick Maas (1980), S. 9ff.

[304]   Vgl. Müller-Hagedorn/ Toporowski (2006), S. 11.

[305]   Vgl. Ahlert/ Kollenbach (1996), S. 37f..

[306]   Vgl. Ahlert/ Kollenbach (1996), S. 37ff..

[307]   Vgl. Müller-Hagedorn/ Toporowski (2006), S. 11.

[308]   Vgl. hierzu Unterkapitel I.1.1 dieser Arbeit.

Der gemeinsame Zweck der am Distributionssystem beteiligten Unternehmen besteht darin, die Endverbraucher zum Kauf der distribuierten Produkte zu veranlassen.[309] Zur Erfüllung dieses zugrundeliegenden Zweckes übernehmen Hersteller und Händler jeweils bestimmte Aufgaben bzw. Funktionen.[310] Während es beim Hersteller im weitesten Sinn die
Produktion der Güter ist, besitzt der Handel die Funktion der Überwindung von Spannungen
zwischen Produktion und Konsumtion.[311] Werden diese Funktionen als Wertketten interpretiert, dann können Bezüge zum Modell der Wertschöpfungskette von Porter (2004) hergestellt
werden.[312]

Die Wertschöpfungskette von Porter stellt ein Strukturierungsraster dar, auf dessen Basis
Tätigkeiten identifiziert und in Bezug auf wertschaffende Leistungs- und Ressourcenverknüp-
fungen analysiert werden können.[313] Mit ihrer Hilfe lassen sich die Wertschöpfungsketten von
Herstellern und Händlern wie folgt darstellen:[314]

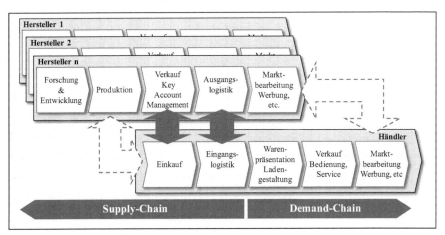

Abb. II-1:   Wertschöpfungsketten von Hersteller und Händler
                (Quelle: Eigene Darstellung)

Der Kerngedanke der Wertschöpfungsketten impliziert, dass zwischen der Wertschöpfungskette von Herstellern und Händler vertikale Verknüpfungen bestehen, von denen einige not-

---

[309]   Vgl. Ahlert/ Kollenbach (1996), S. 65. Dass die beteiligten Unternehmen trotz des gemeinsamen System-
        zwecks nicht immer die gleichen Systemziele verfolgen, wird in Unterkapitel II.1.2 thematisiert.
[310]   Ohne auf den genauen Unterschied von Funktionen und Aufgaben weiter einzugehen, sollen beide Be-
        griffe allgemein für Tätigkeiten stehen, die beim Absatz möglicherweise durchgeführt werden können o-
        der müssen. Vgl. Hahne (1998), S. 32, zum Aufgabenbegriff in der Organisationslehre vgl. auch Vahs
        (2007), S. 10ff..
[311]   Vgl. zu den Funktionen des Handels Abschnitt I.1.1 (2) dieser Arbeit.
[312]   Vgl. Porter (2004), S. 30ff..
[313]   Vgl. Hahne (1998), S. 33. „A firms value chain is embedded in a larger stream of activities that I term the
        value system." Vgl. Porter (2004), S. 34.
[314]   Vgl. Salditt (2008), S. 69.

wendigerweise existieren, beispielsweise die Verknüpfungen zwischen Ausgangslogistik der Hersteller und Eingangslogistik der Händler. Andere Verknüpfungen sind dagegen von der Ausrichtung der beteiligten Unternehmen abhängig. Beispielsweise nehmen Discounter zum Teil auf den Produktionsprozess der Hersteller Einfluss oder geben zumindest Stückkosten vor, die das Produkt in der Produktion kosten darf. Ein weiteres Beispiel ist die gemeinsame Planung und Durchführung von Verkaufsförderungsmaßnahmen von Markenartikelherstellern und Vollsortimentern.[315] Obwohl es keine zwingende Aufteilung der Distributionsfunktionen zwischen Herstellern und Händlern gibt, hat sich im betrachteten Handelsausschnitt jedoch eine klassische Funktionsverteilung herausgebildet. Forschung und Entwicklung, Produktion und Markenwerbung ist in der Regel von den Herstellern dominiert, während Sortimentsgestaltung, Warenpräsentation und Logistik meist von den Händlern kontrolliert wird.[316] Weil die Leistung des Herstellers also meist direkter Input für die Leistung des Händlers ist, besitzen die Austauschprozesse zwischen Hersteller und Händler klassischerweise einen sequentiellen Charakter.[317]

Für die Verhaltenskoordination an den Schnittstellen im Distributionssystem gibt es verschiedene denkbare Möglichkeiten. Die möglichen Alternativen lassen sich in einen Raum einordnen, der von den zwei Dimensionen Bindungsgrad und Autonomie aufgespannt wird. Der Bindungsgrad beschreibt, ob und wie stark die beteiligten Unternehmen ihr Verhalten abstimmen, und bestimmt damit Dauer, Umfang und Intensität der Verhaltensabstimmung von an der Distribution teilnehmenden Unternehmen.[318] Die Autonomie beschreibt die Höhe der Entscheidungsfreiheit im abgestimmten Aktivitätsbereich.[319] Prinzipiell lassen sich drei generische Optionen unterscheiden: Hierarchie, Markt und Kooperation.[320] Markt und Hierarchie stellen die zwei extremen Alternativen im vertikalen Beziehungsfeld zwischen Produktion und Konsumtion dar.[321] In marktlichen Systemen erfolgt die Koordination über Marktpro-

---

[315] Vgl. vertiefend Kapitel II.2 dieser Arbeit.

[316] Vgl. Mattmüller/ Tunder (2004), S. 164ff..

[317] Grundsätzlich kann zwischen gepoolten, sequenziellen und reziproken Austauschprozessen unterschieden werden. Vgl. Staehle/ Conrad/ Sydow (1999), S. 453ff., Thompson (1967), S. 15ff.. Von gepoolten Prozessen wird dann gesprochen, wenn die Partner ihre Leistung für den Kunden weitestgehend getrennt voneinander erarbeiten. Die Beziehungen der Partner verlaufen dann eher parallel zum Kunden, ohne bedeutende Überscheidungen von Aktivitäten. Vgl. Schögel (2006), S. 293. Sequenzielle Prozesse liegen vor, wenn die Leistungen der Partner aufeinander aufbauen und voneinander abhängig sind. Vgl. Thompson (1967), S. 15f.. Wenn die Austauschbeziehungen zwischen den Kunden und den Partnerunternehmen mehrdimensional und intensiv ausgeprägt sind, wird von reziproken Prozessen gesprochen. In diesem Fall sind die Leistungen der Partner so interdependent, dass sie zeitlich und inhaltlich nicht eindeutig voneinander getrennt werden können. Vgl. Schögel (2006), S. 297, Thompson (1967), S. 18f..

[318] Vgl. Ahlert/ Ahlert (2001), S. 7.

[319] Vgl. Ahlert/ Ahlert (2001), S. 7.

[320] Vgl. Ahlert/ Hesse (2002), S. 13.

[321] Vgl. Ahlert (2001b), S. 337.

zesse bzw. über den Preismechanismus. In hierarchischen Systemen erfolgt die Koordination dagegen durch Planung und Steuerung, d.h. durch Vorwärtsintegration der Hersteller bzw. Rückwärtsintegration der Händler. Zwischen diesen beiden extremen Alternativen rangieren gebundene Systeme bzw. Kooperationen, in welchen Hersteller und Händler ihr Verhalten bzw. ihre Aktivitäten mehr oder weniger eng aufeinander abstimmen.

Der Begriff Kooperation wird in der betriebswirtschaftlichen Forschung und Managementpraxis für eine Vielzahl unterschiedlicher Formen der Zusammenarbeit genutzt und weder einheitlich noch widerspruchsfrei verwendet. Die unterschiedlichen Begriffsverständnisse und Definitionen führen dazu, dass die Bezeichnung Kooperation als Sammelbecken für verschiedenste interorganisationale Beziehungen fungiert.[322] Dies drückt sich durch eine Vielzahl von Termini aus, die oft synonym zum Kooperationsbegriff verwendet werden. Als Beispiele können Begriffe wie Wertschöpfungspartnerschaft, Netzwerk, strategische Allianzen, Strategic Partnerships, Koalitionen oder Collaborative Agreements angeführt werden. Allgemein wird unter Kooperation jedoch eine spezifische Form interorganisationaler Beziehung verstanden, bei der die beteiligen Unternehmen ihre individuellen Verhaltensweisen in Teilbereichen weitestgehend ohne hierarchische Weisungsbefugnisse aufeinander abstimmen, weil sie sich dadurch wirtschaftliche Vorteile erhoffen.[323] Dies impliziert jedoch einen gewissen Verlust an Autonomie für die Akteure im Distributionssystem, da keiner mehr alleine über sämtliche wirtschaftliche Aktivitäten entscheiden kann.[324]

---

[322] Vgl. Backhaus/ Voeth (2007), S. 263f..

[323] Vgl. Dull/ Noren (1995), S. 65, Meffert (1999c), S. 408, Schögel (2006), S. 46. Weil selbst in einzelnen Fachdisziplinen unterschiedliche Begriffsauslegungen zu finden sind, ist es weder das Ziel des Autors, einen Überblick über den aktuellen Stand der Kooperationsforschung zu geben, noch zur Diskussion des Kooperationsbegriffes beizutragen. Vielmehr sollen kooperative Beziehungen von Herstellern und Händlern in aller Kürze theoretisch fundiert werden, um darauf aufbauend wissenschaftlich begründete Aussagen entwickeln zu können. Für eine zusammenfassende Darstellung der verschiedenen Verständnisse von Kooperation in der betriebswirtschaftlichen Literatur vgl. beispielsweise Zentes/Swoboda/Morschett (2005a), S. 36ff..

[324] Vgl. Mattmüller/ Tunder (2004), S. 153.

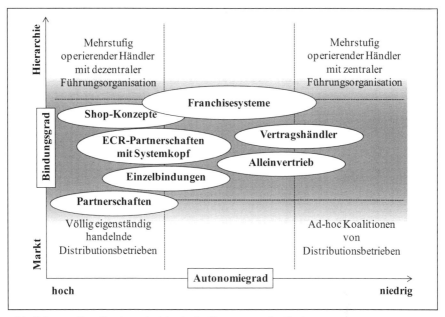

Abb. II-2: *Koordinationsprinzipien in der Konsumgüterdistribution*
(Quelle: Eigene Darstellung in Anlehnung an Ahlert (2001b), S. 338)

Wie in Abbildung II-2 dargestellt, ist für die Beziehungen im FMCG-Handel charakteristisch, dass die am Distributionssystem beteiligten Unternehmen bei einem mittleren Bindungsgrad zumeist einen relativ hohen Autonomiegrad besitzen, da keiner bereit ist, in bedeutendem Maße auf Autonomie zu verzichten.[325] Die Verhaltensabstimmung in kooperativen Beziehungen mit hohem Autonomiegrad stellt jedoch besondere Anforderungen an Händler und Hersteller. Beide sind nur dann zu kooperativem Verhalten bereit, d.h. freiwillig auf Freiheitsgrade zu verzichten und den Verlust an Eigenständigkeit in Kauf zu nehmen, wenn sie sich vom kooperativen Verhalten positive Kooperationsgewinne, d.h. eine positive Differenz zwischen den Kooperationserträgen und den Kooperationskosten, versprechen.[326] Darüber hinaus wird, wenn einmal zur Verhaltensabstimmung bereit, diese nur dann aufrechterhalten, wenn die im Rahmen der Kooperation erwirtschafteten Erträge auch tatsächlich so aufgeteilt werden, dass sich keines der beteiligten Unternehmen benachteiligt fühlt.[327] Kooperative Beziehungen, bei denen sich Hersteller und Händler nicht als Konkurrenten, sondern als Partner begreifen und die Kunden und ihre Bedürfnisse zum Ausgangspunkt jeglicher Aktivitäten über die gesamte

---

[325] Vgl. Ahlert/ Hesse (2002), S. 13.
[326] Vgl. Mattmüller/ Tunder (2004), S. 161, Seifert (2001), S. 74.
[327] Vgl. zum Prinzip der Gegenseitigkeit und Wirtschaftlichkeit Laurent (1996), S. 81ff..

Wertschöpfungskette machen, sind dafür eine notwendige Voraussetzung.[328] Einer kooperativen Beziehung wird oft automatisch auch eine verhaltensbezogene Tendenz unterstellt. Diese zeichnet sich dann durch die Annahme eher kooperativer als opportunistischer Verhaltensweisen bei der Abstimmung von Aktivitäten aus und wird durch den längerfristigen Zusammenarbeitshorizont begründet. Dieser im alltagsprachlichen und wissenschaftlichen Kontext häufig implizit angenommenen positiven Konnotation des Kooperationsbegriffs soll hier nicht gefolgt werden. Wie in Abbildung II-3 dargestellt, können neben der kooperativen Verhaltensabstimmung zwei weitere Verhaltensoptionen von Händlern und Herstellern im Rahmen kooperativer Distributionssysteme unterschieden werden.[329] Bei diesen handelt es sich um Anpassung und Konfrontation.

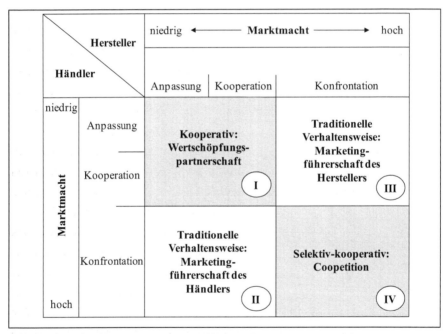

Abb. II-3:   *Ausgestaltungsformen der Koordination im Absatzkanal*
             (Quelle: In Anlehnung an Meffert (1999b), S. 278)

Bei der Anpassung bemühen sich Handel bzw. Hersteller den Vorstellungen und Vorgaben des jeweils anderen zu entsprechen. Bei einer gegenseitigen Anpassung oder damit einhergehenden kooperativen Grundausrichtung von Händlern und Herstellern wird von Wertschöp-

---

[328] Vgl. Ahlert (2004), S. 68, Ahlert/ Borchert (2001), S. 133ff., Meffert (2000), S. 24ff..
[329] Vgl. Meffert (1999c), S. 414.

fungspartnerschaft gesprochen (Quadrant I).[330] Diese entwickelt sich insbesondere dann, wenn eine hohe gegenseitige Abhängigkeit besteht und die Marktmacht relativ gleich verteilt ist.[331] Von einer Anpassung kann aber auch gesprochen werden, wenn Händler oder Hersteller den konfrontativen Forderungen des Anderen Folge leistet. Beispielsweise kann ein Markenhersteller auch die Produktion von Handelsmarken für einen Händler übernehmen und damit die Marketingführerschaft des Handels im Bereich der Handelsmarken akzeptieren (Quadrant II). Die mit der Konzentration im Handel einhergehende Verschiebung des relativen Marktgleichgewichts zugunsten der Handelsunternehmen führt dazu, dass insbesondere kleine Hersteller häufig nur noch mit einer Anpassung auf die aktive und offensive Gestaltung der Absatzwege sowie der Marketingaktivitäten des Handels reagieren können.[332] Insbesondere die Lieferanten von Discountern bzw. die Hersteller ihrer Handelsmarken sind in der Regel gezwungen, sich den Forderungen des Händlers anzupassen. Ein Grund hierfür ist die hohe Umstellungsflexibilität der Händler.[333] Discounter nutzen für die Produktion ihrer Handelsmarken meist mehrere Hersteller. Für sie ist es relativ einfach, Einkaufsvolumen zwischen den verschiedenen Herstellern zu verschieben. Diese Flexibilität zusammen mit der hohen Konzentration der gesamten Branche führt dazu, dass sie einen hohen Preisdruck auf die Hersteller ausüben können. Dieser zwingt die Hersteller zu spezifischen Investitionen in die Effizienz der Produktion, die wegen der damit verbundenen Fixkostensteigerungen zu erhöhter Abhängigkeit vom Beschäftigungsgrad und damit zur Unverzichtbarkeit des Auftraggebers führt.[334] Während Discounter fast jeden Handelsmarkenhersteller austauschen können, führt ein Auftragsverlust für den Hersteller oft zu existenzbedrohlichen Umsatzausfällen.[335]

Sind die Hersteller von Discountern also größtenteils gezwungen, sich an die Forderungen der Discounter anzupassen, ist die Situation bei Vollsortimentern eine andere. Zwar haben Vollsortimenter einen ähnlichen Einfluss auf die Hersteller ihrer Handelsmarken, allerdings ist der Anteil an Handelsmarken deutlich geringer. Gerade die großen multinationalen Markenhersteller sind wesentlich weniger abhängig vom Handel. Dies liegt zum einen daran, dass ihre Marken für Konsumenten so attraktiv sind, dass sie von Vollsortimentern mit dem Anspruch eines möglichst umfassenden Angebotes nicht einfach ausgelistet werden können. Zum anderen ist aber auch der Umsatzanteil, den sie mit einem Händler erzielen, deutlich

[330] Vgl. Meffert (1999b), S. 279.
[331] Vgl. Laurent (1996), S. 139.
[332] Vgl. Corsten/ Kumar (2005), S. 80, Glynn/ Motion/ Brodie (2007), S. 401.
[333] Vgl. Olbrich (2001), S. 27, Steiner (2007), S. 11.
[334] Vgl. Olbrich (2001), S. 53ff. Zur Problematik der „Herrschaft der fixen Kosten" vgl. Schmalenbach (1928) sowie Schmalenbach (1949).
[335] Vgl. Ergenzinger/ Krulis-Randa (2003), S. 155ff..

geringer, weshalb eine Auslistung nicht gleich zu einem existenzbedrohlichen Absatzrück-
gang führen würde. In der Folge sind Vollsortimenter daher eher gezwungen, sich den Forderungen der großen multinationalen FMCG-Produzenten anzupassen. Beispielsweise können
Unternehmen wie etwa The Coca-Cola Company oder Procter & Gamble, Forderungen in
Bezug auf Warenpräsentation oder Promotionaktionen für die Marken Coca-Cola oder Pam-
pers gegenüber dem Handel durchsetzen und so die Marketingführerschaft erhalten (Quadrant
III).

Selbst wenn Händler und Hersteller grundsätzlich zu kooperativem Verhalten bereit sind,
kommt es wegen der zunehmenden Größe von Handelsunternehmen und der damit einhergehenden Emanzipation gegenüber den Herstellern gerade zwischen großen Handels- und Herstellerunternehmen immer wieder zu konfrontativen Verhaltensweisen. Hersteller und Händler erheben dann bestimmte Forderungen in Bezug auf die Ausgestaltung der Absatzinstru-
mente, denen der Gegenüber nicht entspricht.[336] Eine partnerschaftliche Zusammenarbeit ist
dann trotz grundsätzlicher Bereitschaft zu kooperativem Verhalten nicht immer realisierbar.
Händler und Hersteller verhalten sich dann selektiv-kooperativ. Die Folge ist eine Koexistenz
von Kooperation und Wettbewerb, auch Coopetition genannt (Qua-drant IV).[337] Bei dieser
kann es trotz kooperativen Verhaltens in bestimmten Bereichen zu einer mangelnden Verhaltenskoordination kommen, die zu Ineffizienzen und mangelnder Effektivität im Distributionssystem führt.[338]

Waren konfrontative Verhaltensweisen von Händlern und Herstellern zwar schon seit geraumer Zeit Gegenstand von Wissenschaft und Praxis, so sind sie aufgrund der im ersten Teil
dieser Arbeit dargestellten Entwicklung jedoch noch nie so problematisch wie gegenwärtig
einzuschätzen gewesen.[339] Lag die Macht in den Anfangstagen der Bundesrepublik beim Hersteller, liegt sie durch den Wandel vom Verkäufer- zum Käufermarkt nun mehr beim Händler.[340] Bis Anfang der 1970er Jahre besaß der Handel kaum die Mittel, um Einfluss auf die
Beziehungen zu seinen Produktlieferanten zu nehmen. Ihm kam vielmehr nur die Rolle eines
Erfüllungsgehilfen der Industrie bei der Verteilung der Waren zu. Durch das zunehmende
Wachstum der Handelsunternehmen und insbesondere durch den Wegfall der vertikalen
Preisbindung verschob sich die Machtverteilung zunehmend zugunsten des Handels. Heute
wird davon ausgegangen, dass nur ca. zehn nationale Entscheidungsinstanzen des Handels

---

[336] Vgl. zu den Konflikten in der Händler-Hersteller-Beziehung vertiefend Unterkapitel II.1.2.
[337] Coopetition zeichnet sich durch besondere Anforderungen an die Zusammenarbeit aus. Vgl. zu Coopetition vertiefend beispielsweise Brandenburger/ Nalebuff (2009).
[338] Vgl. Steffenhagen (1975), S. 78, Steiner (2007), S. 28.
[339] Vgl. Steiner (2007), S. 8.
[340] Vgl. Mattmüller/ Tunder (2004), S. 121.

über 80 Prozent des gesamten FMCG-Einzelhandels beeinflussen.[341] Diese Instanzen bestimmen, ob die Produkte der Hersteller gelistet werden, d.h. für die Konsumenten überhaupt
erhältlich sind. Wenn sie erhältlich sind, bestimmen sie darüber hinaus, in welcher physischen
und kommunikativen Form die Produkte präsentiert werden und somit ob sie im marketing-
strategischen Sinne der Hersteller geführt werden. Folglich wandelte sich die Rolle des Handels vom Erfüllungsgehilfen der herstellenden Industrie zum Gatekeeper. Handelsunternehmen sind heute meist in der Lage, ihren Willen kompromisslos auch gegen den Widerstand
der Hersteller durchzusetzen. Bieber (2004a) bemerkt dazu:

> „Vielmehr scheint die Eroberung einer dominanten Position durch die Handelsunterneh-
> men zur Entwicklung einer Kooperationskultur beigetragen zu haben, die einem Über-
> gang von einer antagonistischen Kooperationsbeziehung hin zur Schaffung von soge-
> nannten Win-Win-Situationen diametral entgegensteht." (Bieber (2004a), S. 10)

(2)   Wissenschaftstheoretische Erklärungsansätze der Potenziale kooperativer
**   Beziehungen**

Wenn auch die Bedeutung einer interorganisationalen Perspektive in der Wissenschaft zur
Schaffung eines komparativen Wettbewerbsvorteils zunehmend Beachtung findet, so ist sie
bisher noch nicht ausreichend in ein ökonomisch begründetes Konzept von Strategie und Organisation integriert worden.[342] In der betriebswirtschaftlichen Forschung lässt sich jedoch
eine Vielzahl an Erklärungsansätzen finden, die ausgewählte Aspekte kooperativer Beziehungen jeweils aus bestimmten Perspektiven beleuchten. Entsprechend den Empfehlungen von
Homburg (2000) und Swoboda (2005), die konstatieren, dass ein theoretischer Pluralismus
zur Untersuchung interorganisationaler Geschäftsbeziehungen notwendig ist, da zwischen den
verschiedenen Ansätzen komplementäre Beziehungen bestehen, soll die Händler-Hersteller-
Beziehung in dieser Arbeit auch aus verschiedenen theoretischen Perspektiven untersucht
werden.[343] Zentes, Swoboda und Morschett (2005a) zeigen anhand einer Metaanalyse führen-
der deutschsprachiger und internationaler Journals auf, dass die theoretischen Grundüberlegungen zur Analyse kooperativer interorganisationaler Beziehungen primär auf Ansätzen der
Neuen Institutionenökonomie, des strategischen Managements, der Spieltheorie, der Property-
Rights-Theorie und Interorganisationstheorien wie beispielsweise Kontingenztheorie, Systemtheorie, Netzwerkansätze basieren (siehe Abb. II-4).[344]

---

[341]   Vgl. Ahlert (2002), S. 114.
[342]   Vgl. Dietl/ Royer/ Stratmann (2009), S. 24ff..
[343]   Vgl. Homburg (2000), S. 130f., Swoboda (2005), S. 37.
[344]   Vgl. Zentes/ Swoboda/ Morschett (2005b) sowie zur Vertiefung der Erklärungsbeiträge alternativer theoretischer Perspektiven auch Swoboda (2005), S. 37ff..

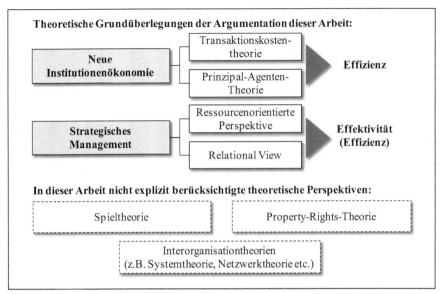

Abb. II-4:   *Vorherrschende theoretische Grundüberlegungen der Untersuchung*
              interorganisationaler Zusammenarbeit von Händlern und Herstellern
              (Quelle: eigene Darstellung)

Trotz dieser Vielzahl an theoretischen Perspektiven wird sich die folgende Diskussion primär auf Argumente der Neuen Institutionenökonomie (a) und des strategischen Managements (b) beschränken. Die Auswahl der Perspektiven basiert auf der Erkenntnis, dass für die Untersuchung der strategischen Bedeutung interorganisationaler Zusammenarbeit von Händlern und Herstellern im Rahmen von ECR-Partnerschaften effizienz- und effektivitätsbezogene Aspekte zu berücksichtigen sind. Während sich effektivitätsbezogene Aspekte auf das Ausmaß beziehen, in dem die Zusammenarbeit von Händlern und Herstellern die beabsichtigten Wirkungen erzielen, berücksichtigen effizienzbezogene Aspekte die Wirtschaftlichkeit der Zusammenarbeit, also das Verhältnis von Zusammenarbeitserträgen und -kosten.

(a) Erklärungsbeiträge der Neuen Institutionenökonomie: Im Bereich der Neuen Institutionenökonomie haben insbesondere die Transaktionskostentheorie und die Prinzipal-Agenten-Theorie besondere Beachtung als Erklärungsansatz für kooperative interorganisationale Beziehungen gefunden.[345] Die Transaktionskostentheorie versucht bestimmte Organisationsformen anhand der mit ihnen verbundenen Transaktions- bzw. Produktionskosten zu erklären.[346] In Bezug auf die Händler-Hersteller-Beziehung liefert die Transaktionskostentheorie Erklä-

---

[345]   Vgl. Schögel (2006), S. 22.
[346]   Vgl. Picot/ Dietl/ Franck (2008), S. 67.

rungsbeiträge und Implikationen für unterschiedliche organisatorische Ausgestaltungoptionen der interorganisationalen Koordination. Die Grundformen institutioneller Arrangements der interorganisationalen Koordination sind die idealtypischen Extrempunkte Markt und Hierarchie. Sämtliche Koordinationsformen zwischen Markt und Hierarchie werden als Hybridformen bezeichnet.[347]

Durch kooperative Koordination der Aktivitäten von Händlern und Herstellern soll die Effizienz der reinen Marktlösung erhalten bleiben, gleichzeitig sollen durch eine verbesserte Verhaltensabstimmung jedoch Ineffizienzen der reinen Marktlösung vermieden werden, die als Folgen einer opportunistischen Ausnutzung von Verhaltensspielräumen, mangelnden Verhaltensabstimmung und ineffektiven Arbeitsteilung auftreten. Durch die Vermeidung von Ineffizienzen können zwar Transaktionskosten im Vergleich zum reinen Markt gesenkt werden, dafür treten jedoch Kooperationskosten auf. Diese entstehen beispielsweise durch den Aufbau von Managementstrukturen der Kooperation, die Entwicklung eines gemeinsamen Systemdienstleistungskonzeptes sowie das Management und den Ausgleich von Ziel- und Interessenkonflikten.[348]

Es wird davon ausgegangen, dass mit steigender Spezifität der Leistung von der marktlichen Koordination ausgehend zunächst eine kooperative und dann hierarchische Form der Koordination vorteilhaft im Sinne niedriger Transaktionskosten ist. Bei Leistungen mittlerer Spezifität ist eine kooperative Koordination vorteilhaft, da solche Leistungen nicht einfach als Standardleistungen am Markt bezogen werden können und daher teilweise Spezifikationen erfordern, die auf einem reinen Markt durch opportunistisches Verhalten der Marktpartner ausgenutzt werden könnten.[349]

Die beschriebene Notwendigkeit der Abkehr von standardisierten Massenprodukten hin zu komplexen Problemlösungen kann als Erhöhung der Leistungsspezifität interpretiert werden.[350] Generische Handelsmarken sowie B- und C-Marken besitzen keine sehr hohe Spezifität und können daher einfach am Markt eingekauft werden. Aus transaktionskostentheoretischer Perspektive ist also davon auszugehen, dass für die Lösung komplexer Konsumbedürfnisse kooperative Koordinationsformen zunehmend an Bedeutung gewinnen. Die zur Vermeidung der Preisorientierung geforderte Verringerung der Austauschbarkeit der Handelsleistung und die damit einhergehende Bedeutung individueller Leistungen lassen kooperative Koordinationsformen daher gerade für Vollsortimenter als sehr bedeutsam erscheinen.

---

[347]   Vgl. Ebers/ Gotsch (2006), S. 284f..
[348]   Vgl. Ahlert/ Ahlert (2001), S. 18ff..
[349]   Vgl. Bijman/ Wollni (2008), S. 5, Magnus (2007), S. 56, Picot/ Dietl/ Franck (2002), S. 294.
[350]   Vgl. Zwischenfazit I dieser Arbeit.

Allerdings stößt die Transaktionskostentheorie damit auch an ihre Grenzen. So stellt sie rationale und ökonomische Größen in den Mittelpunkt der Analyse und blendet dabei typische soziale Phänomene kooperativer Beziehungen wie etwa Konflikte und Machtausübung weitestgehend aus.[351] Zudem vernachlässigt die Transaktionskostentheorie, dass durch kooperative Formen der Zusammenarbeit mehrwertgenerierende Leistungen möglich werden, die einen zusätzlichen Wert für die beteiligten Unternehmen darstellen und daher auch bei der Beurteilung der Transaktionskosten berücksichtigt werden müssen.[352] Schließlich stellt auch die Operationalisierung der Transaktionskosten für die Anwendung der Theorie in der Praxis eine große Schwierigkeit dar.[353] Eine reine Betrachtung der Transaktionskosten zur Bewertung und Beurteilung der Händler-Hersteller-Beziehung erweist sich daher als unzureichend.

Im Mittelpunkt der Prinzipal-Agenten-Theorie steht die Frage, wie ein selbstständiges Unternehmen bzw. seine Manager (Agent) dahingehend beeinflusst werden können, sich im Sinne der Auftraggeber bzw. Eigentümer (Prinzipal) zu verhalten. Der Grund hierfür ist, dass zwischen Prinzipal und Agent Informations-asymmetrien bestehen, die vom Agenten ausgenutzt werden können. Die Überwachung des Agenten zur Verhinderung opportunistischen Verhaltens verursacht jedoch Agency-Kosten für den Prinzipal. Die Höhe dieser Kosten ist abhängig von der Organisationsform. Gemäß der Prinzipal-Agenten-Theorie ist daher diejenige Organisationsform zu wählen, welche die geringsten Kosten verursacht.[354]

Vor dem Hintergrund der Fragestellung scheint auch die Prinzipal-Agenten-Theorie einen theoretischen Erklärungsbeitrag zur Ausgestaltung der Hersteller-Händler-Beziehung zu liefern, da Hersteller und Händler teilweise voneinander abhängige und gleichzeitig auch eigene, vom Partner divergierende Ziele verfolgen.[355] Dabei lässt sich festhalten, dass Hersteller und Händler in Abhängigkeit davon, wer über die gemeinsamen für die Aufgabenerfüllung benötigten Informationen verfügt, mal die Rolle des Prinzipals und mal die Rolle des Agenten innehaben.[356] In Bezug auf eine kooperative Entwicklung einer mehrwertgenerierenden Handelsleistung ist zu klären, welche Aufgaben bzw. Funktionen und damit Kosten Hersteller und Händler übernehmen, wer welche Anteile am Gewinn erhält und wie das Risiko aufgeteilt wird. Gerade hierbei ist das durch die Prinzipal-Agenten-Theorie postulierte opportunistische Verhalten in Bezug auf die Ausnutzung von Informationsasymmetrien in der Hersteller-

---

[351]   Vgl. Olbrich (2001), S. 22, Sydow (2005), S. 147ff..
[352]   Vgl. Ploetner/ Ehret (2006), S. 6.
[353]   Vgl. Homburg/ Krohmer (2006), S. 158, Olbrich (2001), S. 22.
[354]   Vgl. Jensen/ Meckling (1976), S. 303ff., Richter/ Furubotn (2003), S. 224ff., Ross (1973), S. 134ff..
[355]   Vgl. zu divergierenden absatzpolitischen Zielsetzungen Unterkapitel II.1.2.
[356]   Vgl. Lietke (2009), S. 53.

Händler-Beziehung feststellbar.[357] In Bezug auf die Händler-Hersteller-Beziehung liefert die Prinzipal-Agenten-Theorie Erklärungsbeiträge zum Umgang mit den Konflikten, die aus den divergierenden Zielsetzungen von Herstellern und Händlern entstehen.[358] Jedoch kann auch die Prinzipal-Agenten-Theorie nicht alle Aspekte relationaler Geschäftsbeziehung erklären, da sie überwiegend statisch ausgerichtet ist und die Effizienz der Austauschbeziehungen sowie die dafür benötigten Anreiz- und Führungsstrukturen in den Vordergrund der Analyse stellt. Effektivitätsbezogene Aspekte wie etwa unternehmensindividuelle Fähigkeiten und Ressourcen zur Gestaltung kooperativer Beziehungen werden dagegen vernachlässigt.[359]

(b) Erklärungsbeiträge des strategischen Managements: Im strategischen Management wird davon ausgegangen, dass mit wachsender Komplexität des Geschäfts aufgrund von technologischem Fortschritt und Veränderungen des Konsumentenverhaltens sowie dem daraus resultierenden zunehmendem Wettbewerbsdruck die Bedeutung von kooperativen Beziehungen zur Sicherung bzw. Verbesserung der strategischen Position relativ zu den Wettbewerbern steigt. Begründet wird dies damit, dass nicht mehr alle benötigten Ressourcen, Fähigkeiten und Kompetenzen im Unternehmen selbst vorhanden sein können. Zur Generierung eines Wettbewerbsvorteils bedarf es daher der Aneignung und Nutzung komplementärer Ressourcen, Fähigkeiten und Kompetenzen des Partners der kooperativen Beziehung.[360] Weil in kooperativen Beziehungen jedoch immer auch ein Abfluss von Ressourcen, Fähigkeiten und Kompetenzen an den Beziehungspartner erfolgt, kann sich der Partner im Verlauf der kooperativen Beziehung ebenfalls wettbewerbsrelevante Fähigkeiten und Kompetenzen aneignen.[361] So besteht im Rahmen von vertikalen Kooperationen zwischen Herstellern und Händlern beispielsweise die Möglichkeit, dass die Hersteller zur Sortimentsgestaltung Know-how entwickeln und dieses im Rahmen weiterer vertikaler Kooperationen auch auf direkte horizontale Wettbewerber des Händlers übertragen. Weil folglich die Gefahr besteht, dass kooperative Beziehungen auf die Dauer die eigene Wettbewerbsfähigkeit verringern, sollen sich Unternehmen aus Sicht der klassischen ressourcenorientierten Perspektive möglichst protektionistisch verhalten.[362] Sie sollen die strategisch relevanten Fähigkeiten und Kompetenzen des

---

[357] Vgl. Cansier (2001a), S. 614, Cansier (2001b), S. 28, Halldórsson/ Kotzab/ Mikkola/ Skjøtt-Larsen (2007), S. 284, Lietke (2009), S. 55, Töpfer (1999), S. 362.

[358] Zu möglichen Konflikten in der Händler-Hersteller-Beziehung vgl. Unterkapitel: II.2.1.

[359] Vgl. Backhaus/ Voeth (2007), S. 82ff., Schögel (2006), S. 25f..

[360] Vgl. Hamel/ Doz/ Prahalad (1989), S. 133ff., Hamel (1991), S. 100, Magnus (2007), S. 87, Prahalad/ Hamel (1990), S. 79ff., Schmidt (2009), S. 129ff..

[361] Vgl. Beck (1998), S. 55, Hamel (1991), S. 100, Magnus (2007), S. 87.

[362] Vgl. Duschek/ Sydow (2002), S. 427.

Partners also schnell absorbieren und möglichst keine Ressourcen, Fähigkeiten oder Kompetenzen preisgeben. Ist dies geschehen, hat die kooperative Beziehung ihren Zweck erfüllt und sollte zur Vermeidung eines Know-how-Abflusses nicht weiter fortgeführt werden.[363]

Obwohl die klassische ressourcenorientierte Sichtweise des strategischen Managements damit wertvolle Hinweise auf die Motive von Händlern und Herstellern zu einem Verzicht auf Autonomie und abgestimmten Verhaltensweisen liefert, leistet sie nur einen äußerst begrenzten Erklärungsbeitrag zur Begründung der Bedeutung von kooperativen Beziehungen zwischen Handel und Herstellern. Dies liegt vor allem daran, dass der klassische ressourcenbasierte Ansatz sich auf das einzelne Unternehmen bezieht und damit eine atomistische Sicht impliziert.[364] Es wird weder begründet, warum kooperative Geschäftsbeziehungen einen eigenen Mehrwert generieren und damit trotz Know-how-Abfluss für beide Unternehmen Wettbewerbsvorteile schaffen können, noch wird geklärt, welche Fähigkeiten und Kompetenzen einen solchen Mehrwert generieren können. Aufgrund dieses Mangels hat die ressourcenorientierte Perspektive des strategischen Managements in den letzten Jahren mit dem Relational View (RV) eine inhaltliche Erweiterung erfahren. Diese basiert auf der Erkenntnis, dass Unternehmen strategische Ressourcen und Fähigkeiten nicht unbedingt von den Unternehmen selbst besessen werden müssen. Vielmehr können auch unternehmensexterne Ressourcen und Fähigkeiten einen Wettbewerbsvorteil generieren, wenn das Unternehmen einen dauerhaften Zugang zu ihnen besitzt. Aufgrund der Bedeutung eines dauerhaften Zugangs zu unternehmensexternen Ressourcen und Fähigkeiten für die Generierung von Wettbewerbsvorteilen können diese maßgeblich auf funktionierende unternehmensübergreifende kooperative Beziehungen zurückgeführt werden.[365]

Nach dem Verständnis des Relational View sind in den kooperativen Beziehungen von Handelsunternehmen, Kunden/Konsumenten und Herstellern relationale Ressourcen enthalten. Weil sie asymmetrisch verteilt, nicht mobil/übertragbar, schwierig zu imitieren und keine Substitute vorhanden sind, können mit ihrer Hilfe Wettbewerbsvorteile realisiert werden.[366] Darüber hinaus besteht ihr Wert mehr in der Nutzung als in ihrem Marktwert, weil sie nicht für sich selbst einen Wert beinhalten, sondern genutzt werden, um interne Ressourcen produktiver bzw. „wertgenerierender" zu machen.[367] Beispielsweise können gute Beziehungen zwischen Händlern und Herstellern Wettbewerbsvorteile für beide generieren, wenn sich beide

[363]   Vgl. Duschek/ Sydow (2002), S. 427.

[364]   Vgl. Zahn/ Kapmeier/ Tilebein (2006), S. 133.

[365]   Vgl. Duschek (2002), S. 258, Dyer/ Singh (1998), S. 660; Otto (2002), S. 2, Schmidt (2009), S. 129.

[366]   Vgl. Dyer/ Singh (1998), S. 660ff..

[367]   Vgl. Davis/ Mentzer (2008), S. 435ff..

gegenseitig verpflichtet fühlen. Durch das Gefühl der gegenseitigen Verpflichtung sind die Partner eher bereit, bei gemeinsamen Vorhaben in Vorleistung zu gehen und Informationen weiterzugeben, die dazu führen können, dass das Angebot letztendlich einen höheren Kundenzuspruch erzielt, als es der Fall gewesen wäre, wenn sich die Partner in der Beziehung nicht gegenseitig verpflichtet gefühlt hätten. Wettbewerbsvorteile resultieren damit aus den Unternehmensbeziehungen selbst und können von den beteiligten Unternehmen nicht alleine erzielt werden.[368] Die Steuerung wertgenerierender Prozesse sowie die Verteilung der im Rahmen der Beziehung erwirtschafteten Erträge erfolgt daher auch nicht mehr durch ein Unternehmen, sondern wird zu einer kollektiven Aufgabe.[369] Im RV stehen daher nicht mehr unternehmensinterne Ressourcen oder der Wettbewerb im Mittelpunkt der Suche nach Wettbewerbsvorteilen, sondern kooperative Beziehungen selbst.[370] Durch kooperative Beziehungen generierte Werte werden als relationale Renten bezeichnet.[371] Dyer und Singh (1998) zeigen vier Quellen relationaler Renten auf (Abb. II-5):[372]

---

[368] Vgl. Duschek (2002), S. 258, Schmidt (2009), S. 131.
[369] Vgl. Dyer/ Singh/ Kale (2008), S. 137, Schmidt (2009), S. 131.
[370] Vgl. Duschek/ Sydow (2002), S. 428, Schmidt (2009), S. 129.
[371] Vgl. Duschek (2002), S. 258, Dyer/ Singh (1998), S. 661.
[372] Vgl. Dyer/ Singh (1998), S. 662ff..

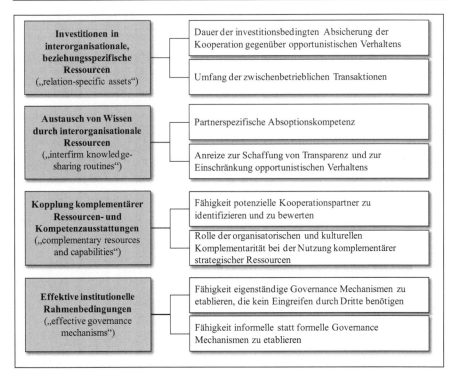

Abb. II-5:   Quellen relationaler Renten
               (Quelle: in Anlehnung an (Dyer/ Singh (1998), S. 660ff.), Magnus (2007), S. 92).

- *Investitionen in interorganisationale, beziehungsspezifische Ressourcen:* Die Investition in beziehungsspezifische Ressourcen kann eine Intensivierung der Zusammenarbeit und Verringerung der Absicherungen gegenüber opportunistischem Verhalten der Partner ermöglichen, wodurch Effektivität und Effizienz der Interaktion zwischen den Partnern gesteigert werden können.[373] In der Folge lassen sich auch die Kosten des Wertschöpfungsprozesses bzw. Distributionssystems verringern, organisationsübergreifende Geschäftsprozesse von Händlern und Herstellern besser abstimmen sowie die Reaktionsgeschwindigkeit auf Veränderungen in den Konsumentenbedürfnissen erhöhen, was letztendlich den Nutzen der Handelsleistung für die Kunden steigert.[374]

- *Austausch von Wissen durch interorganisationale Routinen:* Interorganisationale Routinen zum Austausch von Wissen können helfen, die partnerspezifische Absorptionsfähigkeit von Wissen zu erhöhen und Anreize zur Steigerung der Transparenz schaffen.

---

373   Vgl. Dyer/ Singh (1998), S. 663.
374   Vgl. Corsten/ Kumar (2005), S. 80ff..

Dadurch vereinfachen und beschleunigen sie den Ausbau der unternehmensindividuellen Wissensbasis und verbessern die unternehmensinterne Entwicklung neuer Ressourcen und Kompetenzen, mit deren Hilfe Wettbewerbsvorteile generiert werden können.[375] Gerade vor dem Hintergrund der Veränderungsdynamik im Handel scheint der routinierte Austausch von Wissen zwischen Händlern und Herstellern zum Erhalt bzw. Ausbau der Wettbewerbsvorteile durch ein schnelles Erkennen von Veränderungen der Konsumentenbedürfnisse und damit der Nutzenveränderungen der Handelsleistung kontinuierlich an Bedeutung zu gewinnen.

- *Kopplung komplementärer Ressourcen- und Kompetenzausstattungen:* Durch Verknüpfung komplementärer Ressourcen- und Kompetenzausstattungen können Synergien zwischen den Partnern realisiert werden. Voraussetzung hierfür ist eine partnerschaftliche Nutzung unternehmensindividueller Ressourcen, die ohne kooperative Beziehung nicht möglich wäre.[376] Die beschriebene Notwendigkeit einer Handelsleistung, in der Sach- und Dienstleistungskomponenten integrativer Bestandteil einer Gesamtlösung sind, macht die Kopplung von Ressourcen und Kompetenzen zur Leistungserstellung notwendig. Dabei zielt die Kopplung der Ressourcen und Fähigkeiten von Händlern und Herstellern darauf, gemeinsam ein Angebot zu schaffen, welches für den Konsumenten einen höheren Wert besitzt, als wenn Händler und Hersteller das Angebot unabhängig voneinander entwickelt hätten.[377]

- *Effektive institutionelle Rahmenbedingungen:* Mechanismen für effektive institutionelle Rahmenbedingungen können die Bereitschaft der Unternehmen zum Aufbau kooperativer Beziehungen steigern, da durch sie die Transaktionseffizienz und die Anreize für die Partner, sich an wertgenerierenden Aktivitäten zu beteiligen, erhöht werden.[378] Die Mechanismen können grundsätzlich formellen oder informellen Charakter besitzen. Die Durchsetzung von Vereinbarungen über formelle Mechanismen, wie beispielsweise durch Verträge, ist aufgrund der notwendigen Überwachung durch Dritte zur Sicherstellung einer durchsetzbaren Rechtssicherheit meist mit hohen Transaktionskosten verbunden. Daher besitzen insbesondere informelle Mechanismen, die ohne das Eingreifen Dritter auskommen, besondere Bedeutung (sog. selbstverstärkende Schutzmechanismen

---

[375]   Vgl. Corsten/ Kumar (2005), S. 84f..
[376]   Vgl. Dyer/ Singh (1998), S. 667.
[377]   Vgl. Corsten/ Kumar (2005), S. 84f., Zajac/ Olsen (1993), S. 137.
[378]   Vgl. Dyer/ Singh (1998), S. 670, Zajac/ Olsen (1993), S. 131ff..

oder engl. "self-enforcing agreements") für die Ausschöpfung der Quellen relationaler Renten der Beziehung von Händlern und Herstellern.[379]

Als Mechanismen einer nachhaltigen Sicherung der genannten Quellen relationaler Renten sind nach Dyer und Singh (1998) Imitationsbarrieren aufzubauen. Diese können auf kausale Ambiguität der Beziehungen, zeitdruckbedingte Unwirtschaftlichkeiten, wechselseitige Verknüpfung von interorganisationalen Ressourcen, Knappheit potentieller Kooperationspartner, Unteilbarkeit von Ressourcen und Nichtimitierbarkeit institutioneller Rahmenbedingungen basieren.[380]

Aufgrund der Bedeutung der in den interorganisatorischen Beziehungen eingebetteten Ressourcen wird der RV häufig als eine Erweiterung der ressourcenorientierten Ansätze verstanden.[381] Kooperative Beziehungen werden dann als spezielle Ressourcen interpretiert, die an beziehungsspezifische Investitionen geknüpft sind, dem Austausch von Wissen dienen und so die gemeinsame Nutzung komplementärer Ressourcen und Kompetenzen der Partner ermöglichen.[382] Gleichzeitig wird der RV jedoch auch mit dem marktorientierten Ansatz in Verbindung gebracht.[383] Aus Sicht des marktorientierten Ansatzes können kooperative Beziehungen als ein einzigartiges Geflecht von Unternehmenskontakten interpretiert werden, das zum kollektivem Aufbau von Ressourcen und Kompetenzen dient, um gemeinschaftlich neue Angebote zu entwickeln und damit spezifische marktliche Positionierungen zu ermöglichen, um so Wettbewerbsvorteile zu erzielen.[384].

Weil kooperative Beziehungen nicht zum Selbstzweck unterhalten werden, sondern der besseren Bearbeitung von Märkten bzw. Kombination von Ressourcen zur Entwicklung von mehrwertstiftenden Angeboten dienen, erscheint es sinnvoll, kooperative Beziehungen im Konzept des RV mit den Argumentationsketten von markt- und ressourcenorientierten Ansätzen zu verknüpfen. Kooperative Beziehungen können dann als Instrumente verstanden werden, mit denen sich die Schlüsselvariablen der Kausalkette von markt- und ressourcenorientierten Ansätzen in vielfältiger Weise beeinflussen lassen, um durch ein einzigartiges und im Vergleich zum Wettbewerb mehrwertstiftendes Angebot Wettbewerbsvorteile zu generieren. Dies wird möglich, weil die Beziehungen Zugang zu strategischen Ressourcen ermöglichen,

---

[379]   Vgl. Corsten/ Kumar (2005), S. 80ff..
[380]   Vgl. Duschek/ Sydow (2002), S. 429ff., Dyer/ Singh (1998), S. 671ff., Schmidt (2009), S. 132.
[381]   Vgl. Duschek (2002), S. 256ff.,. Schmidt (2009), S. 132.
[382]   Vgl. Beck (1998), S. 55.
[383]   Vgl. Pfohl (2005), S. 569.
[384]   Vgl. Beck (1998), S. 52ff., Zahn/ Kapmeier/ Tilebein (2006), S. 129ff..

die Wettbewerbern nicht zur Verfügung stehen.[385] Das einzigartige Geflecht von Unternehmenskontakten und -beziehungen sowie die darin eingebetteten Ressourcen und Kompetenzen können dabei die gemeinschaftlichen Entwicklung neuer Angebote ermöglichen und somit als nachhaltiger Ansatzpunkt einer für den Kunden mehrwertgenerierenden Handelsleistung dienen, die durch Wettbewerber nicht einfach zu kopieren sind.[386]

Neue Institutionenökonomie	Strategisches Management

• **Transaktionskostentheorie:** Organisationsformen werden anhand der mit ihnen verbundenen Transaktions- bzw. Produktionskosten erklärt
 	
  – *Erklärungsbeiträge*: Implikationen für unterschiedliche organisatorische Ausgestaltungoptionen der interorganisationalen Koordination
 	
  – *Erklärungsgrenzen*: rationale und ökonomische Größen stehen im Mittelpunkt der Analyse, typische soziale Phänomene kooperativer Beziehungen wie etwa Konflikte und Machtausübung werden weitestgehend ausgeblendet
 	
• **Prinzipal-Agenten-Theorie:** Untersuchung wie selbstständige Unternehmen bzw. seine Manager (Agent) beeinflusst werden, sich trotz Informationsasymmetrien und Zieldivergenzen im Sinne der Auftraggeber bzw. Eigentümer (Prinzipal) zu verhalten.
 	
  – *Erklärungsbeiträge*: Implikationen, zum Umgang mit Opportunismus und Konflikten durch geeignete Anreiz- und Führungsstrukturen
 	
  – *Erklärungsgrenzen*: Sehr statisch, vernachlässigt unternehmensindividuelle Fähigkeiten und Ressourcen zur Realisierung
	• **Ressourcenorientierte Perspektive:** mit wachsender Komplexität können nicht mehr nicht mehr alle strategischen Ressourcen und Fähigkeiten im Unternehmen entwickelt werden. Daher bedarf es der Aneignung und Nutzung komplementärer Ressourcen, Fähigkeiten und Kompetenzen von Partnern
	
	  – *Erklärungsbeiträge*: Motive für eine Zusammenarbeit und Verzicht auf Autonomie sowie Inhalte einer Zusammenarbeit
	
	  – *Erklärungsgrenzen*: Atomistische Sichtweise, die nicht begründet, warum kooperative Geschäftsbeziehungen einen eigenen Mehrwert generieren oder erklärt, welche Fähigkeiten und Kompetenzen einen solchen Mehrwert generieren
	
	• **Relational View:** strategische Ressourcen und Fähigkeiten müssen nicht mehr selbst besessen werden, es bedarf nur eines dauerhaften Zugangs zu ihnen, weshalb Wettbewerbs-vorteile maßgeblich auf funktionierende Beziehungen zurückgeführt werden können
	
	  – *Erklärungsbeiträge*: Warum und aus welchen Quellen kooperative Beziehungen relationale Renten generieren
	
	  – *Erklärungsgrenzen*: Opportunismus, Ziel- und Interessenkonflikte werden vernachlässigt

Abb. II-6:   *Erklärungsbeiträge der theoretischen Grundüberlegungen*
              (Quelle: eigene Darstellung)

Zusammenfassend kann festgehalten werden, dass die Argumentation auf Basis des Relational View zwar auch effizienzbezogene Aspekte beinhaltet, im Fokus der Betrachtung jedoch die effektivitätsbezogene Bedeutung kooperativer Beziehungen von Händlern und Herstellern steht. Damit wird die effizienzorientierte Argumentation auf Basis der Neuen Institutionen-

---

[385]   Vgl. Beck (1998), S. 52, Schmidt (2009), S. 132.
[386]   Vgl. Schmidt (2009), S. 129ff., Vazquez/ Iglesias/ Alvarez-Gonzales (2005), S. 126.

ökonomie durch die effektivitätsbezogenen Überlegungen des Relational View ergänzt (vgl. Abb. II-6).

II.1.2 Konflikte zwischen Händlern und Herstellern

Unter einem Konflikt kann allgemein eine Situation verstanden werden, in der sich zwei oder mehrere Verhaltenstendenzen so gegenüberstehen, dass eine gemeinsame Entscheidungsfindung bzw. Verhaltensabstimmung auf Widerstand trifft.[387] Im Hinblick auf das hier im Mittelpunkt stehende Konfliktfeld kann von einem Konflikt gesprochen werden, wenn das Verhalten vom Hersteller oder Händler von dem jeweils anderen als gefährlich für seine eigene Zielerreichung oder die Verwirklichung seiner individuellen Handlungspläne wahrgenommen wird.[388] Hierbei ist jedoch zu bemerken, dass Konflikte nicht zwangsläufig mit einer dysfunktionalen Wirkung verbunden sein müssen. Vielmehr kann sich ein gewisses Maß an Konflikten positiv auf die Effizienz der Interaktion von Handel und Herstellern auswirken. Manchmal werden Konflikte sogar als notwendige Voraussetzung für einen organisatorischen Wandel gesehen.[389]

Obwohl Hersteller und Händler grundsätzlich die gleiche Motivation im Distributionssystem besitzen, den möglichst renditestarken Absatz von Produkten an Konsumenten und ihre Verhaltensweisen grundsätzlich auf die Erreichung dieses Oberziels ausrichten, so besitzen sie trotz dieses gemeinsamen Oberziels nicht automatisch ein kompatibles Zielsystem.[390] Der Grund hierfür liegt in der besonderen Rolle des Handels, der sowohl als Zwischennachfrager wie auch als Zwischenanbieter auftritt. Seine Mittlerposition in der Marktkette führt dazu, dass Händler und Hersteller ihrer Beziehung immer nur einen subfinalen Stellenwert zuordnen.[391] Sie sehen die systemspezifischen Leistungen des anderen lediglich als Mittel zum Zweck, um dem Konsumenten eine Leistung anbieten zu können.[392] Daher besitzen sowohl Händler als auch Hersteller divergierende Zielvorstellungen, die sich aus den jeweils konsumentengerichteten Zielen zur langfristigen unternehmensindividuellen Gewinnmaximierung

---

[387] Vgl. Heinen (1976), S. 45.

[388] Vgl. Chang/ Gotcher (2010), S. 287, Steiner (2007), S. 28f., Stern/ Gorman (1969), S. 156f.. Dabei genügt, dass nur einer der Akteure eine bewusste oder unbewusste Behinderung durch die Gegenseite wahrnimmt. Das Erkennen der Behinderung durch Dritte ist hierbei zu vernachlässigen. Vgl. Shoham/ Rose/ Kropp (1997), S. 7.

[389] Vgl. Chang/ Gotcher (2010), S. 287.

[390] Vgl. Ahlert (2002), S. 65, Mattmüller/ Tunder (2004), S. 125.

[391] Vgl. Mattmüller/ Tunder (2004), S. 151.

[392] Vgl. Barth/ Hartmann/ Schröder (2007), S. 172.

ableiten.[393] Das heißt, Konsumgüterhersteller zielen primär auf die Verkäufe ihrer Produkte an die Konsumenten und erst sekundär auf den Verkauf über einen spezifischen Handelspartner, während Handelsbetriebe primär darauf zielen, die Nachfrage der Konsumenten in ihrem Einzugsgebiet auf ihre Betriebsstätte zu lenken, und erst sekundär daran interessiert sind, dass die Konsumenten das Produkt eines bestimmten Herstellers kaufen.[394]

Die Ressourcenallokation wird dabei hauptsächlich durch die Handlungsmaxime: „Dein Gewinn ist mein Verlust!" (Win-Loose-Verständnis) geprägt.[395] Hierbei geht es letztlich „um den Kampf von Funktion und Spanne" (Irrgang 1989, S. 8), d.h. erstens um die Verteilung der Aufgaben innerhalb des Distributionssystems und zweitens darum, wer welchen Anteil an dem Verkaufserlös eines Produktes erhält.[396] Daher wird in diesem Zusammenhang auch von einem systemimmanenten Konfliktfeld gesprochen, in dem der Vorteil eines Akteurs von dem jeweils anderen immer als Nachteil empfunden wird und damit dem propagierten partnerschaftlichen Verhalten diametral entgegensteht.[397]

Wie die Ressourcenallokation das Konfliktfeld prägt, hängt letztendlich von der Machtverteilung und der Art der Machtausübung ab, da jeweils der Stärkere seine spezifischen Interessen durchsetzen und so die Beziehung zum Schwächeren entsprechend seinen Vorstellungen gestalten kann.[398] Die asymmetrische Machtverteilung im Distributionssystem kann daher als weitere Ursache der Konflikte von Händlern und Herstellern angesehen werden.[399] Sie eröffnet dem dominierenden Unternehmen Spielräume in der Gestaltung der Unternehmenspolitik, die sich begrenzend auf die Verhaltensoptionen der anderen Seite auswirken können.[400] Darüber hinaus können gegenseitige Erwartungshaltungen bezüglich Rollen- und Funktionsverteilung im Absatzkanal, die von der Gegenseite nicht erfüllt werden, ebenfalls zu Konflikten führen.[401] Als weitere bedeutende Ursache von Konflikten in der Hersteller-Händler-

---

[393] Vgl. Steffenhagen (1975), Ahlert (2002), S. 89ff., Mattmüller/ Tunder (2004), S. 120ff..

[394] Vgl. Barth/ Hartmann/ Schröder (2007), S. 172.

[395] Vgl. Bunk (1996), S. 31, Mattmüller/ Tunder (2004), S. 120.

[396] Vgl. Mattmüller/ Tunder (2004), S. 121, Meffert (2005b), S. 1183, Weinberg/ Diehl/ Terlutter/ Purper (2003), S. 177.

[397] Vgl. Irrgang (1989), S. 7, Mattmüller/ Tunder (2004), S. 120, Meffert/ Steffenhagen (1976), S. 9.

[398] Vgl. Ahlert (2002), S. 99ff., Bruhn (2001), S. 19f., Thomas (1990), S. 117, Weitz/ Wang (2004), S. 863f..

[399] Vgl. Abschnitt II.1.1. (1) dieser Arbeit.

[400] Vgl. Meffert (1999c), S. 411, Steiner (2007), S. 32, Stern/ Heskett (1969), S. 293f., Stern/ Gorman (1969), S. 157ff..

[401] Vgl. Ahlert/ Kollenbach (1996), S. 93ff., Meffert (1999c), S. 411, Steffenhagen (1975), S. 85ff.. Unter der Rolle kann hierbei die Gesamtheit der an einen Akteur gerichteten normativen Erwartungen verstanden werden. Vgl. zur Rolle von Organisationen allgemein Nerdinger (2003), S. 155 und zur Rolle von Herstellern und Händlern vgl. Steiner (2007), S. 73.

Beziehung wird auch die asymmetrische Informationsverteilung aufgrund eines unzureichen-
den Informationsaustausches gesehen (vgl. Abb. II-7).[402]

Die übergeordneten Konfliktursachen führen zu konkreten Konflikten in der Abstimmung
der absatzpolitischen Instrumente von Händlern und Herstellern und damit auch in der wettbewerbsstrategischen Grundausrichtung des Händlers, weil durch die Instrumente der Nutzen
der Handelsleistung für Konsumenten grundlegend beeinflusst wird.[403] Im Folgenden sollen
die Konflikte bezüglich der abgestimmten Ausgestaltung von Sortiments- bzw. Produkt- und
Preispreispolitik (1) sowie Distributions- und Kommunikationspolitik (2) untersucht werden.

Das Ziel ist dabei jedoch nicht eine erschöpfende Analyse der gesamten Zieldivergenzen von
Herstellern und Händlern, sondern vielmehr mit Hilfe von Beispielen ein Verständnis für die
Herausforderungen in der Beziehung von Händlern und Herstellern zu schaffen.[404]

---

[402] Vgl. Meffert (1999c), S. 411.

[403] Vgl. Ahlert/ Kenning (2007), S. 78f.. Die Kombination der für die Strategieimplementierung zur Verfügung stehenden absatzpolitischen Instrumente wird als Marketing-Mix bezeichnet. Der Begriff Marketing-Mix zielt darauf ab, dass die einzelnen absatzpolitischen Instrumente bzw. Instrumentalbereiche der
Marketing-Instrumental-Strategien nicht unabhängig voneinander einzusetzen sind, sondern als interde-
pendentes Maßnahmenpaket, d.h. als Ganzheit, zu gestalten sind. Vgl. Liebmann/ Zentes/ Swoboda
(2008), S. 566ff.. Der Handelsmarketing-Mix unterscheidet sich gravierend vom „klassischen" 4P-Ansatz
der Industrie. Zum Marketing-Mix im Allgemeinen vgl. Meffert (2005b), S. 969ff.. Bis heute hat sich jedoch noch kein einheitlicher Ansatz entsprechend zum 4-P-Ansatz der Industrie durchgesetzt. Vgl. Berekoven (1995), S. 62ff., Heidel (2007), S. 419ff., Müller-Hagedorn (2005), S. 7ff.. Fast alle Ansätze unterscheiden jedoch die Handelsmarketing-Instrumentalbereiche Sortiment, Preis, Distribution, Kommunikation, Standort und Personal. Jüngere Veröffentlichungen führen darüber hinaus noch die Marke bzw. das
Markenmanagement als eigenständiges Instrument auf. Im Rahmen dieser Arbeit ist es nicht Ziel des Verfassers, zur Diskussion der verschiedenen Handelsmarketing-Mix-Ansätze beizutragen. Hierfür sei beispielhaft auf die Veröffentlichung von Ahlert/ Kenning (2007) verwiesen. Vielmehr sollen die grundlegenden Konflikte in der Ausgestaltung der absatzpolitischen Instrumente als Herausforderung für eine
kooperative Zusammenarbeit von Händlern und Herstellern thematisiert werden.

[404] Für eine vertiefende Analyse der konfliktären Zielsetzungen von Händlern und Herstellern bei der Gestaltung der absatzpolitischen Instrumente vgl. Meffert (1999c), S. 410ff., Steiner (2007), S. 41ff..

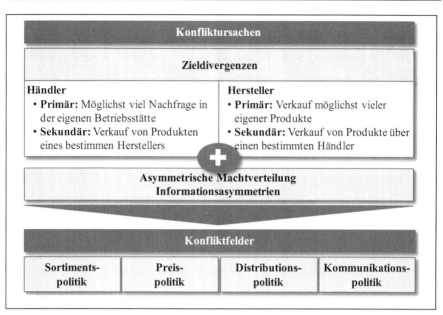

Abb. II-7:   *Konfliktursachen und Konfliktfelder in der Hersteller-Händler-Beziehung*
                  (Quelle: Eigene Darstellung)

(1)   **Konflikte in der Sortiments- bzw. Produkt- und Preispolitik**

Die Sortimentspolitik des Handels und die Produktpolitik der Hersteller (a) sowie die Preispolitik (b) stellen die wohl bedeutendsten Konfliktfelder in der Beziehung von Händlern und Herstellern dar.[405]

(a) Sortiments- versus Produktpolitik: Das primäre Ziel der Sortimentspolitik aus Sicht des Handels ist es, ein aus Kundensicht möglichst einzigartiges Waren- und Dienstleistungsangebot mit klarem Erscheinungsbild und individuellem Stil vor dem Hintergrund der gewählten strategischen Ausrichtung bzw. des gewählten Betriebstyps so zu gestalten, dass es sowohl durch Breite und Tiefe als auch im Hinblick auf das preisliche und qualitative Sortimentsniveau einen einzigartigen funktional-instrumentellen und psychologisch-emotionalen Nutzen für die Konsumenten bietet.[406] D.h. beispielsweise, dass Discounter zum Erhalt der niedrigen Kostenstrukturen auf ein tiefes und breites Sortiment verzichten müssen. Im Gegensatz dazu hat ein Lebensmittelfachgeschäft seine Kompetenz im gewählten Teilmarkt auch durch ein entsprechend tiefes Sortiment zu belegen. Obendrein können Discounter durch ihren Fokus

---

[405]   Vgl. Zentes/ Swoboda (2005), S. 1067.
[406]   Vgl. Barth/ Hartmann/ Schröder (2007), S. 171, Morschett (2006), S. 527f..

auf eine günstige Basisversorgung auf Premiummarken weitestgehend verzichten. Aufgrund des Anspruchs, eine möglichst umfassende und anspruchsvolle Versorgung zu bieten, haben Super- oder Verbrauchermärkte dagegen möglichst viele Premiummarken zu führen. Der Hersteller ist dagegen meist nicht am gesamten Sortiment, sondern lediglich an der Platzierung seines eigenen Produktprogramms interessiert. Für den Händler sind die Produkte des Herstellers jedoch nur Mittel zum Zweck, um durch eine geeignete Auswahl und Sortimentsgestaltung die größtmögliche Anziehungskraft auf Konsumenten auszuüben.[407] In der Konsequenz wird die Bedeutung des einzelnen Artikels im Sortiment relativiert und der Artikel selbst für den Händler austauschbar. Aus dieser grundsätzlich unterschiedlichen Orientierung entstehen allgemeine Konfliktfelder: Sortimentsgestaltung des Handels versus Produktprogrammorientierung der Hersteller, Handelsmarken versus Herstellermarken und Innovationsorientierung versus Programmorientierung.[408]

Im Rahmen der Sortimentsgestaltung ist es die Aufgabe des Handels, ein für den Kunden attraktives Sortiment zu schaffen. Hierfür sind Selektionsentscheidungen zu treffen, die sich auch gegen Produkte der Hersteller richten können.[409] Während beispielsweise Vollsortimenter an einem möglichst breiten und zum Teil tiefen Sortiment mit verschiedenen Produktalternativen interessiert sind, möchte der Hersteller den Händler zu einer möglichst vollständigen Listung seines Produktproduktprogramms bewegen und wenig substitute Markenprodukte bzw. Handelsmarken in das Sortiment mit aufnehmen, da diese die Umsätze der Hersteller gefährden.[410]

Darüber hinaus beabsichtigt der Handel, im Rahmen der Sortimentspolitik auch den Handelsmarkenanteil am Sortiment auf Kosten von weniger profitablen Herstellermarken auszuweiten. Hersteller sind dagegen ausschließlich auf die Förderung ihrer Herstellermarken fokussiert, da Handelsmarken als Substitutionsprodukte häufig in direktem Wettbewerb mit Herstellermarken stehen und steigende Umsätze mit Handelsmarken daher meist zu Lasten der profitableren Herstellermarken gehen.[411] Insbesondere die häufig praktizierten Imitationsstrategien des Handels und die daraus resultierenden Me-too-Produkte bergen ein hohes Konfliktpotenzial, da hierbei bewusst versucht wird, von Entwicklungs- und Kommunikationsinvestitionen der Hersteller zu profitieren, was im Umkehrschluss eine sinkende Profitabilität der Investitionen für die Hersteller impliziert. Besonders problematisch wird es dabei für

---

[407] Vgl. Barth/ Hartmann/ Schröder (2007), S. 172, Meffert/ Steffenhagen (1976), S. 96.

[408] Vgl. Steiner (2007), S. 50.

[409] Vgl. Mrosik/ Schmickler (1999), S. 30, Rühl/ Steinicke (2003), S. 143.

[410] Vgl. Seifert (2001), S. 19, Steiner (2007), S. 59ff..

[411] Vgl. Rühl/ Steinicke (2003), S. 143.

Markenhersteller, wenn die Handelsmarken nicht mehr nur auf die Preiseinstiegssegmente, sondern auch auf die mittleren und oberen Preissegmente zielen.[412]

Vor dem Hintergrund einer Differenzierung gegenüber dem Wettbewerb ist der Handel des Weiteren insbesondere um Listung von Produktinnovationen bemüht, da sich mit ihrer Hilfe die Andersartigkeit des Sortiments im Vergleich zum Wettbewerb unterstreichen lässt und so die Austauschbarkeit der Einkaufsstätte verringert werden kann.[413] Hersteller dagegen sind oft darauf bedacht, auch weniger innovative oder nicht mehr innovative Produkte möglichst umfangreich und dauerhaft im Handel zu platzieren, da diese Produkte in der Regel geringere Forschungs- und Entwicklungs- sowie Produktionskosten verursachen bzw. diese schon amortisiert wurden und damit höhere Margen besitzen.[414]

(b) Preispolitik: Konflikte im Rahmen der Preispolitik werden dadurch begründet, dass durch die Festlegung der Einkaufspreise der Händler bei gegebenem Verkaufspreis und fixer Verkaufsmenge darüber entschieden wird, in welchem Ausmaß die Akteure an der Gesamtwertschöpfung partizipieren.[415] Besonders problematisch dabei ist, dass die Verteilung von Herstellern und Händlern in der Regel als Nullsummenspiel interpretiert wird, bei dem der Gewinn einer Seite einen Verlust der anderen Seite darstellt.[416] In der Folge versuchen die Hersteller möglichst hohe Herstellerabgabepreise und die Händler möglichst niedrige Einkaufspreise zu erzielen.[417] Im Mittelpunkt stehen dabei die jährlichen Konditionenverhandlungen, die sogenannten Jahresgespräche, zwischen Händlern und Herstellern. In ihnen geht es hauptsächlich um Einkaufspreise und Rückvergütungen.[418] Dabei tritt der Handel häufig so dominant auf, dass jegliche über Konditionen hinausgehende Diskussion beispielsweise zur Abstimmung von vertikalen Marketingmaßnahmen oder Innovationsprogrammen unmöglich ist.[419] Die Folge sind ineffiziente Verhandlungen, intransparente Konditionen und mangelnde Abstimmung über preispolitische Maßnahmen hinausgehende Marketingaktivitäten.[420]

Darüber hinaus bergen auch die Verkaufspreise im Handel ein großes Konfliktpotenzial. Der Wegfall der Preisbindung im Jahr 1974 hat die preispolitischen Möglichkeiten des Han-

---

[412] Vgl. Kearney/ Mitchell (2001), S. 85ff., Steiner (2007), S. 52ff., Walsh (2002), S. 109ff.. Zur Bedeutung der Handelsmarken für den Handel vgl. Unterkapitel I.1.2.

[413] Zur Bedeutung von Innovationen als Ansatzpunkt einer Differenzierung der Handelsleistung vgl. ausführlich Unterkapitel II.1.2.

[414] Vgl. Meffert (1999c), S. 411f., Steiner (2007), S. 58.

[415] Vgl. Meffert (1999c), S. 412, Steiner (2007), S. 42.

[416] Vgl. Mattmüller/ Tunder (2004), S. 158ff., Meffert (1999c), S. 413.

[417] Vgl. Zielke (2003), S. 192.

[418] Vgl. Steffenhagen (2003), S. 577.

[419] Vgl. Holzkämper (1999), S. 11, Meffert/ Steffenhagen (1976), S. 23ff..

[420] Vgl. Zielke (2003), S. 192, Steiner (2007), S. 42.

dels deutlich verbessert und gleichzeitig die Preispolitik der Hersteller geschwächt.[421] In der Folge können Handelsunternehmen Herstellermarken als sogenannte Preisschirme nutzen und die Preise ihrer Handelsmarken so justieren, dass sie im Vergleich zu den Herstellermarken als relativ günstig erscheinen, um Konsumenten zur Substitution der Marke durch die Handelsmarke zu bewegen.[422] Gleichzeitig können sie bestimmte Herstellermarken aber auch dauerhaft oder zeitlich begrenzt in Sonderangeboten und Rabattaktionen äußerst günstig anbieten, um die Preiswürdigkeit der Einkaufsstätten über gezielte Vergleichbarkeit bei bestimmten Angeboten zu unterstreichen.[423] Die Hersteller, die hohe Beträge in den Markenaufbau ihrer Produkte investieren, sind dagegen an einem imageadäquaten und relativ konstanten Verkaufspreis ihrer Produkte interessiert.[424] Häufige Rabattaktionen oder dauerhafte „Niedrigpreise" des Handels können zu einer Erosion des Markenimages und einem Absinken der Preisbereitschaft führen.[425] Darüber hinaus birgt auch die regionale Preisdifferenzierung weiteres Konfliktpotenzial. Hersteller sind grundsätzlich an einer flächendeckend einheitlichen Preispositionierung interessiert, während der Handel Preise örtlich differenziert, abhängig beispielsweise von der regionalen Kaufkraft und dem direkten Wettbewerbsumfeld, um die maximale Konsumentenrente abzuschöpfen.[426]

(2)   Konflikte in der Distributions- und Kommunikationspolitik

Konflikte über die Abstimmung der Distributions- (a) und Kommunikationspolitik (b) wirken sich nicht so direkt auf das akquisitorische Potenzial des Handelsunternehmens aus und sind den sortiments- und preispolitischen Konflikten daher sicherlich nachgelagert. Sie können jedoch auch dazu führen, dass die Zusammenarbeit einer integrativen Handelsleistung zur Erfüllung komplexer Konsumbedürfnisse empfindlich gestört wird.

(a) Distributionspolitik: Konflikte im Rahmen der Distributionspolitik resultieren aus divergierenden Interessen bezüglich des Weges der Produkte oder Leistungen eines Herstellers zum Konsumenten.[427] Der Handel ist im Rahmen der Distributionspolitik auch an möglichst kleinen Bestellmengen und kurzen Bestellintervallen interessiert, um die handelsseitige Warenwirtschaft möglichst kosteneffizient zu gestalten. Hersteller dagegen bevorzugen mit Blick

---

[421]   Vgl. Olbrich (2004), S. 167.

[422]   Vgl. Laker/ Zielke (2003), S. 4ff..

[423]   Vgl. Schmalen (1995), S. 19.

[424]   Vgl. Ahlert (2002), S. 210, Meyer (2000), S. 298.

[425]   Vgl. Ahlert/ Köster (2004), S. 179ff., Köster (2005), S. 21ff., Laker/ Zielke (2003), S. 9.

[426]   Vgl. Steiner (2007), S. 44.

[427]   Vgl. Ahlert (2002), S. 9, Seifert (2001), S. 19.

auf eine kosteneffiziente Produktion große Bestellmengen und lange Bestellintervalle.[428] Darüber hinaus bergen die Lieferbedingungen bezüglich des Auslieferungsortes erhebliches Konfliktpotenzial.[429] Hersteller sind dabei in der Regel an einer Lieferung an ein Zentrallager interessiert, wohingegen der Handel meist eine Belieferung der Betriebsstätten bevorzugt. Darüber hinaus sind Händler meist an selektiver oder sogar exklusiver Distribution interessiert,
wohingegen die Hersteller in der Regel eine möglichst flächendeckende Distribution ihrer
Produkte anstreben und sich dabei nicht auf einen Händler beschränken möchten.[430] Des Weiteren kann es Meinungsverschiedenheiten über die Verteilung der Kosten von Service- und
Entsorgungsleistungen geben.[431]

(b) Kommunikationspolitik: Der grundsätzliche Konflikt zwischen Produktorientierung der
Hersteller und Betriebsstättenorientierung der Händler äußert sich auch in der Kommunikationspolitik. Während die Hersteller darauf abzielen, durch den Aufbau einer positiven Einstellung gegenüber der Marke die Markentreue und Markenpräferenz zu steigern, um damit letztendlich die Bereitschaft der Konsumenten zur Zahlung eines Preispremiums zu erhöhen, zielen die Händler auf eine Steigerung der Händlertreue und Erhöhung der Betriebsstättenpräfe-
renz. Dafür konzentriert der Handel seine Aktivitäten traditionell eher auf die Herausstellung
der Preisgünstigkeit seiner Einkaufsstätte und die Förderung des Gesamtsortiments.[432] Das
Ziel der meist äußerst preisaggressiven Beilagenwerbung der Händler ist es also nicht, einzelne Marken zu stärken, sondern einen größtmöglichen Umsatz mit dem Sortiment zu erzielen.[433] Damit untergraben Handelsunternehmen jedoch zum einen die Investitionen der Hersteller in die Markentreue von Konsumenten, weil diese durch die Handelswerbung verleitet
werden, das Produkt zu kaufen, welches gerade preisaggressiv beworben wird. Zum anderen
konsumieren die Kunden durch die preisorientierte Werbung in der Regel nicht mehr, sondern
verlagern ihre Käufe nur zwischen den verschiedenen Herstellern.[434]

Neben der klassischen Werbung sind auch Verkaufsförderungsaktionen von Herstellern
und Händlern Gegenstand von Konflikten. Dabei geht es zum einen um die grundsätzliche
Verantwortung und Kostenübernahme sowie um die generelle Ausrichtung der Maßnahmen.

---

[428]   Vgl. Meffert/ Steffenhagen (1976), S. 166, Meffert (1999c), S. 412, Obersojer (2009), S. 67, Seifert
        (2001), S. 19.

[429]   Vgl. Steiner (2007), S. 62.

[430]   Vgl. Ahlert (2002), S. 127ff., Holzkämper (1999), S. 15.

[431]   Vgl. Holzkämper (1999), S. 15, Meffert/ Steffenhagen (1976), S. 166.

[432]   Vgl. Steiner (2007), S. 46f..

[433]   Vgl. Michael (2008), S. 146.

[434]   Vgl. Ahlert/ Köster (2004), S. 179ff.. Dies stellt jedoch keinen Konflikt in der Hersteller-Handels-
        Beziehung dar, da der Handel die preisorientierte Kommunikationspolitik selbst verantwortet und auch in
        erster Linie selbst von den negativen Konsequenzen betroffen ist. Vgl. Michael (2008), S. 152.

Während Hersteller auf die Absatzsteigerung ihrer Marken fokussiert sind, ist der Handel an einer allgemeinen Absatzsteigerung beispielsweise durch Verbundeffekte mit anderen Marken interessiert.[435]

Schließlich können Zielkonflikte auch in der Warenpräsentation als Teilgebiet der Kommunikationspolitik auftreten.[436] Während Händler hier darauf abzielen, die Produkte sortimentsgerecht zu platzieren und Verbundeffekte auszunutzen, um möglichst hohe Deckungsbeiträge pro Regal oder Verkaufsfläche zu erzielen, ist der Hersteller um eine großflächige und übersichtliche Platzierung seiner eigenen Produkte bemüht. Darüber hinaus versuchen Hersteller, Zweit- und Drittplatzierungen durch zusätzliche Aufsteller oder an Regalenden möglichst in Kassennähe für ihre Produkte durchzusetzen.[437]

Abbildung II-8 gibt noch einmal eine Übersicht über die Konflikte im Bereich des Handelsmarketings, welche einer Realisierung der beschriebenen Potenziale der Hersteller-Händler-Beziehung entgegenstehen und dazu führen, dass:

> „... kooperative Willensbekundungen zwischen Handel und Hersteller über den Status
> von Sonntagsreden nicht hinauskommen ..." (Mattmüller/ Tunder (2004), S. 163)

---

[435] Vgl. Möhlenbruch/ Kotschi (2000), S. 275, Steiner (2007), S. 48.

[436] Vgl. Müller-Hagedorn (2005), S. 271.

[437] Vgl. Ahlert (2002), S. 218, Steiner (2007), S. 49.

Instrument	Sortiment	Preis	Distribution	Kommunikation
Ziele des Händlers	• Nachfrage-optimales Gesamtsortiment • Mix von Marken und Handelsmarken	• Niedrige Einkaufspreise • Wettbewerbs-orientierte Verkaufspreis • Regionale Preisanpassungen • Preisaktionen	• Kleine Bestellmengen • Kurze Bestellintervalle • Direkte Belieferung der Verkaufsstellen • Möglichst exklusive Belieferung	• Betriebsstätten-profilierung • Steigerung der Betriebsstätten-treue • Sortiments- und umsatzgerechte Waren-präsentation
Ziele des Herstellers	• Hohe Präsenz des eigenen Produkt-programms • Möglichst wenige Handelsmarken-alternativen	• Hohe Abgabepreise • Marken-orientiertes Preisniveau • National einheitliche Preise • Relativ konstante Preispolitik	• Große Bestellmengen • Lange Bestellintervalle • Belieferung eines Zentrallagers • Möglichst flächendeckender Verkauf	• Marken-profilierung • Steigerung der Produkt-markentreue • Möglichst großflächige Präsentation der eigenen Produkte

> Zur Steigerung des Wertes der Handelsleistung sind die absatzpolitischen Instrumente trotz vorhandener Zieldivergenzen aufeinander abzustimmen

Abb. II-8:   *Zieldivergenzen in der Ausgestaltung der absatzpolitischen Instrumente von Händlern und Herstellern.*
(Quelle: Eigene Darstellung in Anlehnung an Meffert (1999c), S. 412, Obersojer (2009), S. 67, Seifert (2001), S. 24)

II.2   Eignung von ECR als konzeptionellem Rahmen für die Realisierung der strategischen Potenziale einer vertikalen Zusammenarbeit

In den letzten Jahren haben sich insbesondere Vertreter der Praxis intensiv mit der Frage auseinandergesetzt, wo und insbesondere wie die Verhaltensabstimmung an den Schnittstellen im Distributionssystem verbessert werden könnte, um die Kosten der Leistungserstellung zu senken und gleichzeitig auch den Nutzen und damit die Wertigkeit der Handelsleistung für die Konsumenten trotz der diversen Zielkonflikte zwischen Händlern und Herstellern zu verbessern. Besondere Bedeutung hat dabei sicherlich das Efficient-Consumer-Response-Konzept erlangt, dem Managementpraxis und Beratungsunternehmen einen großen Beitrag für die Realisierung einer partnerschaftlichen Zusammenarbeit zur Steigerung der Effizienz von distributionsstufenübergreifenden Prozessen und gleichzeitig auch nutzengenerierenden Verbesserung der Handelsleistung zuschreiben.

Es stellt sich jedoch die Frage, ob das ECR-Konzept wirklich strategische Bedeutung besitzt oder ob es eher als operative Schnittstellenoptimierung zu verstehen ist. Um diese Frage zu beantworten, ist zu untersuchen, inwieweit die verschiedenen ECR-Konzeptbestandteile neben einer operativ effizienteren Schnittstellengestaltung einen eigenen Mehrwert durch die Abschöpfung von Quellen relationaler Renten, niedrigere Transaktionskosten und verbesserte Abstimmung im Sinne der Prinzipal-Agenten-Thorie generieren. Um die so theoretisch untersuchte strategische Bedeutung auf praktische Relevanz zu prüfen, ist darüber hinaus auch zu prüfen, ob die einer Potenzialausschöpfung entgegenstehenden Konflikte zwischen Händlern und Herstellern mit Hilfe von ECR bewältigt werden können oder ob darüber hinaus weitere organisatorische Maßnahmen und Instrumente zur Gestaltung der Beziehung notwendig sind. Zum thematischen Einstieg in diese Untersuchung wird im ersten Unterkapitel das Efficient-Consumer-Response-Konzept als solches vorgestellt (III.2.1). Anschließend wird die Bedeutung von Efficient Consumer Response als konzeptionellem Rahmen einer Zusammenarbeit vor dem Hintergrund der diskutierten Potenziale und Herausforderungen der Zusammenarbeit diskutiert (III.2.2).

II.2.1   Das Efficient-Consumer-Response-Konzept

Zum thematischen Einstieg in die Untersuchung sollen im Folgenden die Konzeptgrundlagen beschrieben werden (1). Im Anschluss daran werden die konkreten Inhalte einer Zusammenarbeit im Rahmen von ECR entlang der verschiedenen Konzeptbestandteile thematisiert (2), um im anschließenden Unterkapitel die Analyse der strategischen Bedeutung an möglichst konkreten Inhalten festmachen zu können.

(1)   Konzeptgrundlagen

Als Beginn der ECR-Entwicklung kann das Jahr 1992 angesehen werden, als US-amerikanische Einzelhändler und FMCG-Hersteller die „Efficient Consumer Response Working Group" schufen, um dem wachsenden Druck der Discounter zu begegnen.[438] Ausschlaggebend hierfür waren Analysen verschiedener Beratungsunternehmen, die allesamt hohe Einsparungspotenziale durch eine Schnittstellenoptimierung zwischen den vertikalen Partnern

---

[438]   Vgl. Fernie (2004), S. 26ff., der die Entstehung von ECR maßgeblich gemeinsamen Initiativen von Wal Mart und Procter & Gamble zuschreibt.

des Distributionssystems identifizierten. In den USA prognostizierte die Beratungsgesell-schaft Kurt Salomon Associates im Jahr 1993 beispielsweise ein Einsparungspotenzial von 10,8 Prozent des Netto-Verkaufsumsatzes der Händler.[439] In Europa ermittelte die GEA im Auftrag der Coca-Cola Retailing Research Group (1994) ein Einsparungspotenzial von 2,3 Prozent – 3,4 Prozent des Netto-Verkaufsumsatzes, und Cooper & Lybrand (1996) be-rechneten sogar ein Einsparungspotenzial von 5,7 Prozent des Netto-Verkaufsumsatzes.[440] Die 1996 von führenden FMCG-Herstellern und Händlern zur Realisierung der identifizierten Einsparungspotenziale gegründete ECR-Europe Initative definierte ECR als kooperative Stra-tegie zwischen Herstellern und Händlern: „to fulfil consumer wishes better, faster and at less costs." (Coopers & Lybrand 1996, S. 1). Dieses ursprüngliche Konzept wurde jedoch bis heu-te laufend modifiziert sowie unternehmensspezifisch angepasst und verfeinert. Infolgedessen lassen sich bis heute eine Vielzahl unterschiedlicher Definitionen von ECR in Wissenschaft und Praxis finden (vgl. Abb. II-9).[441]

Trotz des bis heute nicht einheitlichen Begriffsverständnisses können zwei Aspekte als gemeinsamer Nenner aller ECR-Definitionen festgehalten werden:[442] erstens die wirtschaft-lich effiziente Reaktion (Efficient Response) aller an der Wertschöpfungskette beteiligten Unternehmen und zweitens der gemeinsame Fokus aller Beteiligten auf die Verbraucher (Consumer) und ihre Bedürfnisse.[443] Insofern kann ECR auch als ein Kooperationskonzept zwischen Hersteller und Handel verstanden werden, dessen Besonderheit im steuernden Re-gulativ durch den Konsumenten liegt. Die relevanten Entscheidungen gehen nicht mehr von den Akteuren selbst aus, sondern werden vielmehr durch das Verhalten der Konsumenten bestimmt.[444] Der Konsument fungiert somit als Impulsgeber für eine ganzheitliche Prozess-kette von ihm über den Handel bis zum Hersteller. Barth, Hartmann und Schröder (2007) sprechen in diesem Zusammenhang von einer:

> „Ökonomisierung der gesamtwirtschaftlichen Wertschöpfungskette durch Transformation
> des Systems vom Stau- zum fokussierten Flussprinzip." Vgl. Barth/ Hartmann/ Schröder
> (2007), S. 22)

---

[439] Vgl. Kurt Salmon Associates (1993).
[440] Vgl. G.E.A. (1994).
[441] Vgl. Lietke (2009), S. 11.
[442] Vgl. Lietke (2009), S. 8.
[443] Vgl. Lietke (2009), S. 8.
[444] Vgl. Mattmüller/ Tunder (2004), S. 164.

Autor	Efficient Consumer Response Definition
Tietz (1995, S. 529)	„ganzheitliche integrierte Steuerungs- und Rationalisierungs-konzepte der Waren und Informationsprozesse"
King/Phumpiu (1996, S. 1181)	„increase efficiency through new forms of cooperation and coordination that are often based on applications of information technology"
von der Heydt (1998, S. 55)	„eine gesamtunternehmensbezogene Vision, Strategie und Bündelung ausgefeilter Techniken, die im Rahmen einer partnerschaftlichen und auf Vertrauen basierenden Kooperation zwischen Hersteller und Handel darauf abzielen, Ineffizienzen entlang der Wertschöpfungskette unter Berücksichtigung der Verbraucherbedürfnisse und der maximalen Kundenzufriedenheit zu beseitigen, um allen Beteiligten jeweils einen Nutzen zu stiften, der im Alleingang nicht zu erreichen gewesen wäre"
Kotzab (1999, S. 366)	„ECR is primarily related to strategic partnerships in the distribution channels of the grocery industry to increase the performance of the consumers"
Borchert (2001, S. 28)	„wertschöpfungsstufenübergreifende Marketing- und Logistikkooperation zwischen Hersteller- und Handelsunternehmungen"
Corsten (2004, S. 3)	„ECR-adoption is a collaborative strategy whereby retailers and suppliers work together to implement collaborative business practices on the Demand Side, Supply Side and Enablers and Integrators Side that fulfil consumer wishes better, faster and at less cost."
Seifert (2006, S. 52)	„ein umfassendes Management-Konzept auf der Basis einer vertikalen Kooperation von Industrie und Handel mit dem Ziel einer effizienteren Befriedigung von Konsumentenbedürfnissen"
Ausschuss für Definitionen zu Handel und Distribution (2006, S. 186)	„Efficient Consumer Response (ECR) bedeutet sinngemäß die effiziente Reaktion auf die Nachfrage der Konsumenten (…) ECR steht für eine Vision, eine Strategie und ein Bündel von Einzelmaßnahmen."

Abb. II-9:   Ausgewählte ECR Definitionen

Indem der Kunde zum Ausgangspunkt aller händlerischen Aktivitäten wird und nicht mehr nur als Mittel zum Zweck des Erreichens finanzieller Zielgrößen des Handelsunternehmens gesehen wird, bildet ECR die Basis, um durch eine funktionale und emotionale Bedürfnisbe-friedigung der Kunden eine Handelsleistung zu generieren, die von diesen auch als besonders werthaltig anerkannt wird und damit einen höheren Kundenzuspruch und Zahlungsbereit-schaft erzielt als mit Massenkonsumartikeln auf einfache Konsumbedürfnisse abzielende

Handelsleistungen.[445] Schlussendlich soll durch die ganzheitliche Prozesskette eine Win-Win-Win-Situation erzielt werden. Erstens sollen die Schnittstellen zwischen Handel und Herstellern besser verzahnt werden, um die Effizienz der Leistungserstellung für Händler und Hersteller zu erhöhen, indem beispielsweise die Logistikkosten verringert, Umschlagsgeschwindigkeiten gesteigert oder Ineffizienzen bei Verkaufsförderungsmaßnahmen, Sortimentsentscheidungen, Produkteinführungen und Verkaufsförderungsmaßnahmen verringert werden.[446] Zweitens soll die Effektivität der Leistungserstellung erhöht werden, weil eine engere Abstimmung der Aktivitäten von Händlern und Herstellern auf die Konsumenten und das Kaufverhalten am Point of Sale angestrebt wird. Dadurch sollen komplexe Konsumbedürfnisse besser erkannt und die Einzelleistungen von Händler und Hersteller im Hinblick auf das Konsumproblem des Kunden zu einem ganzheitlichem Angebotspaket „komponiert" werden können.[447] In der Folge können so drittens die Wertigkeit der Handelsleistung für die Konsumenten gesteigert und höherer Kundenzuspruch bzw. eine höhere Preisbereitschaft, d.h. höhere Umsätze für Händler und Hersteller, realisiert werden.

(2)   Konzeptbestandteile

Das fehlende einheitliche Verständnis und die Vielzahl unterschiedlicher Umsetzungsformen haben die Entstehung eines homogenen Forschungsfeldes erschwert. Es lassen sich trotzdem verschiedene Konzeptbestandteile finden, die gemeinhin anerkannt sind. Hierunter fallen Efficient Product Introduction, Efficient Promotion und Efficient Store Assortment, die für gewöhnlich der Nachfrageseite („Demand-Side") bzw. dem Kooperationsfeld Marketing zugerechnet und häufig unter dem Begriff Category Management zusammengefasst werden. Darüber hinaus werden Efficient Replenishment und Efficient Administration als lieferantenseitige Maßnahmen („Supply-Side") bezeichnet und damit dem Kooperationsfeld Logistik bzw. dem Supply Chain Management zugerechnet (siehe Abb. II-14).[448] Andere Autoren beschreiben weitere Supply-seitige Konzeptbestandteile.[449] Hierzu gehören beispielsweise Efficient Sourcing, Efficient Controlling oder auch Efficient Operating Standards. Es kann jedoch

---

[445]   Vgl. Corsten/ Kumar (2005), S. 81.

[446]   Vgl. Holland/ Herrmann/ Machenheimer (2001), S. 16f., Mattmüller/ Tunder (2004), S. 166.

[447]   Vgl. Ahlert/ Kenning (2007), S. 20, Barth/ Hartmann/ Schröder (2007), S. 125, Liebmann/ Friessnegg/ Gruber/ Riedl (2006), S. 111, Meffert (2005b), S. 1190.

[448]   Vgl. Corsten/ Kumar (2005), S. 80f., von Heydt (1999a), S. 5ff., Ahlert (2001a), S. 15ff., Fassnacht/ Hardwig S. (2004), S. 273ff.. Die eindeutige Trennung in Suply-Side und Demand-Side ist umstritten, da das übergeordnete Ziel von ECR gerade eine allgemeine funktions- und unternehmensübergreifende Kooperation ist. Daher argumentiert van Ball (2006), dass eine Differenzierung nach Organisationsebene (intra-organisatorisch, bilateral, multilateral) besser geeignet sei, das Konzept zu strukturieren. Vgl. Lietke (2009), S. 13, van Ball (2006), S. 235ff..

[449]   Vgl. bspw. Lietke (2009), S. 14 und die dortigen Quellen.

angenommen werden, dass es sich bei diesen nur um eine immer feinere Verästelung der bestehenden Konzeptbestandteile handelt, die maßgeblich durch die primär von Beratungsunternehmen getriebene Konzeptentwicklung und die daraus resultierende Notwendigkeit immer neuer Konzeptnamen und Bestandteile als Zeichen der Weiterentwicklung zurückzuführen ist.

Efficient Consumer Response				
Supply-Side		Demand-Side (Category Management)		
Efficient Replenishment	Efficient Administration	Efficient Product Introduction	Efficient Promotion	Efficient Store Assortment

Abb. II-10:   *In dieser Arbeit diskutierte ECR-Konzeptbestandteile*
              (Quelle: Eigene Darstellung)

Die Supply-Side beschäftigt sich mit den Aktivitäten zur effizienten Gestaltung der Supply-Chain.[450] Die Supply-Chain beinhaltet die unternehmensübergreifenden Flüsse von Waren und Informationen von den Herstellern bis zu den Endverbrauchern.[451] Der Begriff Supply-Chain-Management beschreibt folglich die unternehmensübergreifenden Aktivitäten der Planung und Durchführung des Waren- und Informationsflusses.[452] Ziel des Supply-Chain-Managements ist es, durch die optimale Gestaltung der Güter- und Informationsflüsse entlang des Distributionssystems die Effizienz zu steigern, d.h. eine Verbesserung des Kosten-Nutzen-Verhältnisses durch Minimierung des Gesamtaufwandes in der unternehmensübergreifenden Lieferkette zu erzielen.[453] Die Demand-Side beschäftigt sich mit den Aktivitäten zur effektiven und effizienten Gestaltung des absatzpolitischen Instrumentariums. Dabei geht es zum einen darum, den Nutzen der Handelsleistung durch Zusammenarbeit zu verbessern und damit einen höheren Kundenzuspruch und höhere Zahlungsbereitschaft, also letztendlich höhere Umsätze zu erzielen. Zum anderen sollen durch eine verbesserte Abstimmung sowie durch eine Zusammenführung und gemeinsame Nutzung aller verfügbaren Informationen von Händler und Hersteller Doppelarbeiten oder entgegenlaufende Maßnahmen vermieden und damit die Effizienz der absatzpolitischen Aktivitäten von Händlern und Herstellern gesteigert werden. Im Folgenden werden zunächst die Konzeptbestandteile der Supply-Side Efficient Replenishment (a) und Efficient Administration (b) dargestellt. Anschließend erfolgt eine

---

[450]   Vgl. Mattmüller/ Tunder (2004), S. 179.
[451]   Vgl. Handfield/ Nichols E. L. (1999), S. 2, Magnus (2007), S. 15.
[452]   Vgl. Kotzab (1997), S. 12, Liebmann/ Zentes/ Swoboda (2008), S. 583ff., Monczka/ Trent/ Handfield R. (2002), S. 5, Simchi-Levi/ Kaminsky/ Simchi-Levi (2000), S. 1ff..
[453]   Vgl. Bechtel/ Jayaram (1996), S. 19f., Cooper/ Douglas M./ Lambert/ Pagh (1997), S. 3ff., Magnus (2007), S. 16.

Skizzierung der Demand-seitigen Konzeptbestandeile Efficient Product Introduction (c), Efficient Promotion (d) und Efficient Store Assortment (e).

(a) Efficient Replenishment: hat zum Ziel, die traditionelle Trennung der Logistik vom Hersteller zum Händler (Primärlogistik), die traditionell eine Funktion des Herstellers ist, und der Logistik vom Handelslager zur Verkaufsstätte (Sekundärlogistik), die meist in der Verantwortung des Händlers liegt, aufzuheben. Dafür sollen die Logistikvorgänge von Handel und Hersteller durch eine integrierte Supply Chain ersetzt werden, die sich an der Nachfrage der Konsumenten orientiert.[454] Dies bedeutet, einen optimalen Mittelweg zwischen kostenverursachenden Überlagerbeständen (im FMCG-Handel insbesondere bei verderblicher Ware) und umsatzschmälernden Unterbeständen in Form leerer Regalen zu finden, um so zum einen die Bestandskosten und zum anderen die Kapitalbindungskosten zu reduzieren.[455] Dafür übernimmt der Hersteller zahlreiche Logistikaufgaben, die traditionell in der Wertschöpfungskette des Handels verortet gewesen sind.[456] Um hierfür einen effizienten Informationsfluss von den Konsumenten bis zu den Herstellern zu gewährleisten, bedarf es insbesondere einer Zusammenarbeit im Bereich des Informationswesens.[457] Zentrale Ansätze hierfür sind das Vendor Managed Inventory und das Computer-Assisted Ordering.[458] Im Rahmen des Vendor Managed Inventory erfolgt eine weitreichende Übertragung von Lagerbestandsverantwortung oder sogar des kompletten Lagerbestandsmanagements auf den Hersteller, der die Warenlieferung basierend auf den Abverkaufszahlen sicherstellt, d.h., der Hersteller ist zuständig für die gesamten Lieferentscheidungen von seinen Ausgangslägern bis hin zu den Zentrallagern des Händlers oder sogar bis in die Filiale.[459] Dies setzt jedoch den Einsatz eines Computer-Assisted Ordering voraus, mit dessen Hilfe der Händler dem Hersteller täglich die über Scanner und Warenwirtschaftssysteme erfassten Lagerbestands- und Lagerabgangsmengen via EDI übermittelt.[460] Da der Hersteller sich nun direkt an der Kundennachfrage orientieren kann, kann auch die klassische Auftragsfertigung durch eine quasi nachfragesynchrone Produktion ersetzt werden.[461] Entscheidend dabei ist, dass die Großlieferungen des Hersteller, die mehrere Tage oder Wochen in den Zentrallagern des Händlers liegen, durch kleine Lieferun-

---

[454] Vgl. von Heydt (1999a), S. 6.
[455] Vgl. Mattmüller/ Tunder (2004), S. 180.
[456] Vgl. Moll (2000), S. 255, Obersojer (2009), S. 81, Seifert (2001), S. 110ff..
[457] Vgl. Cottrill (1997), S. 35, Ko/ Kincade (1997), S. 90, Liebmann/ Zentes/ Swoboda (2008), S. 599ff..
[458] Vgl. Salditt (2008), S. 79, Lietke (2009), S. 18, Mau (2003), S. 28ff..
[459] Vgl. Angulo/ Nachtmann/ Waller (2004), S. 101f.. Eine ausführliche Darstellung der Entwicklung und Funktionsweise von VMI-Modellen vgl. Achabel/ McIntyre/ Smith/ Kalyanan (2000), S. 430ff..
[460] Vgl. Corsten/ Pötzl (2002), S. 31, Seifert (2001), S. 114.
[461] Vgl. Attaran (2004), S. 18, Mattmüller/ Tunder (2004), S. 180f., Salditt (2008), S. 79.

gen in hoher Frequenz ersetzt werden können, die wiederum direkt an die Betriebsstätten aus-
geliefert werden können.[462]

(b) Efficient Administration: betrifft den Bereich der Geschäftsabwicklung und Verwaltung
aller Funktionen und Aufgaben zwischen den ECR-Partnern. Das Ziel von Efficient Administration ist es, alle nicht wertschöpfenden bzw. redundanten Aktivitäten zu verringern oder
abzuschaffen, die Effizienz der Bestellsysteme zu steigern und Informationsübermittlungszei-
ten zu verkürzen.[463] Hierzu zählen beispielsweise die Einführung von effizienten und leistungsbezogenen Konditionensystemen sowie die Verbesserung der zwischenbetrieblichen
Kommunikation in Bezug auf Bestell-, Lieferungs- und Zahlungsprozesse.

Die langjährige Praxis jährlicher Konditionenverhandlungen von Händlern und Herstellern
hat dazu geführt, dass die Konditionensysteme immer komplexer geworden sind. Dabei haben
sich teilweise sehr komplizierte Systeme mit einer Vielzahl unterschiedlicher Konditionenar-
ten herausgebildet. Diese stellen erstens einen erheblichen administrativen Aufwand für Hersteller und Händler dar, und zweitens setzen sie aufgrund ihrer Volumenabhängigkeit häufig
falsche Anreize in Bezug auf die im Efficient Replenishment geforderten gleichmäßig kurzen
Bestellintervalle und -mengen.[464] Daher sollen die Konditionensysteme leistungsorientiert
umgestaltet werden, um Anreize für wirtschaftlich sinnvolle Prozessverbesserungen zu schaffen. Die Grundlage dafür stellen klar definierte Konditionenbausteine auf Grundlage einheitlicher Listenpreise und damit verbundener Standardleistungen dar. Erst dann werden für konkrete Leistungen des Handels entsprechende Gegenleistungen der Hersteller in Form von Ra-
batten gewährt.[465]

(c) Efficient Product Introduction: Das übergeordnete Ziel von Efficient Product Introduction
ist es, „to maximize the effectiveness of new product development and introduction activities"
(Kurt Salmon Associates 1993, S. 5), sowie die gemeinsame Entwicklung und Produktion von
Handelsmarken.[466] Dahinter steht der Gedanke, dass durch eine gemeinsame Entwicklung

---

[462] Vgl. Obersojer (2009), S. 83. Im Rahmen des sogenannten Cross Docking werden die Warenlieferungen
       verschiedener Hersteller in so genannten Transshipment-Points gebündelt, ohne Zwischenlagerung neu
       zusammengestellt und zu den ausliefernden LKWs an die gegenüberliegenden Rampen (Cross Dock)
       durchgeschleust. Vgl. Corsten/ Pötzl (2002), S. 40f., Holland/ Herrmann/ Machenheimer (2001), S. 55,
       Mau (2003), S. 86, Seifert (2001), S. 138.
[463] Vgl. Ahlert/ Borchert (2000a), S. 84f., Lietke (2009), S. 21, Obersojer (2009), S. 79, Seifert (2001), S.
       126.
[464] Vgl. Mau (2003), S. 85, Moll (2000), S. 265, Seifert (2001), S. 127ff., Vetter (2004), S. 199.
[465] Vgl. Bendl (2003), S. 245, Obersojer (2009), S. 80.
[466] Vgl. Lietke (2009), S. 15.

und Produktion von Produkten die Kundenbedürfnisse besser befriedigt können, als wenn Entwicklung und Verkauf getrennt erfolgen.[467]

(d) Efficient Promotion: Efficient Promotion zielt auf eine Abstimmung der Verkaufsförderungsmaßnahmen von Händlern und Herstellern ab, um mit Hilfe einer möglichst gleichbleibenden und antizipierbaren Nachfrage plangerechte Produktion und Belieferung sicherzustellen. Dafür ist eine Zusammenarbeit bei der Planung, Durchführung und Kontrolle von Verkaufsförderungsmaßnahmen notwendig. Der Grundgedanke von Efficient Promotion liegt also darin, die herstellerseitigen markenorientierten Einzelaktionen und die händlerseitigen Sonderpreisaktionen durch ein kooperatives händler- und betriebstypenspezifisches „Co-Marketing" zu ersetzen,[468] d.h., es sollen beispielsweise Werbeanstoßketten gemeinsam geplant und die Warenplatzierung innerhalb der Filialen gemeinsam optimiert werden.

(e) Efficient Store Assortment: Unter Efficient Store Assortment kann ein kooperativer Hersteller-Händler-Prozess zur Verbesserung des Produktangebotes verstanden werden, der zum einen die Zufriedenheit der Zielkunden erhöhen und zum anderen die Geschäftsergebnisse verbessern soll.[469] Das Ziel ist die konsequente Eliminierung aller aus Konsumentensicht redundanten Artikel und damit durch ein in Breite und Tiefe besser auf ihre Bedürfnisse abgestimmtes Sortiment.[470]

Allerdings ist eine solche Abstimmung nicht mit allen Herstellern realisierbar. Daher wählt der Handel in der Regel einen Hersteller pro Warengruppe[471] aus.[472] Dieser sogenannte Category Captain (in der Regel einer der führenden Markenartikelhersteller in der Warengruppe) erarbeitet dann für die jeweilige Warengruppe ein Sortiment, schlägt es dem Hersteller vor und setzt die Optimierungsmaßnahmen gemeinsam mit ihm um. Als erfolgreiches Praxisbeispiel kann an dieser Stelle die Kooperation zwischen Edeka Nordbayern und Danone angeführt werden. Diese haben für ihre Kooperation 2009 den ECR Award erhalten. Im Rahmen des Projektes wurde die Warengruppe Molkereiprodukte klarer und zielgruppengerechter strukturiert sowie die Anzahl der Artikel um 30 Prozent reduziert. Zur besseren Orientierung erhielten die Regale darüber hinaus ein Kundenleitsystem. In der Folge sanken die Verluste

---

[467]   Vgl. Mattmüller/ Tunder (2004), S. 186, Obersojer (2009), S. 92.

[468]   Vgl. von Heydt (1998), S. 135ff., Kessler (2004), S. 261ff., Lietke (2009), S. 16, Silva-Risso/ Bucklin/ Morrison (1999), S. 274f..

[469]   Vgl. Obersojer (2009), S. 9.

[470]   Vgl. Corsten/ Pötzl (2002), S. 66.

[471]   Warengruppen werden definiert als „... a distinct, manageable group of products/services that consumers perceive to be interrelated and/or substitutable in meeting a consumer need" (ECR Europe (1997), S. 38).

[472]   Vgl. Großweischede (2003), S. 1.

durch Ablauf des Mindesthaltbarkeitsdatums und Out-of-Stock-Situationen und der Umsatz stieg um über acht Prozentpunkte.[473]

II.2.2 Der Beitrag von ECR zur Realisierung der strategischen Potenziale einer vertikalen Zusammenarbeit

Zur Untersuchung des Beitrags von ECR zur Realisierung der strategischen Potenziale einer vertikalen Zusammenarbeit von Händlern und Herstellern erfolgt im Folgenden zuerst eine allgemein Analyse der Effektivitäts- und Effizienzeffekte aus Sicht der Transaktionskosten- und der Prinzipal-Agenten-Theorie sowie des Relational View (1). Allerdings scheint es, als werden die Beiträge zur Steigerung der Effizienz und Effektivität sowie die Konfliktpotenziale der verschiedenen Konzeptbestandteilen unterschiedlich hoch eingeschätzt. Daher werden im Anschluss an die allgemeine Analyse der Effizienz- und Effektivitätsvorteile von ECR-Beziehungen die einzelnen Konzeptbestandteile der Supply-Side (2) und der Demand-Side (3) vor dem Hintergrund der diskutierten Konflikte zwischen Händler und Hersteller in Bezug auf ihren Beitrag zur Verringerung der Kosten und Steigerung der Wertigkeit bzw. des Nutzens der Handelsleistung für Konsumenten analysiert.

(1)   Effizienz- und Effektivitätsvorteile von ECR-Beziehungen

Wie oben beschrieben zielen ECR-Partnerschaften nicht auf eine echte organisatorische Verschmelzung von Händlern und Herstellern. Trotzdem scheint es, als könnten ECR-Beziehungen Effizienz- und Effektivitätsvorteile im Vergleich zu den traditionell transaktionsorientierten Händler-Hersteller-Beziehungen besitzen.

Aus Sicht der Transaktionskostentheorie kann die größere Effizienz auf Transaktionskostenvorteile im Vergleich zu marktförmigen Geschäftsbeziehungen von Händlern und Herstellern zurückgeführt werden.[474] Diese können unterstellt werden, weil sich die Beziehung durch einen dichteren Informationsfluss und genauere Kenntnis der gegenseitigen Bedürfnisse auszeichnet. Ermöglicht wird dies durch die Vernetzung der Schnittstellen und der ganzheitlichen Betrachtung der Prozesse von der Rohstoffbeschaffung bis zur Lieferung an den Endverbraucher. Durch die ganzheitliche Betrachtung der Prozesse und den intensiven Informationsaustausch werden beispielsweise mehrfache Bestandsplanungen vermieden, Lagerhaltungen verringert und Abwicklungsprozesse beim Wareneingang, Einlagerung, Kommissionierung und

---

[473]   Vgl. o.V. (2009).

[474]   Vgl. Corsten/ Kumar (2005), S. 80ff., Sheu/ Yen/ Chae (2006), S. 25.

Beladung auf dem Weg vom Hersteller in das Einzelhandelsregal vereinfacht. Dadurch können Durchlaufzeiten erhöht, Überbestände abgebaut, Fehlmengen reduziert sowie redundantes
Handling vermieden und so am Ende die Kosten gesenkt werden.[475]

Wegen der Vernetzung der Prozesse und Schnittstellen bedarf es zu Beginn einer ECR-
Partnerschaft erheblicher beziehungsspezifischer Investitionen, gleichzeitig steigt auch die
Komplexität der Zusammenarbeit. Daher ist davon auszugehen, dass die Transaktionskosten
zu Beginn von ECR-Partnerschaften erst einmal steigen. Durch die Schnittstellenoptimierung,
d.h. beispielsweise eine Vermeidung von Doppelarbeiten, eine Steigerung der Prozessge-
schwindigkeiten und einen verstärkten Informationsaustausch sinken die Transaktionskosten
jedoch mit zunehmender Dauer der Beziehung, sodass sie ab einem bestimmten Zeitpunkt die
anfangs gestiegenen Transaktionskosten übersteigen.[476]

Allerdings widersprechen ECR-Beziehungen einer zentralen Voraussage der Transaktionskostentheorie: Der Hersteller wird nur dann bereit sein, beziehungsspezifische Investitionen
zu tätigen, wenn der Händler das damit verbundene Risiko zumindest zum Teil absichert.
Hierfür bedarf es jedoch einer gewissen gegenseitigen Abhängigkeit. Oft gibt es in ECR-
Beziehungen weder klare Austauschvereinbarungen noch eine übergeordnete Koordinations-
instanz. Die Balance der Beziehung von Händlern und Herstellern bleibt damit abhängig von
den jeweiligen Autonomiespielräumen der Partner und ihrer Bereitschaft, eigene Interessen
nicht opportunistisch gegen die Interessen des Partners durchzusetzen.

Aus Sicht der Prinzipal-Agenten-Theorie können ECR-Beziehungen die Agency-Kosten
verringern, da sie die Zusammenarbeit nicht nur für bestimmte Transaktionen, sondern längerfristig formalisieren.[477] Beispielsweise können erfolgreich durchgeführte ECR-Kooperationen
dem Händler ex ante als Anhaltspunkt dafür dienen, dass ein Hersteller die notwendigen Fähigkeiten für die Rolle als Category-Captain in einer ECR-Zusammenarbeit besitzt und auch
willens ist, in dieser Rolle die Kategorie in gegenseitigem Interesse weiterzuentwickeln. Allerdings sind ECR-Projekte nicht vollständig standardisierbar, weshalb Erfolge früherer ECR-
Projekte auch nicht direkt auf neue Projekte zu übertragen sind. Durch die prozessualen Verknüpfungen, den wachsenden Informationsaustausch und die damit steigende Transparenz
können ECR-Beziehungen aber das Risiko verringern, dass sich der Hersteller während der
Zusammenarbeit, d.h. ex post, opportunistisch entgegen den Interessen des Händlers verhält.
Allerdings wird die Gefahr opportunistischen Verhaltens durch ECR nicht vollständig ausgeschlossen, da die grundsätzlichen Zielkonflikte nicht aufgelöst werden und weiterhin Informa-

---

[475]   Vgl. Moll (2000), S. 269, Syring (2003), S. 38.
[476]   Vgl. Corsten/ Kumar (2005), S. 81, Sheu/ Yen/ Chae (2006), S. 25.
[477]   Vgl. Cansier (2001a), S. 614.

tionsasymmetrien bestehen bleiben können. Allerdings lassen sich auf Basis der Prinzipal-Agenten-Theorie Empfehlungen zur Gestaltung der Anreizsysteme für konkrete ECR-Projekte entwickeln, um negative Folgen opportunistischen Handelns der Hersteller für die Händler zu verringern.[478]

Neben der effizienzbetonten Argumentation der Transaktionskosten- und Prinzipal-Agenten-Theorie können ECR-Beziehungen aus Sicht des Relational View auch Effektivitätsvorteile unterstellt werden. Die größere Effektivität von ECR-Beziehungen im Vergleich zu marktförmigen Geschäftsbeziehungen von Händlern und Herstellern kann durch die Kopplung komplementärer Ressourcen, Fähigkeiten und Kompetenzen begründet werden. Durch die Kopplung wird Zugang, Transfer und Rekombination von speziellem Wissen verbessert.[479] Darüber hinaus führen die Investitionen in die Vernetzung der Prozesse dazu, dass der Umfang des zwischenbetrieblichen Informationsaustausches steigt, durch welchen eine gemeinsame Weiterentwicklung der Wissens-, Ressourcen- und Kompetenzbasis ermöglicht wird und so die Identifikation von Ansatzpunkten für mehrwertschaffende Leistungen verbessert.[480] Zudem können standardisierte Prozesse in ECR-Beziehungen dabei helfen, partnerspezifische „absorptive Capacity" zu entwickeln, um wettbewerbsrelevantes Know-how von Wettbewerbern nicht nur zu nutzen, sondern auch in der eigenen Organisation zu verankern.

Weiter sollen durch die interorganisationale Verknüpfung komplementärer Ressourcen interorganisationale Lernprozesse verstärkt werden, die eine Steigerung der Reaktionsgeschwindigkeit auf Veränderungen im Konsumentenverhalten oder des Wettbewerberangebots ermöglichen.[481] Diese können schließlich auch dazu führen, die Wahrnehmungsgrenzen von Händlern und Herstellern zu erweitern, und so zur gemeinsamen Entwicklung von ganz neuem Wissen führen, welches keiner der Beziehungspartner aus eigener Kraft hätte bilden können.[482] Auf Basis dieser Weiterentwicklung können dann neue Leistungsimpulse generiert werden, die nicht nur zur einer kundenorientierten Weiterentwicklung bestehender Angebote führen, sondern die Entwicklung ganz neuer, einzigartiger Handelsleistungen ermöglichen.[483] Solche einzigartigen Leistungen bieten einen echten Mehrwert für die Konsumenten und führen dadurch zu einem höheren Kundenzuspruch und/oder höherer Zahlungsbereitschaft, als auf Basis von transaktionsorientierten Händler-Hersteller-Beziehungen zu erzielen gewesen

---

[478] Vgl. Cansier (2001a), S. 614ff..

[479] Vgl. Corsten/ Hofstetter (2003), S. 281f., Dyer/ Nobeoka (2000), S. 364, Leonard-Barton (1995), S. 148f., Müller (2006), S. 248.

[480] Vgl. Chang/ Gotcher (2010), S. 287ff..

[481] Vgl. Corsten/ Kumar (2005), S. 80ff..

[482] Vgl. Corsten/ Kumar (2005), S. 80.

[483] Vgl. Davis/ Mentzer (2008), S. 435ff.

wäre.[484] Als richtungsweisendes Beispiel einer umfassenden ECR-Kooperation insbesondere in den nachfrageseitigen ECR-Konzeptbestandteilen wird in diesem Zusammenhang immer wieder die strategische Kooperation der Metro-Tochter Real und der Nestlé Tochter Maggi angeführt.[485] Bei dieser wurden Frischfleisch, Gemüse und passende Maggi-Fix-Produkte mit Rezeptkarten aus dem Maggi-Kochstudio kombiniert und so eine über die Leistung der einzelnen Produkte hinausgehende neuartige Dienstleistung geschaffen, ohne in den Bereich der Gastronomie vorgedrungen zu sein. Dabei verschwammen die Grenzen zwischen Produktion und Distribution, weshalb die Beziehung des Händlers zum Hersteller eine besondere Bedeutung erhielt.

Die klassische Arbeitsteilung, in welcher die Hersteller die Produkte unabhängig entwickelt haben und der Handel diese dann „nur" noch verkauft hat, funktioniert dabei nicht mehr, weil es hierfür u.a. der Nutzung des komplementären Kundenwissens durch die Zusammenführung und gemeinsame Analyse von POS-Daten von Real und Marktforschungsdaten von Unilever sowie der Abstimmung von Marken- und Kommunikationspolitik bedurfte.[486]

(2)   Beiträge der Supply-seitigen Konzeptbestandteile

Im Folgenden werden die Supply-seitigen Konzeptbestandteile Efficient Replenishment (a) und Efficent Administration (b) in Bezug auf ihre Beiträge zur Senkung der Kosten und kundenorientierten Verbesserung der Handelsleistung vor dem Hintergrund möglicher Beziehungskonflikte untersucht.

a) Efficient Replenishment: Dem Konzept können Effizienzvorteile unterstellt werden, weil durch Vermeidung multipler Lagerhaltungen auf verschiedenen Wirtschaftsstufen Kapitalbindungskosten gesenkt und Prozesskosten durch redundante Ein- und Auslagerungsprozesse verringert werden können.[487] Allerdings werden Händler und Hersteller dadurch gezwungen, ihre Distributionspolitik aufeinander abzustimmen. Die Nachteile für den Hersteller, dass Großlieferungen durch vermehrte kleine Lieferungen ersetzt werden, sollen durch effizientere Logistikprozesse und die Vermeidung von Fehlmengen ausgeglichen werden. Die dafür notwendige Prozessverzahnung bedingt, dass sowohl Hersteller als auch Händler eigene Ressourcen einbringen und interorganisatorische beziehungsspezifische Investitionen tätigen

---

[484]   Vgl. Hardy/ Philipps/ Lawrence (2003), S. 325, Müller (2006), S. 250, Powell/ Koput/ Smith-Doerr (1996), S. 118.

[485]   Vgl. Ahlert/ Köster (2004), S. 186.

[486]   Vgl. Ahlert (2001a), S. 31f..

[487]   Vgl. Mau (2003), S. 86, Obersojer (2009), S. 83, Seifert (2001), S. 138, Wildemann (2010), S. 116.

müssen.[488] So hat der Händler beispielsweise seine Lager und Verkaufsstätten in die Efficient-Replenishment-Kooperation einzubringen und mit entsprechender Informations- und Kommunikationstechnologie auszustatten. Der Hersteller hat dagegen meist spezifische Investitionen in Technologie und Personalressourcen zu tätigen, um die ihm übertragenen Aufgaben ausführen zu können. Infolgedessen steigt zum einen der Transaktionsumfang zwischen Händler und Hersteller, und zum anderen erhöht sich auch die Transparenz der Geschäftsbeziehung. Dadurch nimmt die Bereitschaft zu, sich längerfristig zu binden. Gleichzeitig verringert sich die Gefahr opportunistischen Verhaltens zur Realisierung kurzfristiger Vorteile, da weder Hersteller noch Händler die Efficient-Replenishment-Partnerschaft ohne negative Folgen für sich selbst bzw. den Verlust der getätigten Investitionen beenden können.[489] Folglich erscheint auch eine für beide zufriedenstellende Verteilung der Effizienzgewinne als relativ unproblematisch. Auf die demand-seitigen Zieldivergenzen von Händlern und Herstellern in der Sortiments-, Preis- und Kommunikationspolitik hat Efficient Replenishment allerdings keinen Einfluss.

Trotz des im Vergleich zu anderen ECR-Bestandteilen geringen Konfliktpotenzials in Bezug auf die Verteilung der Kooperationsgewinne ist anzumerken, dass Efficient Replenishment keine umfassende Anwendung findet und die Implementierung ins Stocken geraten ist.[490] Es scheint, als würden die Hersteller die monetären Vorteile der Partnerschaft deutlich geringer einschätzen als der Handel, weil den potenziellen Einsparungen erhebliche Investitionen in Technologie und höhere Kosten durch die zusätzlichen Aufgaben gegenüberstehen.[491] Auch scheint es, als hätten existierende Partnerschaften oft mit operativen Umsetzungsmängeln beispielsweise aufgrund von Systemdefiziten oder fehlenden Personalressourcen für eine umfassende Analyse und kooperative Bestandsplanung zu kämpfen.[492]

b) Efficient Administration: Die im Rahmen von Efficient Administration angestrebte leistungsorientierte Umgestaltung der Konditionensysteme kann als Verbesserung der institutionellen Rahmenbedingungen interpretiert werden, die eine effizientere Geschäftsabwicklung ermöglicht und Anreize für eine kundenorientierte Weiterentwicklung der Leistung schafft. Folglich kann angenommen werden, dass Efficient Administration die Transaktionskosten von Händler und Hersteller senkt und bei richtiger Gestaltung des Konditionensystems auch Leistungsanreize für die Partner schafft, sich proaktiv an Aktivitäten zur Verbesserung der

---

[488]   Vgl. Corsten/ Felde (2002), S. 85ff..
[489]   Vgl. Lietke (2009), S. 19.
[490]   Vgl. Attaran (2004), S. 19f., Cooke (1998), S. 53, Småros (2003), S. 247f., Salditt (2008), S. 81.
[491]   Vgl. Cooke (1998), S. 53, Corsten/ Kumar (2003), S. 22, Corsten/ Kumar (2005), S. 81f., Liebmann/ Zentes/ Swoboda (2008), S. 601f..
[492]   Vgl. Möll/ Jacobsen (2002), S. 203, Småros (2003), S. 247f., Salditt (2008), S. 81.

Handelsleistung für Konsumenten zu beteiligen. Zudem können anreizorientierte Konditionensysteme eine selbstverstärkende Wirkung auf die Aktivitäten zur Kopplung komplementärer Ressourcen und Kompetenzen besitzen.[493] Dies kann die Notwendigkeit gezielter Eingriffe verringern und damit zu einer Reduktion der Überwachungskosten beitragen. Zudem sind von beiden Partnern auch hier beziehungsspezifische Investitionen zu tätigen, um die Schnittstellen ECR-gerecht zu gestalten.

Die Veränderung der Konditionensysteme gestaltet sich in der Praxis allerdings als äußerst schwierig, da dies insbesondere für den Handel erst einmal erlösschmälernde bzw. kostensteigernde Auswirkungen zur Folge hat. Ob der Handel letztendlich bereit ist, bei der Veränderung der Konditionensysteme in Vorleistung zu gehen, hängt letztendlich davon ab, inwieweit er wirklich an einer konsequenten ECR-Implementierung interessiert ist und damit die anderen Effizienzpotenziale für realisierbar hält. Die effizientere Gestaltung der Schnittstellen scheint dagegen relativ unproblematisch, da diese eine prinzipielle Voraussetzung für die Realisierung der Effektivitäts- und Effizienzpotenziale in allen ECR-Teilbereichen sind. Wenn eine ECR-Partnerschaft also grundsätzlich angestrebt wird, ist es wahrscheinlich, dass die Akteure auch bereit sind, ihre Schnittstellen entsprechend zu gestalten. Insgesamt zeigt sich also, dass auch Efficient Administration primär auf die Steigerung der Effizienz abzielt und kaum zur mehrwertorientierten Verbesserung der Handelsleistung beiträgt.

Zusammenfassend kann konstatiert werden, dass bei den Supply-seitigen Konzeptbestandteilen primär eine Verbesserung der Effizienz, d.h. eine Senkung der Kosten im Distributionssystem durch Optimierung der Systemprozesse angestrebt wird. Die Effizienzsteigerung des Distributionssystems kann zwar gewisse kostenbasierte Wettbewerbsvorteile schaffen, wegen der eingangs diskutierten Angleichung der Systeme und Prozesse ist jedoch nicht anzunehmen, dass diese von Dauer sind. Die Beiträge zur Verbesserung der Effektivität der Handelsleistung im Sinne einer kooperativen Steigerung der Wertigkeit der Handelsleistung für die Konsumenten zur Steigerung der Zahlungsbereitschaft und des Kundenzuspruchs unabhängig vom Preis sind dagegen trotz der Bemühungen zur leistungsorientierten Umgestaltung der Konditionensysteme eher als gering einzuschätzen. Eine bedeutende Ursache hierfür ist sicherlich, dass die Supply-seitigen Konzeptbestandteile kaum zur Bewältigung der absatzpolitischen Zieldivergenzen in den Bereichen Sortiments-, Preis- und Kommunikationspolitik zwischen Händlern und Herstellern und den daraus resultierenden Konflikten beitragen. Folglich ist auch nicht anzunehmen, dass sich die Beziehung von Händlern und Herstellern mit Hilfe der Supply-seitigen Konzeptbestandteile grundsätzlich verbessern lässt.

---

[493]   Vgl. Cansier (2001a), S. 614ff..

(3)   Beiträge der Demand-seitigen Konzeptbestandteile

Der folgende Abschnitt untersucht die Demand-seitigen Konzeptbestandteile Efficient Product Introduction (a), Efficient Promotion (b) und Efficient Store Assortement (c) in Bezug auf ihre Beiträge zur Senkung der Kosten und kundenorientierten Verbesserung der Handelsleistung vor dem Hintergrund möglicher Beziehungskonflikte.

a) Efficient Product Introduction: Bei Efficient Product Introduction erfolgt ein Austausch von Wissen durch interorganisationale Routinen beispielsweise in Form von organisationsübergreifenden Funktionen oder zumindest regelmäßigen Ausschüssen oder Gremien, in denen Zwischenergebnisse diskutiert und gemeinsame Entscheidungen getroffen werden, um so die Anzahl erfolgreicher Produktinnovationen zu steigern, die Zeit von der Produktidee bis zur Markteinführung zu verringern und die Marketingaktivitäten, welche die Produkteinführung begleiten, zu optimieren. Folglich kann Efficient Product Introduction nicht nur zu einer verbesserten Abschöpfung bestehender Kundennachfrage im Sinne einer Steigerung der Preisbereitschaft beitragen.[494] Vielmehr können im Rahmen von Efficient Product Introduction durch die Kopplung komplementärer Ressourcen und Kompetenzen der Händler und Hersteller völlig neue Angebote für Kunden geschaffen und damit auch ganz neue Marktpotenziale erschlossen werden. Somit kann mit Hilfe von Efficient Product Introduction ein echter Mehrwert für Kunden generiert werden, den Hersteller und Händler nicht aus eigener Kraft hätten schaffen können.[495]

Für den Handel sind die Hersteller von besonderer Bedeutung, weil diese schon über Jahre umfangreich in Forschung und Entwicklung investiert haben, damit meist über bessere Prozesse und Systeme verfügen, um aus dem gemeinsamen Wissen Leistungsinnovationen zu generieren, entsprechende Projekte schneller, günstiger und/oder wirkungsvoller als der Handel entwickeln können und sich so zum einen Kostenvorteile und zum anderen Zeitvorteile gegenüber möglichen Wettbewerbern realisieren lassen.[496] Zudem können die bei der Entwicklung von neuen Leistungsangeboten entstehenden Kosten und Risiken unter den beteiligten Partner aufgeteilt und damit auch Kostenvorteile gegenüber einer autonomen Entwicklung realisiert werden.[497]

Das Ziel einer gemeinsamen Produktenwicklung und Produktion von Marken und/oder Handelsmarken stellt jedoch sehr hohe Ansprüche an die Zusammenarbeit von Herstellern

---

[494]   Vgl. Dyer/ Nobeoka (2000), S. 364, Leonard-Barton (1995), S. 148f., Müller (2006), S. 248.

[495]   Vgl. Hardy/ Philipps/ Lawrence (2003), S. 325, Müller (2006), S. 250, Powell/ Koput/ Smith-Doerr (1996), S. 118.

[496]   Vgl. Müller (2006), S. 249.

[497]   Vgl. Contractor/ Lorange (2002), S. 485ff..

und Händlern.[498] Während eine gemeinsame Produkteinführung relativ unproblematisch erscheint, weil lediglich Informationen zu gegenwärtig oder bereits früher existierenden, ähnlichen Produktion weitergegeben werden müssen, ist für eine gemeinsame Neuproduktentwicklung ungleich sensibleres Wissen zu teilen. So sind beispielsweise vom Hersteller Informationen über Produktideen oder geplante Neuprodukte an den Händler weiterzugeben, damit dieser Tests an den Verkaufsstellen durchführen kann, deren Ergebnisse in die Produktkonzepti-
on mit einfließen würden.[499] Gleichzeitig hat auch der Händler spezielles Wissen über Ver-
braucherverhalten und aktuelle Verkaufstrends an den Hersteller weiterzugeben, welche dieser nicht nur für die Entwicklung von Produkten im Zusammenhang mit einem Händler, sondern auch zur Verbesserung der Verkäufe bei Handelswettbewerbern nutzen könnte. Analog
könnte der Händler die Informationen des Herstellers zur Weiterentwicklung des eigenen
Handelsmarkenprogramms zusammen mit einem Wettbewerber des Herstellers verwenden.

Noch problematischer ist eine gemeinsame Handelsmarkenentwicklung.[500] Einerseits kann
der Hersteller seine wirtschaftliche Autonomie riskieren, wenn der Umsatzanteil mit einem
Händler zu groß wird, andererseits riskiert auch der Händler eine höhere Abhängigkeit vom
Hersteller, wenn die Bezugsmengen sehr groß werden. Dies ist insbesondere dann der Fall,
wenn der Handelsmarkenproduzent gleichzeitig auch Markenartikel herstellt, die beim Händler gelistet sind. In diesem Fall verfügt er über sehr hohe Einfluss- und Kontrollmöglichkeiten
in Bezug auf die Handelsmarke und kann sie so gezielt anders als seine eigene Marke positionieren.

Es kann festgehalten werden, dass im Efficient Product Introduction die gegensätzlichen
Interessen aufgrund der Produktorientierung des Herstellers und Betriebsstätten- bzw. Sortimentsorientierung des Händlers sehr deutlich aufeinanderprallen. Aufgrund der Notwendigkeit einer Weitergabe von sensiblen Informationen besteht eine hohe Gefahr für die Beteiligten, dass Verhaltensspielräume opportunistisch ausgenutzt werden. Mit steigender Abhängigkeit in der Beziehung wächst zudem die Gefahr, dass der mächtigere Partner vom kooperativen Verhalten abrückt und seine Interessen in opportunistischer Weise durchsetzt, um die
Marketingführerschaft im Distributionssystem zu übernehmen. Weil die Risiken einer solchen
Zusammenarbeit von beiden Seiten meist höher eingeschätzt werden als die wirtschaftliche
Vorteilhaftigkeit der kooperativen Beziehung, ist die Bereitschaft zu einer vertikalen Zusam-

---

[498]   Vgl. Möll/ Jacobsen (2002), S. 202.

[499]   Vgl. Borchert (2001), S. 38, Braun (2002), S. 37, Mattmüller/ Tunder (2004), S. 186.

[500]   Vgl. Borchert (2001), S. 38.

menarbeit, die über eine gemeinsame Produkteinführung hinausgeht, als äußerst gering einzuschätzen.[501]

b) Efficient Promotion: Auch im Rahmen von Efficient Promotion sollen eine Kopplung
komplementärer Ressourcen und die Einrichtung von Routinen zum interorganisationalen
Austausch von Wissen erfolgen, um dadurch eine höhere Effektivität der Marketingaktivitäten
zu erzielen. Aufgrund des im ersten Kapitel beschriebenen zunehmenden horizontalen Wettbewerbs, der hauptsächlich über den Preis ausgetragen wird, sind Händler jedoch meist nicht
bereit, auf ihr stärkstes Profilierungsinstrument zu verzichten. Vielmehr weiten die Händler
Preis- und andere Promotionaktionen zur preisorientierten Betriebstypenprofilierung zunehmend aus, auch wenn das die Marken- und Kommunikationsstrategie der Hersteller konterka-
riert.[502] Darüber hinaus haben insbesondere die großen Hersteller bisher kaum Interesse an
einer engen Verknüpfung ihrer Marken- und Kommunikationsstrategie mit einem spezifischen Händler, da ihre Absatzanteile bisher nicht ausreichend konzentriert sind und sie durch
eine zu enge Bindung an einen Händler Nachteile bei seinen Wettbewerbern fürchten müssten. Wenn sich aufgrund der weiter steigenden Konzentration im Handel auch die Absatzanteile der Hersteller bei bestimmten Händlern konzentrieren, wird die Bereitschaft zu einer
engeren Bindung an die Händler möglicherweise steigen. Allerdings wird mit dieser Entwicklung gleichzeitig auch die Bereitschaft des Handels zu kooperativem Verhalten sinken und
verstärkt durch konfrontatives Verhalten im Sinne einer dominanten Marketingführerschaft
ersetzt werden.[503] Eine umfassende Implementierung von Efficient Promotion kann bisher
nicht festgestellt werden. Es scheint, dass sich der Handel keine zusätzlichen Erträge durch
den Verzicht auf Sonderpreisaktionen verspricht und Hersteller wirtschaftliche Nachteile
durch eine zu enge Bindung an bestimmte Händler befürchten. Somit wird von beiden Partei-
en die wirtschaftliche Vorteilhaftigkeit dieses Kooperationsfeldes in Frage gestellt.

c) Efficient Store Assortement: Efficient Store Assortement zielt auf die Kopplung komplementärer Ressourcen und den Austausch von Wissen in interorganisationalen Routinen von
Händlern und Herstellern. Händler besitzen beispielsweise umfangreiches Wissen über Kaufverhalten der Konsumenten in der Filiale und die Vermarktung von Warengruppen, während
Hersteller umfangreiches Wissen über die Konsumenten und die Vermarktung eines bestimmten Produktes besitzen. Durch die synergetische Verknüpfung von Händler- und Hersteller-
wissen wird zum einen die Eliminierung von redundanten Artikeln ermöglicht, um dadurch

---

[501]   Vgl. Lietke (2009), S. 15.

[502]   Vgl. hierzu auch II.1.1 (3).

[503]   Vgl. Brockman/ Morgan (1999), S. 397ff..

den Umschlag des Warenbestandes zu steigern und so die Kapitalbindungskosten zu verringern, was letztendlich das Geschäftsergebnis verbessert.[504] Zum anderen lassen sich Warenplatzierung und Verpackungsgestaltung unter Berücksichtigung von Kaufmotivation und Verbundeffekten optimieren. So können zusätzliche Kaufanreize und damit auch höhere Umsätze generiert werden, die weder Händler noch Hersteller alleine hätten erzielen können.[505] Die Weitergabe dieser sensiblen Verkaufsdaten hat jedoch weitreichende Konsequenzen für Hersteller wie auch für Händler, da sich daraus umfangreiche Interessenkonflikte ergeben können. So erhalten die Hersteller detaillierte Informationen über Wettbewerber, die sie nicht nur für die Sortimentsoptimierung, sondern im Rahmen von Promotionentaktionen auch zur Verbesserung der horizontalen Wettbewerbsposition, durch Steigerung der eigenen Verkäufe zu Lasten von Wettbewerbern nutzen können. Darüber hinaus ist es auch kaum vorstellbar, dass Hersteller dem Händler vorschlagen würden, eigene Produkte auszulisten. Vielmehr würde der durch die Sortimentsanalyse gewonnene Wissensvorsprung dazu genutzt werden, die eigenen Artikel als besonders vorteilhaft darzustellen. Auch verschlechtert sich die Verhandlungsposition des Handels in den Konditionenverhandlungen im Rahmen der Jahresgespräche gravierend, wenn die Hersteller detailliert über das Sortiment und die Bedeutung der eigenen Produkte in diesem informiert sind.[506]

Meist sind für die Implementierung von Efficient Store Assortement erst einmal Investitionen in interorganisationale beziehungsspezifische Ressourcen notwendig. Beispielsweise muss der Hersteller zum Aufbau von ECR-Know-how zur Sortimentsgestaltung als Category Captain neue Mitarbeiter einstellen und Marktforschungsdaten kaufen. Um die getätigten Investitionen zu amortisieren, ist der Hersteller an einer möglichst langfristigen Partnerschaft interessiert. Für den Händler steigt mit zunehmender Bindungsdauer jedoch die Gefahr, dass der Category Captain sich verstärkt an seinen eigenen Produktzielen und nicht mehr an den Sortimentszielen orientiert. Trotz dieser Gefahr sind in der Praxis umfangreiche kooperative Initiativen zu finden, da sich Betriebsstätten- bzw. Sortimentsorientierung des Handels und Produktorientierung des Herstellers nicht grundsätzlich wiedersprechen. Darüber hinaus kann der wirtschaftliche Nutzen für Hersteller und Händler mit Hilfe der Abverkaufsdaten einfach überprüft und quantifiziert werden.[507]

Zusammenfassend kann konstatiert werden, dass die Instrumente der Demand-Seite zwar auf eine für die Konsumenten mehrwertgenerierende Verbesserung der Handelsleistung und da-

---

[504] Vgl. Lietke (2009), S. 17, Seifert (2001), S. 157f..
[505] Vgl. Schmickler (2001), S. 61.
[506] Vgl. Lietke (2009), S. 18, Plaumann (2006), S. 26.
[507] Vgl. Lietke (2009), S. 18.

mit strategische Zielsetzung abzielen sollen. Allerdings sind sie insgesamt eher operativ ausgerichtet, weshalb sie sich oft auf effizienzsteigernde Abstimmung der Marketingaktivitäten
von Händlern und Herstellern beschränken. Grundsätzliche strategische Fragestellungen in
Bezug auf den Mehrwert der Handelsleistung finden in den Konzeptbestandteilen nicht ausreichend Beachtung. Die Gestaltung eines organisatorischen Rahmens zum Ausgleich der
Zieldivergenzen und der daraus resultierenden Konflikte von Händlern und Herstellern erfolgt
nicht. Daher erscheinen die Beiträge der Demand-seitigen Konzeptbestandteile zur Realisierung der strategischen Potenziale nicht ohne weiteres möglich.

II.3   Zwischenbetrachtung II: Zur Notwendigkeit eines übergeordneten Beziehungsmanagements

Betrachtet man ECR-Kooperationen in der Praxis, so scheint es, als werden die positiven Effekte hauptsächlich aus der verbesserten Abstimmung der Geschäftsprozesse von Händlern
und Herstellern und damit primär aus dem Prinzip der Standardisierung erzielt.[508] Im Rahmen
von ECR ist es anscheinend bisher nicht gelungen, gemeinsam umfangreiche Verbesserungen
der Handelsleistung zur Lösung komplexer Konsumbedürfnisse zu erzielen und damit eine
Steigerung des Kundenzuspruchs und der Umsätze zu realisieren. Vielmehr dominieren pro-
tektionistische Verhaltensweisen auf beiden Seiten der Beziehung. Zusammengefasst können
aus der bisherigen Diskussion hierfür drei Gründe festgehalten werden:

- *Mangelnde Gesamtübersicht:* Um die Einzelleistungen der Hersteller mit handelsspezifischen Dienstleistungen des Händlers im Hinblick auf komplexe Konsumprobleme des
  Kunden zu einem ganzheitlichen Angebotspaket zu kombinieren und dabei effizienzbezogene und nutzensteigernde Ziele gleichermaßen zu berücksichtigen, bedarf es einer
  umfangreichen vertikalen Verhaltensabstimmung, d.h. der koordinierten Planung, Steuerung und Kontrolle aller Supply Chain- und Marketingaktivitäten über sämtliche Stufen der Distribution und organisationsinterne Fachbereiche hinweg.[509] Hierzu sind von
  der Führung des Handelsunternehmens klare strategische ECR-Zielsetzungen zu formu-
  lieren, die über die bloße Optimierung der unternehmensübergreifenden Prozesse in den
  verschiedenen Fachbereichen hinausgehen.[510] Allerdings führt die angesprochene Implementierung von ECR-Teilkonzepten anscheinend dazu, dass die Fachabteilungen

---

[508]   Vgl. Rudolph/ Loock/ Kleinschrodt (2008), S. 24ff., Tuominen (2004), S. 178ff..
[509]   VglAhlert/ Kenning (2007), S. 20, McCammon (1970), S. 43, Obersojer (2009), S. 67, Olbrich (1995), S.
         2612.
[510]   Vgl. Corsten/ Hofstetter (2003), S. 281f., Moll (2000), S. 198.

zwar einen partiellen Erfolg in Bezug auf den von ihnen überblickten Teil des Leistungserstellungsprozesses erzielen können, die übergeordneten strategischen Zielsetzungen jedoch oft vernachlässigt werden, da ECR nicht im Rahmen eines wettbewerbsstrategischen Gesamtkonzeptes implementiert wird.[511]

• *Mangelnde Beziehungsqualität:* Neben der mangelnden Berücksichtigung fachbereichsübergreifender, strategischer Zielsetzungen wird der ECR-Erfolg auch durch die Zieldivergenzen, die daraus resultierenden Konflikte in Bezug auf die Ausgestaltung der absatzpolitischen Instrumente und die opportunistische Ausnutzung von Verhaltensspielräumen seitens der Beteiligten gefährdet. Die Beziehung von Händlern und Hersteller besitzt bisher oft einen eher konfrontativen als kooperativen Charakter. Für die Realisierung der strategischen ECR-Zielsetzungen ist jedoch eine offene und kooperative Zusammenarbeit notwendig, in der bei unternehmensinternen Entscheidungen auch die Folgen für den Partner bedacht, die Erwartungen antizipiert und in der Entscheidungsfindung berücksichtigt werden.[512] Nur dann ist es möglich, beispielsweise sensible, unternehmensinterne Daten auszutauschen oder vorab in benötigte Technologie zu investieren. Weiter sind wechselseitige Leistungs- und Rollenerwartungen zu konkretisieren, um flexible, kohärente und effiziente Leistungsbeiträge von Händlern und Herstellern zu gewährleisten. Hierbei ist zu gewährleisten, dass beide Partner die versprochenen Leistungen wie beispielsweise Abgabe von Wissen auch wirklich erbringen und sich Vorleistungen bei zeitlich versetztem Nutzenempfang auch wirklich auszahlen.[513] Dies impliziert jedoch ein faires Verhalten bei Zielkonflikten in Bezug auf die Ausgestaltung des absatzpolitischen Instrumentariums und die Verteilungskonflikte bei Effizienzgewinnen und Umsatzsteigerungen.[514]

• *Mangelnder organisatorisch-struktureller Rahmen:* Wie in Abbildung II-11 dargestellt erfordert die in ECR-Partnerschaften angestrebte Zusammenarbeit mehrdimensionale Austauschbeziehungen, bei denen die spezifischen Leistungen von Händler und Hersteller in gegenseitiger Abhängigkeit stehen.[515] Viele Prozesse laufen zumindest konzeptionell simultan ab, weshalb sich die einzelnen Leistungsbeiträge weder zeitlich klar voneinander trennen noch inhaltlich eindeutig voneinander abgrenzen lassen. Damit die strategischen Zielsetzungen der ECR-Partnerschaften trotz bestehender Zieldivergenzen

---

[511] Vgl. Obersojer (2009), S. 103.
[512] Vgl. Corsten/ Gössinger (2008), S. 35f., Moll (2000), S. 206f..
[513] Vgl. Ahlert/ Ahlert (2001), S. 55.
[514] Vgl. Corsten/ Kumar (2005), S. 83ff..
[515] Vgl. Hammervoll (2009), S. 630ff., Hammervoll (2005), S. 41ff..

von Händlern und Herstellern realisiert werden können, sind die klassischerweise eher sequentiell ausgerichteten Austauschprozesse, bei denen die Leistung des Herstellers direkter Input für die Leistung des Händlers ist, aufzubrechen.

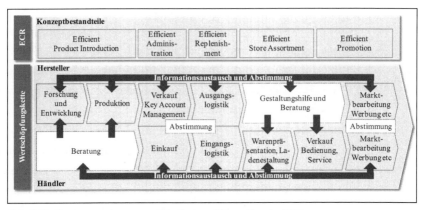

Abb. II-11: Prozessverzahnung von Händlern und Herstellern im ECR
(Quelle: In Anlehnung an Lietke 2009, S. 11)

Die angestrebten strategischen Zielsetzungen implizieren interorganisatorische und intraorganisatorische Verknüpfungen zwischen bisher getrennten Fachbereichen von Händler und Hersteller. Um zwischen diesen einen ausreichenden Kommunikations- und Informationsaustausch zu gewährleisten, bedarf es einer Abkehr von den klassischerweise eher funktional orientierten hin zu eher prozessbezogenen Strukturen im Handel.[516] Darüber hinaus sind neben den schon diskutierten Investitionen in einheitliche Informations- und Kommunikationstechnologie zur Gewährleistung des reibungslosen Austausches von Wissen und Kopplung komplementärer Kompetenzen auch geeignete organisatorische Schnittstellen zwischen Händlern und Herstellern zu schaffen.[517] Die traditionelle Schnittstelle zwischen Händler und Hersteller beschränkt sich meist auf den Einkauf des Händlers und den Verkauf bzw. das sogenannte Key Account Management des Herstellers mit der Folge einer vorherrschenden Preis- und Konditionenorientierung.[518] Für eine enge Verzahnung von Supply- und Demand-seitigen Aktivitäten reicht diese Schnittstelle jedoch nicht aus. Vielmehr müssen auch Schnittstellen in den anderen von der Zusammenarbeit betroffenen Fachbereichen gebildet werden, um die strategischen und prozesseffizienzbezogenen ECR-Zielsetzungen realisieren zu können. Die Notwendigkeit der engen reziproken Prozessverzahnung zur Realisierung

---

[516]   Vgl. ElgElg/ Heli (2008), S. 225, von Heydt (1998), S. 140, Seifert (2001), S. 312.
[517]   Vgl. Moll (2000), S. 209f, Schmickler (2001), S. 123ff., Seifert (2001), S. 337.
[518]   Vgl. Möll/ Jacobsen (2002), S. 207ff..

der strategischen Zielsetzungen impliziert also bedeutende strukturelle und fachbereichs-übergreifende Veränderungen in der Organisation des Unternehmens. Es scheint jedoch, als würden diese oft nicht konsequent vollzogen.[519] Es bleibt also festzuhalten, dass mit einem primär operativ-instrumentellen und technologischen ECR-Verständnis kaum mehrwertgenerierende Verbesserungen der Handelsleistung zu erzielen sind, die zu einer wettbewerbsrelevanten Steigerung des Kundenzuspruchs und des Umsatzes führen. Um neben einer wertschöpfungsstufenübergreifenden Prozessoptimierung auch eine grundsätzliche Verbesserung der Handelsleistung realisieren zu können, ist der Fokus von den operativen und technischen Voraussetzungen auf ein adäquates Management der Beziehung insgesamt zu verschieben.[520]

Für ein Management der Beziehung insgesamt ist ein übergeordnetes Beziehungsmanagement zu schaffen. Dieses hat die strategischen Zielsetzungen der ECR-Partnerschaft unabhängig von Fachbereichsinteressen im Blick zu behalten, eine offene und partnerschaftliche Beziehungsqualität zu schaffen, fachbereichsübergreifend alle Prozesse entlang der verzahnten Wertschöpfungskette von Händlern und Herstellern auf die Zielsetzungen der Partnerschaft auszurichten und so einen Rahmen für die interorganisationalen Aktivitäten von Händler und Hersteller zu schaffen.[521] Nur dann wird ECR zu einem strategischen Instrument, mit dem die Effizienz des Distributionssystems verbessert, d.h. die Transaktionskosten gesenkt und gleichzeitig der Kundenzuspruch erhöht sowie die Zahlungsbereitschaft gesteigert werden können.

---

[519]   Vgl. Mason/ Doyle/ Wong (2006), S. 140.

[520]   Vgl. Elg/ Heli (2008), S. 225, Hyvönnen/ Tuominen (2007), S. 423f., Möll/ Jacobsen (2002), S. 205, Ryals/ Humphries (2007), S. 315, Sahay (2003), S. 77.

[521]   Vgl. Ryals/ Humphries (2007), S. 315, Schögel (2006), S. 297, Zentes/ Swoboda/ Morschett (2005a), S. 838f..

III. ANSATZPUNKTE FÜR EIN HERSTELLERGERICHTETES BEZIEHUNGSMANAGEMENT ZUR REALISIERUNG STRATEGISCHER POTENZIALE IM RAHMEN VON ECR-PARTNERSCHAFTEN

In den ersten beiden Teilen der Dissertation wurden die aktuellen wettbewerbsrelevanten Rahmenbedingungen im Handel skizziert, die vorherrschenden Wettbewerbsstrategien beschrieben, die Beziehung von Händlern und Herstellern eingehend charakterisiert und ihre strategische Bedeutung aus verschiedenen theoretischen Perspektiven ausführlich analysiert.

Darüber hinaus wurde die Eignung von ECR als konzeptionellem Rahmen einer Zusammenarbeit für die Entwicklung und Realisierung von Strategien herausgearbeitet, die darauf abzielen, die Kosten der Leistungserstellung zu senken und gleichzeitig für die Konsumenten mehrwertgenerierende Handelsleistungen zu schaffen. Die Untersuchung hat jedoch gezeigt, dass nachhaltige Wettbewerbsvorteile nicht durch die ECR-Partnerschaft allein begründet werden, sondern vielmehr auch eine Folge der Fähigkeit einer effektiven Kontextsteuerung der Beziehung zu Herstellern ist. Ein institutionalisiertes strategisches Beziehungsmanagement ist daher neben den in Teil II diskutierten ECR-Konzeptbestandteilen notwendige Voraussetzung für die Realisierung relationaler Renten durch eine gemeinsame Entwicklung von Leistungswelten, die komplexe Konsumbedürfnisse der Konsumenten erfüllen und damit eine Wettbewerbsdifferenzierung über einen einzigartigen Nutzen für die Konsumenten ermöglichen.[522] In diesem Zusammenhang ist ein herstellergerichtetes Beziehungsmanagement als notwendige unternehmensinterne Strukturvariable eines strategischen Handelsmanagements zu verstehen, um durch eine Gesamtübersicht über den Leistungserstellungsprozess strategische Zielsetzungen ausreichend zu berücksichtigen und durch eine offene und partnerschaftliche Beziehungsqualität sowie einen geeigneten organisatorisch-strukturellen Rahmen diese auch zu erreichen. Es ist daher erstaunlich, dass das Management herstellergerichteter Beziehungen im Rahmen von ECR-Partnerschaften im Vergleich zur Diskussion der konkreten Ausgestaltung der ECR-Konzeptbestandteile bisher vergleichsweise wenig Beachtung gefunden hat.[523]

Ziel des dritten Teils der Dissertation ist es daher, Empfehlungen und Hinweise zu entwickeln, welche zentralen Gestaltungsparameter bei einem herstellergerichteten Beziehungsmanagement zu berücksichtigen sind, damit durch die Berücksichtigung strategischer Zielset-

---

[522] Vgl. Ahlert/ Hesse (2002), S. 18ff..

[523] Zum Stand der Beziehungsforschung von Händlern und Herstellern vgl. die Erläuterungen zum Forschungsdefizit in der Einleitung dieser Arbeit.

zungen, die Gewährleistung einer offenen und partnerschaftlichen Beziehungsqualität sowie die Schaffung eines geeigneten organisatorisch-strukturellen Rahmens relationale Renten über die reine Prozessoptimierung hinaus realisiert werden können. Aufgrund der im Mittelpunkt stehenden realitäts- und anwendungsorientierten Forschungsperspektive wird dabei primär auf Instrumente zurückgegriffen, die bereits erfolgreich für unternehmensinterne Zwecke eingesetzt werden. Diese werden dann an die in dieser Untersuchung im Vordergrund stehende interorganisatorische Zielsetzung adaptiert.

Im Folgenden werden zuerst theoretisch-konzeptionelle Gestaltungsansätze zum Management von ECR-Beziehungen analysiert. Dafür werden nach der Erarbeitung eines für diese Untersuchung geeigneten Verständnisses des Begriffs „Beziehungsmanagement" Kenntnis- und Sachstand zentraler struktureller und prozessbezogener Ansatzpunkte für das Management vertikaler Beziehungen skizziert (III.1). Aus diesen werden dann zum einen Ansatzpunkte zur organisationalen Gestaltung eines herstellergerichteten Beziehungsmanagement von ECR-Beziehungen abgeleitet und ihr Beitrag zur Realisierung der strategischen ECR-Potenziale diskutiert (III.2). Zum anderen werden dynamische Aspekte des Beziehungsmanagements erläutert. Dabei werden Möglichkeiten für die phasenspezifische Ausgestaltung des Beziehungsmanagements erörtert sowie Ansätze zur Weiterentwicklung beschrieben (III.3).

III.1 Theoretisch-konzeptionelle Gestaltungsansätze zum Management von ECR-Beziehungen

Für die Untersuchung theoretisch-konzeptioneller Gestaltungsansätze eines herstellergerichteten Beziehungsmanagements von ECR-Partnerschaften aus Sicht des Handels ist zuerst ein grundlegendes Verständnis des Begriffes „Beziehungsmanagement" zu erarbeiten. Im Gegensatz zu den intensiv und in vielen Varianten diskutierten interorganisationalen Beziehungen im Allgemeinen ist dieses bisher weder in der Praxis noch in der wissenschaftlichen Literatur vorhanden.[524]

Allgemein handelt es sich beim Beziehungsmanagement um das Management strategischer vertikaler Beziehungen. Ein praxisorientiertes Verständnis beschreibt das Beziehungsmanagement als umfangreiche Unterstützung in allen Transaktionsphasen der Transaktion von

---

[524] Vgl. Daniel (2007), S. 37, Fischer (2006), S. 32. In wissenschaftlichen sowie praxisorientierten Publikationen werden synonym zu Beziehungsmanagement auch die Begriffe „Lieferantenbeziehungsmanagement" und „Supplier Relationship Management" verwendet.

liefernden und beschaffenden Unternehmen.[525] Corsten und Hofstetter (2001) spezifizieren dieses Verständnis, indem sie Beziehungsmanagement definieren als:

> „... proaktives Management aller Lieferantenbeziehungen über alle Unternehmensbereiche hinweg mit dem Ziel, Produkte in Zusammenarbeit mit dem Lieferanten besser, schneller und zu niedrigeren Kosten zu entwickeln, einzukaufen und zu produzieren." (Corsten/ Hofstetter (2001), S. 131)

Durch diese Definition betonen sie im Gegensatz zum transaktionsorientierten Verständnis der Praxis ein Management der Beziehungen, welches sich proaktiv mit deren kontinuierlichen Gestaltung zu beschäftigen hat. Allerdings ist dieses Verständnis in Bezug auf die spezifische Beziehung von Händlern und Herstellern im Rahmen von ECR-Kooperationen noch zu weit gefasst, da viele Händler einen großen Teil des ganzheitlichen Beziehungsmanagements an strategisch relevante Hersteller übertragen, beispielsweise wenn Aufgaben und Verantwortlichkeiten der Sortimentsgestaltung an einen strategisch bedeutenden Hersteller, den sogenannten Category Captain, übergeben werden.[526] Wird diese Entwicklung in einer Definition des Beziehungsmanagements berücksichtigt, dann ist unter diesem allgemein das proaktive und kontinuierliche Management der direkten strategischen Herstellerbeziehungen über alle Unternehmensbereiche hinweg zu verstehen, die das Ziel haben, Produkte und Dienstleistungen in Zusammenarbeit mit Herstellern besser, schneller und zu niedrigeren Kosten einzukaufen und zu produzieren.

Wie in den bisherigen Ausführungen diskutiert, beschränkt sich das Beziehungsmanagement der Händler jedoch – wenn überhaupt – meist auf effizienzorientierte Aspekte der Beziehung. Es ist daher notwendig, das Verständnis vor dem Hintergrund der Aufgabenstellung noch weiter einzugrenzen und die Bedeutung der Fokussierung auf die Effektivität der Beziehungen zur Realisierung strategischer Zielsetzungen herauszuarbeiten. Daher soll in dieser Arbeit unter einem Beziehungsmanagement das proaktive Management von direkten strategischen Herstellerbeziehungen über alle Unternehmensbereiche verstanden werden, welche das Ziel haben, im Rahmen von ECR-Initiativen Produkte und Dienstleistungen in Zusammenarbeit mit Herstellern besser, schneller und kundenorientierter zu entwickeln, um den Nutzen der Handelsleistung für die Kunden zu steigern, die Preisbereitschaft der Kunden zu erhöhen und damit den Preiswettbewerb zu entschärfen.

Die Analyse der allgemeinen betriebswirtschaftlichen Literatur zeigt, dass bisher nur sehr uneinheitliche Auffassungen über das Management von vertikalen Geschäftsbeziehungen

---

[525] Vgl. Daniel (2007), S. 32, Stölzle/ Heusler (2003), S. 172ff..

[526] Vgl. hierzu II.2.

bestehen.[527] Eine Konkretisierung der Konzeptbestandteile des Beziehungsmanagements ist bisher nur in Ansätzen zu erkennen.[528] Häufig steht die Betrachtung einzelner Variablen auf unterschiedlichen Analyseebenen sowie deren Beziehungen untereinander im Vordergrund. Es findet sich bisher kein Ansatz, der strategisch-konzeptionell sowohl strukturelle (a) als auch dynamische Aspekte (b) die einzelnen Variablen und die Beziehungen zwischen den Variablen berücksichtigt.[529]

(a) Strukturelle Ansätze des Beziehungsmanagements: Prinzipiell können strukturelle und dynamische Ansätze unterschieden werden. Als ein bedeutender struktureller Ansatz im Rahmen des heutigen Beziehungsmanagements ist hier der interaktionsorientierte Analyserahmen der IMP-Gruppe zu erwähnen.[530] Dieser beinhaltet vier konstituierende Variablen, mit welchen Struktur und Dynamik einer langfristigen Interorganisationsbeziehung beschrieben werden. Hierzu gehören neben den an der Beziehung beteiligten Unternehmen der Interaktionsprozess, die Beziehungsumwelt und die Beziehungsatmosphäre.[531] Da sich die Ausführungen jedoch teilweise auf einem relativ allgemeinen und hohen Abstraktionsniveau bewegen, wird gegenüber dem IMP-Ansatz häufig die Kritik geäußert, dass sich aus ihm kaum konkrete Empfehlungen und Hinweise für die spezifische Gestaltung einer Beziehung und das Management dieser ableiten ließen. Darüber hinaus wird kritisiert, dass der Ansatz primär auf dyadische Beziehungskonstellationen ausgerichtet sei, weshalb er Interdependenzen zwischen mehreren Interaktionsbeziehungen nicht ausreichend erfasse.[532] Weitere Forschungsergebnisse weisen außerdem darauf hin, dass sich strukturorientierte Ansätze zum Beziehungsmanagement nicht nur auf Interaktionsprozesse, Beziehungsumwelt oder -atmosphäre reduzieren ließen. Vielmehr lassen sie vermuten, dass insbesondere die Instrumente und Mechanismen zur Koordination der Austauschprozesse zwischen den oft von divergierenden Interessen geleiteten Partnern eine zentrale Determinante für die Gestaltung erfolgreicher kooperativer

---

[527] Vgl. zu unterschiedlichen Auffassungen bspw.Arnold (2004), Boutellier/ Wagner (2001), Corsten/ Felde (2002), Corsten/ Hofstetter (2001), Daniel (2007), Eller/ Jung/ Speiser (2003), Große-Wilde (2004), Hilz/ Krüger/ Haas (2002), Mühlmeyer/ Belz (2003).

[528] Vgl. Stölzle/ Heusler (2003), S. 174.

[529] Vgl. Fischer (2006), S. 92, Peitz (2002), S. 90. Allein Daniel (2007) entwickelt ein integratives Gesamtkonzept, in welchem er sowohl Struktur- als auch Prozessaspekte berücksichtigt. Er hält dieses allerdings sehr allgemein und berücksichtigt somit keine branchenspezifischen Besonderheiten. Vgl. Daniel (2007), S. 254ff..

[530] Vgl. Daniel (2007), S. 254.

[531] Vgl. Backhaus/ Büschken (1998), S. 13f., Engwall (1998b), S. 31f.. Zu den Basiskonstrukten vgl. vertiefend Brennan/ Turnbull (1998), S. 27f., Johanson/ Mattsson (1994), S. 173.

[532] Vgl. Brennan/ Turnbull (1998), S. 28, Daniel (2007), S. 255, Gemünden/ Heydebreck (1994), S. 253, Schögel (2006), S. 118.

Beziehungen darstellen.[533] Darüber hinaus scheint auch die Fähigkeit, die spezifischen Aufgaben und Tätigkeiten in Bezug auf die Ziele der Zusammenarbeit zu konfigurieren, von großer Bedeutung für die Gestaltung erfolgreicher Beziehungen zu sein.[534] Beispielsweise entwickelt (Tuominen 2004) ein Modell, in dem er „Relationship Orientation", „Alignment of Processes" und „Relational Intelligence" als organisatorische Fähigkeiten für ein erfolgreiches Beziehungsmanagement beschreibt.[535] Ähnlich identifiziert (Schögel 2006) in einer empirischen Untersuchung Konfigurationsfähigkeit, Initiierungsfähigkeit, Koordinationsfähigkeit und Wissensfähigkeit als zentrale Fähigkeiten von Unternehmen zur Gestaltung erfolgreicher vertikaler Kooperationen.[536]

(b) Dynamische Ansätze des Beziehungsmanagements: Dynamische Modelle zur Entwicklung interorganisationaler Zusammenarbeit haben ihre Ursprünge meist in modelltheoretischen Ansätzen zur Entwicklung von Organisationen.[537] Sie basieren jedoch auf verschiedenen Entwicklungsmodellansätzen.[538] Im Folgenden sollen die Ansätze des Beziehungsmanagements nach Stufen- und Prozessmodellen unterschieden werden.[539] Während Stufenmodelle von einer linearen Abfolge einzelner, häufig an äußeren Merkmalen festzumachender Evolutionsphasen ausgehen, betrachten Prozessmodelle die Unternehmensentwicklung als wiederkehrenden Zyklus verschiedener Phasen bzw. Prozesse.[540,]

Die Stufenmodelle orientieren sich fast ausnahmslos am Modell des Lebenszyklus.[541] Lebenszyklusmodelle wie beispielsweise die in der Marketingliteratur äußerst prominenten Pro-

---

[533]   Vgl. Dawson (2006), S. 287ff., Fox/ Sethuraman (2006), S. 11ff., Tuominen (2004), S. 178ff., Kotler/ Bliemel (2001), S. 387ff., Liu/ Tao/ Yuan/ El-Ansary (2008).

[534]   Vgl. Lorenzoni/ Lipparini (1999), S. 317, von der Oelsnitz (2005), S. 202f., Pfohl/ Buse (2000), S. 289, Schögel (2006), S. 139ff., Sydow (2006a), S. 292.

[535]   Vgl. Tuominen (2004), S. 178ff..

[536]   Vgl. Schögel (2006), S. 136ff..

[537]   Vgl. Daniel (2007), S. 256, Fischer (2006), S. 95. Es ist allerdings an dieser Stelle zu bemerken, dass verschiedene Autoren der Auffassung sind, dass die Übertragung von Modellansätzen zur Unternehmensentwicklung auf interorganisationale Beziehungen nicht zulässig sei. Vgl. Daniel (2007), S. 257, Endres/ Wehner (2006), S. 215ff.. Im Rahmen dieser Untersuchung wird jedoch dem Verständnis von Sydow gefolgt, nach welchem organisationsevolutorische Modelle auf die zwischenbetriebliche Entwicklung von Beziehungen übertragen und miteinander kombiniert werden können Vgl. Sydow (2005), S. 277ff..

[538]   Vgl. Sydow (2005), S. 277ff..

[539]   Eine andere Typologie entwickeln Staehle/ Conrad/ Sydow (1999). Sie teilen die Veränderung von Organisationen im Zeitablauf in drei Grundmodelle ein. Hierbei unterscheiden sie Selektionsmodelle, Adaptions- bzw. Lernmodelle sowie Lebenszyklus- und Wachstumsmodelle. Vgl. Staehle/ Conrad/ Sydow (1999), S. 907ff. Hingegen kommt Nathusius (1979) zu einer Gruppierung in fünf Modellkategorien zur Unternehmensentwicklung, die er als Krisenmodelle, Marktentwicklungsmodelle, Strukturänderungsmodelle, Verhaltensänderungsmodelle und Metamorphosemodelle bezeichnet. Vgl. Nathusius (1979), S. 104ff.. Vgl. für einen Überblick existierender Unternehmensentwicklungsmodelle bspw. Manstedten (1997), S. 125ff..

[540]   Vgl. hierzu vertiefend auch Fischer (2006), S. 95, Jap/ Anderson (2007), S. 260ff., Monge (1990), 426, Peitz (2002), S. 142, Sydow (2003), S. 330.

[541]   Vgl. Fischer (2006), S. 95, Jap/ Anderson (2007), S. 260ff., Sydow (2003), S. 330.

dukt- und Marktlebenszyklusmodelle von Dwyer, Schurr und Oh (1987) sowie Bruhn und Bunge (1994) oder auch das Lebenszyklusmodell von Partnerschaften von Kanter (1994) gehen von einer kontinuierlichen Entwicklung aus, die sich in verschiedene Phasen abgrenzen und in sequentieller Reihenfolge erfassen lassen.[542] In Anlehnung an die Produkt- und Marktlebenszyklen durchläuft auch die Beziehung von Händlern und Herstellern verschiedene Phasen im Lebenszyklus. Diese unterscheiden sich jedoch je nach Lebenszyklusmodell. Dwyer, Schurr und Oh (1987) teilen den Lebenszyklus ein in Gründungs-, Wachstums-, Reifephase, die sich bis zur Niedergangsphase oder grundlegenden Rekonfiguration erstrecken.[543] Bruhn und Bunge (1994) unterscheiden dagegen sieben Phasen, die sie als Such-, Bewertungs-, Verhandlungs-, Vereinbarungs-, Koordinations-, Kontroll- und Anpassungs-/Beendigungsphase bezeichnt.[544] Kanter (1994) bezeichnet die aus einer empirischen Untersuchung abgeleiteten Phasen Umwerben/Balz (courtship); Verlobung (engagement); Haushaltsführung (setting up housekeeping); Zusammenleben (getting along); Altes Paar (old-marrieds). Darüber hinaus betont sie jedoch zusätzlich noch explizit die Bedeutung von persönlichen Komponenten in Beziehungen, die im Allgemeinen nicht replizierbar sind.[545] Werden die Lebenszyklusphasen nun als Teil einer gesamten Beziehung verstanden, so lassen sich aus ihnen je nach Phase verschiedene Gestaltungsoptionen und Inhalte für das Beziehungsmanagement ableiten.[546]

Allen Modellen gemein ist, dass sie versuchen, klare Ursache-Wirkungs-Zusammenhänge zu identifizieren, indem sie einzelnen Phasen eines möglichst allgemeingültigen Entwicklungsverlaufes beispielsweise anhand der jeweils dominierenden Strukturmerkmale, der relevanten Erfolgsfaktoren oder der abzuarbeitenden Managementaufgaben beschreiben.[547] Die so abgeleiteten Handlungsempfehlungen sind jedoch oft auf die Forderung nach einem phasenadäquaten Beziehungsmanagement begrenzt. Trotzdem scheint diese Perspektive bis heute die praxisorientierten Veröffentlichungen zu dominieren, da so dem offensichtlich großen Bedürfnis der Praxis nach Orientierung durch Leitfäden und möglichst konkreten Handlungsanweisungen zur Gestaltung und Entwicklung von interorganisationalen Beziehungen entsprochen werden kann.[548]

---

[542]   Vgl. Daniel (2007), S. 257f., Fischer (2006), S. 95.
[543]   Vgl. Dwyer/ Schurr/ Oh (1987), S. 11ff..
[544]   Vgl. Bruhn/ Bunge (1994), S. 47ff..
[545]   Vgl. Kanter (1994), S. 96ff..
[546]   Vgl. Daniel (2007), S. 257f., Diller/ Kusterer (1988), S. 211, Jap/ Ganesan (2000), S. 227f., Narayandas/ Rangan (2004), S. 63ff., Reinartz/ Kraft/ Hoyer (2004), S. 294f., Rindfleisch/ Moorman (2003), S. 421ff..
[547]   Vgl. Fischer (2006), S. 99, Peitz (2002), S. 157.
[548]   Vgl. Fischer (2006), S. 96.

Im Unterschied zu lebenszyklusorientierten Ansätzen wird die Entwicklung von interorganisationalen Beziehungen in prozessorientierten Ansätzen nicht länger als lineare Abfolge einzelner idealtypischer Phasen angesehen, sondern vor allem als zyklischer Entwicklungsprozess beschrieben, der sich durch Lern- und Anpassungsprozesse auszeichnet.[549] Da damit eine zyklische und iterative Inner- und Interphasenbetrachtung möglich wird, erhöhen Prozessmodelle die Realitätsnähe, wodurch die Qualität von ableitbaren Gestaltungsempfehlungen für ein Beziehungsmanagement verbessert wird. Bekannte Prozessmodelle stammen beispielsweise von Zajac und Olsen (1993), Ring und van de Ven (1994), Doz (1996) oder Büchel (1997).

Zajac und Olsen (1993) beschreiben drei interorganisationale Interaktionsprozesse, die zeitlich und logisch voneinander getrennt und über Rückkopplungsschleifen miteinander verbunden sind: „Initializing", „Processing" und „Reconfiguration". Während bei der Initiierung die Entscheidung für eine kooperative Zusammenarbeit getroffen wird und die Ausgangsbedingungen festgelegt werden, führen die von Beginn an einsetzenden Lern- und Anpassungsprozesse dazu, dass sich insbesondere in der Processing-Phase Vertrauen entwickelt und Verhaltensnormen herausbilden. In der Reconfiguration-Phase erfolgt die Überprüfung der Zielerreichung und Einhaltung anfänglich definierter Prämissen, was zu einer Veränderung von Zielsetzungen und der Organisation von Austauschprozessen oder auch zur Aufgabe der kooperativen Zusammenarbeit führen kann.[550]

Ring und van de Ven (1994) beschreiben ein Prozessmodell als eine sich wiederholende Sequenz aus Verhandlungs-, Verpflichtungs- und Ausführungsphasen, indem in jeder der Phasen die Kriterien Effizienz und Gerechtigkeit beurteilt werden.[551] Die Verhandlungsphase zeichnet sich durch die Kommunikation und Abstimmung von Erwartungen, beabsichtigten Ergebnissen und Motivationen zum Eingehen der Austauschbeziehung sowie dazu notwendiger Investitionen und möglicher Unsicherheiten bzw. Risiken aus, um damit die Ziele der Beziehung zu spezifizieren und die Rollen der Akteure zu definieren. Die Übereinstimmung hierbei ist der Anknüpfungspunkt der Verpflichtungsphase. In dieser kommt es zur gegenseitigen Willenserklärung. Hierbei werden gemeinsame Regeln und Verpflichtungen für zukünftige Beziehungshandlungen definiert. Diese können entweder in formalen Verträgen festgehalten werden oder aus rein informalen psychologischen Verpflichtungen bestehen. In der

---

[549] Vgl. Jap/ Anderson (2007), S. 260ff..

[550] Vgl. Zajac/ Olsen (1993), S. 131ff..

[551] Gerechtigkeit bezieht sich dabei nicht auf eine Gleichverteilung der Inputressourcen oder Ergebnisgrößen zwischen den Akteuren, sondern vielmehr auf das Kriterium der Gegenseitigkeit. Als gerecht wird dabei nicht die Gleichheit von Nutzenwerten angesehen, sondern die Proportionalität des Nutzens im Verhältnis zu den getätigten Investitionen. Vgl. Ring/ van de Ven (1994), S. 546f..

darauffolgenden Ausführungsphase werden die vereinbarten Aktionen und Verpflichtungen realisiert. Neben der rein funktionalen Beziehung und Rolleninteraktion bilden sich dabei auch persönliche Beziehungen zwischen den Beziehungsparteien heraus, wodurch letztendlich erst eine langfristig orientierte Geschäftsbeziehung ermöglicht wird. Die Dauer der Beziehung wird darüber hinaus auch durch die Bewertung der Beziehung unter Effizienz- und Gerechtigkeitsgesichtspunkten beeinflusst. Dabei können Konflikte in Bezug auf die Zielstellungen sowie inkommensurable und adaptierte Erwartungen dazu führen, dass die grundlegenden Rahmenbedingungen der Beziehung neu verhandelt werden müssen, sich damit auch die Verpflichtungen der Akteure verändern und so die Beziehung selbst in ihrer Gestalt neu ausgerichtet wird.[552]

Das Prozessmodell von Doz (1996) dagegen hebt zum einen die Bedeutung der initiierenden Ausgangsbedingungen der unternehmensübergreifenden Zusammenarbeit und zum anderen den Prozess des interorganisationalen Lernens für die Entwicklung der Beziehung heraus.[553] Ähnlich argumentiert Büchel (1997). Er sieht die Entwicklung von Partnerschaften im Rahmen von drei Prozessarten ebenfalls im Wesentlichen durch Lernprozesse determiniert. Dabei läßt sie jedoch weitere Prozessarten unberücksichtigt.[554] Somit interpretieren Prozessmodelle Beziehungen nicht als komparativ-statischen Übergang von einem Zustand in einen anderen wie die lebenszyklusbasierten Stufenmodelle, sondern begreifen sie vielmehr als dynamischen und zyklischen Fließprozess.[555] Aufgrund der prozessualen Fokussierung werden jedoch strukturelle Aspekte in Prozessmodellen nur sehr oberflächlich berücksichtigt.[556] Daher sind auch die Prozessmodelle der Kritik ausgesetzt, ein unvollständiges Bild der Entwicklung von Beziehungen zu vermitteln.[557]

---

[552] Vgl. Ring/ van de Ven (1994), S. 550ff..
[553] Vgl. Doz (1996), S. 55ff., Fischer (2006), S. 99, Sydow (2003), S. 334f.
[554] Vgl. Büchel (1997), S. 18ff..
[555] Vgl. Burr (1999), S. 1172, Fischer (2006), S. 99.
[556] Obwohl Zajac/ Olsen (1993) und Ring/ van de Ven (1994) prozessuale Aspekte in den Mittelpunkt ihrer Modelle stellen, versuchen sie strukturelle Fragestellungen im Ansatz zu berücksichtigen. Büchel (1997) erwähnen lediglich, dass zur Zielerreichung auch eine Anpassung der Organisationstruktur notwendig ist. Vgl. Fischer (2006), S. 100.
[557] Vgl. Daniel (2007), S. 256ff..

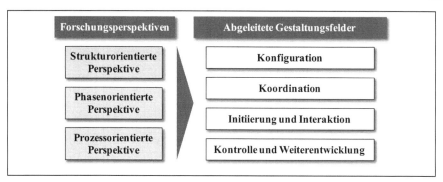

Abb. III-1:   *Ableitung von Gestaltungsfeldern eines herstellergerichteten ECR-*
                Beziehungsmanagements
                (Quelle: Eigene Darstellung)

Zusammenfassend kann festgehalten werden, dass in der Literatur bisher kein umfassendes und ganzheitliches Modell zum Management interorganisationaler Beziehungen zu finden ist, welches als Basis für die vorliegende Untersuchung dienen könnte. Wie in Abbildung III-1 dargestellt, erfolgt die Ableitung von Gestaltungsfeldern eines herstellergerichteten Beziehungsmanagements daher durch die Zusammenführung vorhandender theoretischer Modelle. Die strukturorientierten Ansätze der Beziehungsforschung untersuchen grundsätzliche Beziehungsdeterminanten wie beispielsweise Konfigurations- und Koordinationsmöglichkeiten oder auch die für die Beziehung benötigten Ressourcen und Fähigkeiten. Allen dynamischen bzw. entwicklungsorientierten Theorien gemein ist, dass sie die phasen- bzw. prozessbezogene Entwicklung und Gestaltung der Beziehung thematisieren. Darüber hinaus betonen sie, dass die Bedeutung der Koordination mit zunehmender Verzahnung von Aufgaben und Prozessen zunimmt. Auch wird immer wieder darauf hingewiesen, dass der Aufbau einer funktionierenden Beziehung viel Zeit erfordere und dass sich Beziehungen aufgrund inter- und intraorganisationaler Lernprozesse über den Zeitablauf ändern.

III.2   Ansatzpunkte der organisationalen Gestaltung eines ECR-Beziehungsmanagements

Die folgenden Ausführungen beschäftigen sich mit den aus den strukturorientierten Ansätzen der Beziehungsforschung abgeleiteten Ansatzpunkten der organisationalen Gestaltung des Beziehungsmanagements im Handelsunternehmen.[558] Dabei wird zum einen die organisato-

---

[558]   Die organisationale Gestaltung beschäftigt sich mit der Konfiguration und Koordination. Unter Konfiguration wird die Zusammenfassung von Aufgaben zu Aufgabenkomplexen und deren Zuordnung zu Orga-

risch-strukturelle Einbindung des Beziehungsmanagements beschrieben und in Bezug auf ihren Beitrag zur Realisierung der in Teil II dieser Arbeit diskutierten strategischen Potenziale der ECR-Beziehung trotz der bestehenden Konflikte zwischen Händlern und Herstellern untersucht (III.2.1). Zum anderen werden branchenspezifische Determinanten zur vertikalen Verhaltensabstimmung vor dem Hintergrund der organisatorisch-strukturellen Einbindung des Beziehungsmanagements analysiert (III.2.2).

III.2.1   Organisatorisch-strukturelle Einbindung des Beziehungsmanagements

Für die organisatorisch-strukturelle Verankerung des Beziehungsmanagements bieten sich viele Detaillösungen an. An die im zweiten Teil beschriebenen Herausforderungen anknüpfend, kann die Modifikation der Organisation dadurch erfolgen, dass das Beziehungsmanagement als funktionsübergreifende Dimension verankert wird. Je nachdem, welche Bedeutung dieser zusätzlichen Dimension beigemessen wird bzw. wie groß die Bedeutung einer funktionsübergreifenden Verantwortung vor dem Hintergrund der Umsetzung der reziproken ECR-Prozesse eingeschätzt wird,[559] kann eine unterschiedliche Verankerung des ECR-Beziehungsmanagements erfolgen.

Ausgangspunkt der Untersuchung von Verankerungsalternativen ist die Frage, ob die Aufgaben des Beziehungsmanagements dezentral oder zentral verortet werden.[560] Dies bedeutet, dass sie entweder in die Primärorganisation, d.h. in die jeweilige Fachabteilung wie beispielsweise Einkauf, Marketing, Logistik etc. eingebettet oder bereichsübergreifend in einer neu geschaffenen sekundärorganisatorischen Einheit zusammengefasst werden.[561] Neben der

---

nisationseinheiten verstanden. Vgl. Koisol (1976), S. 76, Schreyögg (2008), S. 102, Vahs (2007), S. 57ff. Die im Rahmen der Konfiguration aufgebaute Organisationsstruktur im Hinblick auf die Erfüllung der Gesamtaufgabe abzustimmen, ist Inhalt der Koordination. Notwendig wird diese aufgrund der im Zuge der spezialisierten Arbeitsteilung entstandenen vielfältigen Interdependenzen und Schnittstellen zwischen den einzelnen Aufgaben, welche es miteinander in Einklang zu bringen und zu überbrücken gilt. Vgl. Ringlstetter (1997), S. 4ff., Vahs (2007), S. 106ff..

[559]   Zur Problematik verrichtungsorientierter Organisationsstrukturen im Rahmen der Demand-seitigen ECR-Konzeptbestandteile vgl. Hahne (1998), S. 70f.

[560]   Vgl. Bühner (2009), S. 121, Jung (2010), S. 274f., Möll/ Jacobsen (2002), S. 205ff., Vahs (2007), S. 57f..

[561]   Als Primärorganisation wird das aus der organisatorischen Gestaltung resultierende Ergebnis einer hierarchischen Struktur aus dauerhaft über- und untergeordneten Organisationeinheiten bezeichnet, die das organisatorische Grundgerüst des Unternehmens bilden und in diesem Sinne vornehmlich der routinemäßigen Bewältigung des Kerngeschäfts dienen. Vgl. Schmidt (2003), S. 64, Vahs (2007), S. 146. Als Sekundärorganisation wird eine hierarchieübergreifende Zusatzstruktur zur Bewältigung von Problemen verstanden, die eine gesonderte organisatorische Erfassung von zwischen den Organisationseinheiten bestehenden Interdependenzen erfordern und die deshalb in der Primärorganisation nicht effizient zu bewältigen sind. Vgl. Scherm/ Pietsch (2007), S. 155, Vahs (2007), S. 146. Zur Leistungs- und Leitungskonfiguration im Handel vgl. vertiefend auch Tietz (1993), S. 931.

Frage einer dezentralen oder zentralen Verortung stellt sich auch die Frage nach den grundsätzlichen Entscheidungs- und Weisungsbefugnissen des Beziehungsmanagements. So kann sowohl ein dezentrales als auch ein zentral verortetes Beziehungsmanagement

- für alle die Beziehung betreffenden Themen Entscheidungs- und Weisungsbefugnisse gegenüber den Fachabteilungen besitzen,

- nur für bestimmte und klar abgegrenzte Beziehungsbereiche wie beispielsweise Auswahl und Gestaltung des Beziehungsrahmen, nicht aber für operative Themen der Zusammenarbeit Entscheidungs- und Weisungsbefugnisse besitzen,

- überhaupt keine Entscheidungs- und Weisungsbefugnisse gegenüber den Fachabteilungen, sondern lediglich informationsverarbeitende und beratende Funktion besitzen.

Da sich aus den Optionen der Verortung und dem Umfang der Entscheidungs- und Weisungsbefugnisse die Bedeutung ableiten lässt, die der Beziehung beigemessen wird, stellen die dezentrale Verankerung der Beziehungsmanagementaufgaben ohne Entscheidungs- und Weisungsbefugnisse (1) und ein zentralisiertes Beziehungsmanagement mit umfangreichen Entscheidungs- und Weisungsbefugnissen (2) gewissermaßen die Eckpunkte der organisatorischen Verankerungsvorschläge des Beziehungsmanagements in der Organisation dar. Auch wenn es sich bei diesen Eckpunkten zunächst um idealtypische Lösungen handelt, die in der Realität situativ an die bestehende Organisationsstruktur und Beziehungssituation angepasst werden müssen, so können an ihnen doch grundsätzliche Vor- und Nachteile in Bezug auf die Realisierung der strategischen Potenziale einer vertikalen Zusammenarbeit im Rahmen von ECR-Partnerschaften diskutiert werden.

(1)   Dezentrale Verankerung des Beziehungsmanagements ohne Entscheidungs- und Weisungsbefugnisse

Erfolgt die organisatorische Einbindung des Beziehungsmanagements dezentral, also im Rahmen der bestehenden Primärorganisation, wird jeweils ein Beziehungsmanager in den betroffenen Fachbereichen des Händlers wie beispielsweise Einkauf, Marketing, Logistik, IT etc. benannt, der die Beziehung für seinen Fachbereich zu managen hat. Der Beziehungsmanager in der Logistik hat die Beziehung zu einem oder mehreren Herstellern dann so zu gestalten, dass der bzw. die Hersteller im Rahmen von Efficient Replenishment die Verantwortung und Steuerung einer durchgängigen Lieferkette bis in die Verkaufsstätte übernehmen können und wollen.[562] Dagegen hat der Beziehungsmanager im Marketing die Beziehung so zu gestalten, dass Händler und Hersteller im Rahmen von Efficient Promotion ihre Verkaufsförderungsmaßnahmen aufeinander abstimmen und die Werbeanstoßkette gemeinsam planen. Die Schwierigkeit hierbei ist, dass bei der Implementierung der verschiedenen Konzeptbestandteile meist mehrere Fachabteilungen betroffen sind. So sind bei Efficent Product Introduction und Efficient Store Assortement beispielsweise der Marketing- und der Verkaufsbereich von Händlern und Herstellern zur Identifikation für den Konsumenten nutzenstiftender Innovationsansätze bzw. Sortimentsveränderungen, Forschung und Entwicklung des Herstellers sowie Einkauf und Verkauf des Händlers zur Überführung der Innovationsansätze in die Handelsleistung und die IT-Abteilung zur Schaffung der dafür notwendigen Informations- und Kommunikationsverknüpfungen involviert. Zudem ist anzunehmen, dass die in den Fachbereichen verorteten Beziehungsma-nager häufig aus der Perspektive der Fachbereichsentscheider argumentieren werden und bei diesen unterschiedliche Ziel- und Interessenstrukturen vorliegen.[563] So sind Einkaufsverantwortliche beispielsweise primär an günstigen Produkten bzw. guten Konditionen interessiert, während im Verkauf die Steigerung des Kundenzuspruchs durch die Befriedigung komplexer Konsumentenbedürfnisse im Vordergrund steht und der IT-Verantwortliche ein möglichst wartungsarmes Kommunikationssystem implementieren möchte. Der Ausgleich dieser unterschiedlichen Interessen durch ein dezentrales Beziehungsmanagement führt zu einem hohen Abstimmungsaufwand, einer schwierigen Zuordnung von Verantwortung sowie mangelnder Transparenz bezüglich der Zuständigkeit für einzelne beziehungsrelevante Entscheidungen. Wegen der fehlenden Gesamtübersicht besteht die Gefahr, dass übergeordnete strategische Zielsetzungen vernachlässigt werden und sich lediglich auf den kleinsten gemeinsamen Nenner geeinigt wird.

Allerdings werden das Beziehungsmanagement und dabei insbesondere die Gestaltung einer offenen und partnerschaftlichen Beziehungsqualität stark durch das individuelle Verhalten der Beziehungsmanager der Fachbereiche beeinflusst. Daher besitzt die individuelle Beziehungsbereitschaft und -fähigkeit des Beziehungsmanagers in einem dezentralen Beziehungsmanagement mit wenigen oder keinen Weisungsbefugnissen besondere Bedeutung.[564] Als Schlüsselpersonen müssen die Beziehungsmanager über ausreichend Beziehungsbereitschaft verfügen, um als Promotoren die an der Zusammenarbeit beteiligten Mitarbeiter ohne Weisungs- und Entscheidungsbefugnisse von der ECR-Partnerschaft zu überzeugen und zu einem

---

[562] Zum ECR-Konzeptbestandteil Efficient Replenishment vgl. Unterkapitel II.2.1 dieser Arbeit.

[563] Vgl. Hahne (1998), S. 70f..

[564] Vgl. zur Beziehungsfähigkeit und Beziehungsbereitschaft vertiefend auch Petry (2006), S. 224ff..

offenen und partnerschaftlichen Verhalten zu bewegen.[565] Damit kommt den Beziehungsmanagern also eine verhaltensleitende Funktion zu.[566] In dieser Funktion haben sie betroffene Mitarbeiter auf der Hersteller- und auf der Handelsseite umfangreich über die Bedeutung und die angestrebten Zielsetzungen zu informieren. Zudem müssen sie die betroffenen Mitarbeiter motivieren, bekannte Prozesse und Arbeitsabläufe im Hinblick auf die Beziehung anzupassen, und sicherstellen, dass die an der Zusammenarbeit beteiligten Fachbereichsmitarbeiter mögliche Verhaltensspielräume nicht opportunistisch im Sinne der Fachabteilungsinteressen ausnutzen.[567]

Von Vorteil ist hierbei die Integration der Beziehungsmanagementaufgaben in den Gesamtzusammenhang der Leistungserstellung.[568] In einer dezentralen Verortung kennen die in den Funktionsbereichen an der Zusammenarbeit beteiligten Mitarbeiter den Leistungserstellungsprozess und die herstellerseitigen Partner genau. Dadurch haben sie eine detaillierte Kenntnis der Leistungsbestandteile, des Beziehungskontextes und des individuellen Partnerverhaltens. Zudem vereinfacht die genaue Prozess- und Partnerkenntnis einer langjährigen Zusammenarbeit die Entwicklung interorganisationaler Routinen zum Austausch von Wissen und kann darüber hinaus auch als informeller Governance-Mechanismus dienen und so als effektiver institutioneller Rahmenbedingung interpretiert werden.

Die Dezentralität impliziert jedoch, dass Beziehungsmanager aus Funktionsabteilungen meist stark in das operative Tagesgeschäft eingebunden sind. Das Beziehungsmanagement ist für den Beziehungsmanager dann nur Nebenaufgabe neben den Fachaufgaben der Funktionsabteilung. Dies erhöht die Gefahr, dass das Beziehungsmanagement nur nachrangige Bedeutung besitzt und deshalb vernachlässigt wird. Folglich ist gerade in einem dezentral verorteten Beziehungsmanagement mit keinen oder nur geringen Entscheidungs- und Weisungsbefugnissen darauf zu achten, dass der Beziehungsmanager seine Aufgabe ernst nimmt und auch von den fachlichen Vorgesetzen darin unterstützt wird, dem Beziehungsmanagement ausreichend Arbeitszeit zu widmen.

Darüber hinaus kann es sein, dass offene und partnerschaftliche Beziehungen der bisherigen Kultur widersprechen.[569] Beispielsweise ist es schwer vorstellbar, dass ein Einkäufer, der bisher lediglich auf möglichst günstige Konditionen zielte, als Beziehungsmanager eine offe-

---

[565]   Promotoren sind Menschen, die eine Strategieverwirklichung in Unternehmen als Impulsgeber und Multiplikatoren vorantreiben. Vgl. zum Promotorenkonzept vertiefend Anwander (2002), Hauschildt/ Witte (1999), Hauschildt (1998) und Witte (1973).

[566]   Vgl. Bleicher (2004), S. 89.

[567]   Vgl. Möll/ Jacobsen (2002), S. 205f..

[568]   Vgl. Sabath/ Autry/ Daugherty (2001), Sheu/ Yen/ Chae (2006).

[569]   Vgl. Elg/ Heli (2008), S. 225f.

ne und partnerschaftliche Beziehung mit den Herstellern anstreben wird. Daher ist in einem dezentral verorteten Beziehungsmanagement besonders darauf zu achten, dass der Beziehungsmanager von den strategischen Beziehungszielen wirklich überzeugt und auch bereit ist, das dafür notwendige offene und partnerschaftliche Verhalten und die prozessualen Verknüpfungen auch gegen Widerstand in seiner Fachabteilung durchzusetzen. Fehlende Entscheidungs- und Weisungsbefugnisse können dies jedoch verhindern.

Wegen fehlender Entscheidungs- und Weisungsbefugnisse ist es von besonderer Bedeutung, dass die fachliche Kompetenz von den betroffenen Fachmitarbeitern anerkannt wird, da das Verhalten so eine stärkere Vorbildfunktion besitzt und damit stärker verhaltenslenkend wirkt als das Verhalten eines unbekannten Beziehungsmanagers ohne fachliche Kompetenz. Beispielsweise wird ein Beziehungsmanager aus der Marketingabteilung, der umfangreiches Know-how im Bereich der Verkaufsförderung besitzt, eine höhere Glaubwürdigkeit besitzen, wenn er Vorteile einer abgestimmten Verkaufsförderung im Rahmen von Efficient Promotion erläutert, als ein Beziehungsmanager, dem keinerlei fachliche Kompetenz in der Verkaufsförderung zugestanden wird.

Neben der grundsätzlichen Beziehungsbereitschaft benötigt der Beziehungsmanager auch noch eine über seine fachliche Kompetenz hinausgehende Beziehungsfähigkeit. Da, wie in Teil zwei ausführlich diskutiert, ein wesentliches Ziel die Ausschöpfung strategischer Potenziale der ECR-Partnerschaft durch die Investition in beziehungsspezifische Ressourcen, den Austausch von Wissen durch interorganisationale Routinen und die Verknüpfung komplementärer Ressourcen und Kompetenzen von Händler und Hersteller ist, müssen Beziehungsmanager eigene Ressourcen und Kompetenzen kennen und Schwachstellen finden sowie komplementäre Ressourcen und Fähigkeiten bei den Herstellern identifizieren können. Zudem müssen diese dann in der Lage sein, eine Prozessstruktur zu entwerfen, dass die komplementären Ressourcen und Kompetenzen den Partnern zugänglich werden, ohne dass die Effizienz der innerbetrieblichen Leistungserstellung dadurch sinkt.

Eine dezentrale Verortung des Beziehungsmanagements scheint hierfür auf den ersten Blick sehr geeignet, da die Fachkompetenz eines in der Funktionsabteilung verankerten Beziehungsmanagers die Identifikation von komplementären Ressourcen und Kompetenzen unterstützt. Allerdings können politische Interessen der Fachabteilung eine vorteilhafte Zusammenarbeit verhindern, wenn der Beziehungsmanager beispielsweise Mängel in der eigenen Ressourcen- und Kompetenzausstattung erkannt hat und der entscheidungs- und weisungsbefugte Fachabteilungsverantwortliche die Aufgaben oder Funktionen trotz komplementärer Ressourcen und Fähigkeiten z.B. aus Angst vor Macht- oder Bedeutungsverlust der eigenen Funktionsabteilung nicht an die Hersteller übertragen möchte.

Zusammenfassend kann festgehalten werden, dass eine dezentrale Verankerung des Beziehungsmanagements und Integration der Beziehungsmanagementaufgaben in den Kontext der Leistungserstellung im Hinblick auf die effizienzbezogenen Ziele der ECR-Partnerschaft relativ unproblematisch erscheint. Eine umfangreiche und nachhaltige Realisierung der strategischen ECR-Zielsetzungen erscheint wegen der fehlenden Gesamtübersicht und des daraus resultierenden hohen Abstimmungsaufwandes aufgrund der schwierigen intra- und interorganisatorischer Abstimmung von Fachbereichsinteressen ohne Entscheidungs- und Weisungsbefugnisse jedoch äußerst problematisch.

(2)   Zentrale Verankerung des Beziehungsmanagements mit eigenen Entscheidungs- und Weisungsbefugnissen

In diesem Fall erfolgt die organisatorische Einbindung des Beziehungsmanagements im Rahmen einer neu geschaffenen, sekundären Organisation wie beispielsweise einer ECR-Abteilung, in der alle Aufgaben des Beziehungsmanagements der ECR-Partnerschaften fachbereichsübergreifend gebündelt werden und die relativ umfangreiche beziehungsbezogene Entscheidungs- und Weisungsbefugnisse gegenüber den Fachabteilungen besitzt. Zum einen kann die ECR-Beziehung dadurch über alle Fachbereiche und ECR-Konzeptbestandteile hinweg gestaltet und entwickelt werden. Zum anderen wird aber gleichzeitig auch ein Überblick über das ECR-Partnerschaftportfolio insgesamt möglich.[570] Der Gesamtüberblick ist insbesondere für die strategischen Zielsetzungen der Konzeptbestandteile Efficient Product Introduction, Efficient Promotion und Efficient Store Assortement von Bedeutung, weil die dafür notwendige enge Abstimmung der absatzpolitischen Instrumente wie beispielsweise Produktentwicklung, Ladengestaltung, Werbung und Verkaufsförderungsaktionen mehrdimensionale Prozesse zwischen Händler und Hersteller über verschiedene Fachbereiche hinweg erfordern.[571] Folglich stellen strategische ECR-Zielsetzungen höhere Anforderungen an den fachbereichsübergreifenden Abstimmungsbedarf und den Anpassungsumfang organisationsinterner Abläufe.[572] Um flexibel auf unterschiedliche Beziehungsanforderungen reagieren zu können, sollten starre und stark standardisierte Prozesse vermieden werden und dynamische Anpassungen der fachbereichsbezogenen Abläufe und Aufgaben in der Interaktion von Händler und Hersteller möglich sein.[573] Dadurch sinken jedoch die durch Standardisierung von Interaktionsprozessen erzielten Effizienzgewinne. Da Effizienzverluste den Funktionsbereichen

---

[570]   Vgl. Sabath/ Autry/ Daugherty (2001), S. 99ff., Sheu/ Yen/ Chae (2006), S. 26ff..
[571]   Vgl. Unterkapitel II.2.2 dieser Arbeit.
[572]   Vgl. Elg (2007), S. 293.
[573]   Vgl. Möll/ Jacobsen (2002), S. 208ff..

meist direkt zugeordnet und daraus resultierende mehrwertgenerierende Verbesserungen der Handelsleistung nur allgemein am Ende des Leistungserstellungsprozesses beurteilt werden können, scheint es plausibel, dass die betroffenen Funktionsbereiche primär versuchen, die für sie effizientesten Lösungen durchzusetzen, auch wenn diese negative Folgen für die strategischen Zielsetzungen der ECR-Partnerschaft haben. Um die strategischen Potenziale der ECR-Partnerschaft abzuschöpfen, muss das Beziehungsmanagement also funktionsbereichsübergreifende und interorganisationale Gesamtzusammenhänge erfassen und in reziproken Prozessstrukturen denken.[574] Ein zentrales Beziehungsmanagement, das als eine Art Querschnittfunktion die reziproken Prozesse über die verschiedenen Funktionsbereiche von Händler und Hersteller überblickt und darüber hinaus auch die Entscheidungs- und Weisungsbefugnisse besitzt, die Aktivitäten der Fachbereiche auf die strategischen ECR-Ziele auszurichten, scheint daher einem dezentralen Beziehungsmanagement überlegen zu sein, das sich eher an den operativen Erfordernissen des jeweiligen Funktionsbereichs orientiert.

Neben der Bedeutung eines zentralen Beziehungsmanagements für die Gesamtübersicht zur Berücksichtigung der fachbereichsübergreifenden strategischen ECR-Zielsetzungen kann davon ausgegangen werden, dass ein zentralisiertes und mit eigenen Entscheidungs- und Weisungsbefugnissen ausgestattetes Beziehungsmanagement und die dadurch entstehenden zusätzlichen Organisationskosten auch dann gerechtfertigt sind, wenn dadurch ein gewisser Spezialisierungsvorteil im Unternehmen realisiert werden kann.[575] Indem die Kenntnisse an einem Ort im Unternehmen zusammenlaufen, kann verallgemeinerbares Beziehungswissen generiert, in geeignete Maßnahmen und Aktivitäten umgesetzt und für weitere Beziehungen genutzt werden. Dies ist insbesondere dann der Fall, wenn der Händler sich in einer Vielzahl von Partnerschaften befindet und sich diese in ihrer grundsätzlichen Ausrichtung ähneln. Wegen der hohen Anfangsinvestitionen in Informations- und Kommunikationstechnologie ist anzunehmen, dass der Händler ECR-Aktivitäten nicht auf einen Sortimentsbereich oder einen Hersteller beschränken, sondern vielmehr eine Zusammenarbeit mit verschiedenen Herstellern aus den unterschiedlichen Sortimentsbereichen anstreben wird und folglich verschiedene ECR-Partnerschaften mit ähnlichen Zielsetzungen gleichzeitig zu managen hat.[576] Ist dies der Fall, können dem zentralen Beziehungsmanagement gewisse Spezialisierungsvorteile unterstellt werden. Bestehen jedoch maßgebliche Unterschiede zwischen den angestrebten Zielen und der inhaltlichen Ausgestaltung der ECR-Beziehungen, ist das Wissen über das Manage-

---

[574] Vgl. Fang/ Wu Jyh-Jeng/ Fang/ Chang/ Chao (2008), S. 977ff., Sheu/ Yen/ Chae (2006), S. 24ff..

[575] Analog zu Spezialisierungsvorteilen bei kundengruppen- oder auch produktgruppenorientierten Organisationsprinzipien. Vgl. Staehle/ Conrad/ Sydow (1999), S. 669f..

[576] Vgl. Kapitel II.2 dieser Arbeit.

ment der Beziehungen nur begrenzt zu übertragen und zu generalisieren. Dies ist beispielsweise der Fall, wenn mit einem Hersteller primär strategische Zielsetzungen durch Efficient
Product Introduction angestrebt werden und eine andere Partnerschaft hauptsächlich auf effizienzbezogene Zielsetzungen im Rahmen von Efficient Replenishment abzielt.[577] In einem
solchen Fall lassen sich Know-how und Kenntnisse bezüglich Kompetenzlücken, komplementärer Ressourcen oder interorganisationaler Routinen zum Austausch von Wissen von
einer Beziehung kaum auf die andere Beziehung übertragen. Auch bedarf es dann sehr unterschiedlicher beziehungsbezogener Investitionen. Bei Efficient Product Introduction ist beispielsweise in eine gemeinsame Produktentwicklung, d.h. vom Händler z.B. in warengrup-
penspezifische Marktforschung zu investieren. Im Rahmen von Efficient Replenishment muss
dagegen in ein durchgängiges und gemeinsames Warenwirtschaftssystem investiert werden.

Die Spezialisierung des Beziehungsmanagements verringert darüber hinaus die Gefahr,
dass das Beziehungsmanagement vernachlässigt wird, da es nicht durch das operative Tagesgeschäft behindert wird. Zudem steigert es auch die Wahrnehmung der beziehungsbezogenen
Maßnahmen und Aktivitäten und damit die von Organisationsmitgliedern und Beziehungspartnern empfundene Bedeutung des Beziehungsmanagements. Da gerade die strategischen
ECR-Zielsetzungen mit nicht unerheblichen beziehungsspezifischen Vorleistungen verbunden
sind und gleichzeitig auch ein hohes Konfliktpotenzial besitzen, kann ein zentrales Beziehungsmanagement notwendig sein, um überhaupt erst die Bereitschaft der Hersteller zu risi-
koreichen, beziehungsspezifischen Investitionen zu schaffen. So kann ein zentrales Beziehungsmanagement beispielsweise im Bereich des Efficient Product Introduction darauf einwirken, dass trotz der gegensätzlichen Interessen aufgrund der Produktorientierung des Herstellers und Betriebsstätten- bzw. Sortimentsorientierung des Händlers sensible Informationen
zur Neuproduktentwicklung weitergebenen werden, da es im Vergleich zu einem in den Funktionsbereichen verorteten dezentralen Beziehungsmanagement eine höhere Glaubwürdigkeit
besitzt, die opportunistische Ausnutzung von Verhaltensspielräume in den Fachbereichen zu
unterbinden.

Darüber hinaus stellt ein zentrales Beziehungsmanagement mit Entscheidungs- und Weisungsbefugnissen eine einheitliche Beziehungsbereitschaft über die verschiedenen Fachbereiche und über die verschiedenen Konzeptbestandteile sicher. So wird gewährleistet, dass sich
die Beziehungspartner darauf verlassen können, dass unabhängig von der individuellen Be-
ziehungseinstellung der an der Zusammenarbeit beteiligten Fachbereichsmitarbeiter einheitli-

---

[577]   Vgl. zu den Zielsetzungen der verschiedenen Konzeptbestandteile Unterkapitel II.2.1. dieser Arbeit.

che Standards bezüglich des Verhaltens gegenüber dem Beziehungspartner und damit der Beziehungsqualität herrschen.

Bei der Ausstattung mit Entscheidungs- und Weisungsbefugnissen eines zentralen Beziehungsmanagements ist zu berücksichtigen, dass die verhaltensleitende Wirkung der Beziehungsmanager bzw. ihre Promotoren-Rolle wahrscheinlich schwächer ist als die von dezentralen Beziehungsmanagern in den Funktionsbereichen, weil sie weniger fachbezogene Kompetenzen besitzen. Daher ist sicherzustellen, dass sie mit ausreichend Entscheidungs- und Weisungsbefugnissen ausgestattet werden, damit sie ohne umfassende fachliche Anerkennung, d.h. ohne fachliche Vorbildfunktion verhaltenslenkend wirken können.

Neben der Sicherstellung der grundsätzlichen Beziehungsbereitschaft ist auch die Beziehungsfähigkeit eines zentral verankerten Beziehungsmanagements zu berücksichtigen. Da die Beziehungsmanager nicht mehr zwangsläufig auch fachliche Kompetenz besitzen, muss in einem zentralen Beziehungsmanagement sichergestellt werden, dass die Beziehungsmanager Leistungserstellungsprozesse innerhalb der Fachabteilungen ausreichend kennen, um fehlende Ressourcen zu identifizieren, komplementäre Kompetenzen zu erkennen und Prozesse zum Austausch von relevantem Wissen zu gestalten.

Zusammenfassend bleibt festzuhalten, dass ein zentrales Beziehungsmanagement mit umfangreichen Entscheidungs- und Weisungsbefugnissen besser als ein dezentrales Beziehungsmanagement geeignet erscheint, die strategischen Beziehungsziele neben den operativen Interessen der Fachbereiche zu berücksichtigen, weil es den gesamten Leistungserstellungsprozess überblickt (vgl. Abb. III-2).[578] Dadurch kann gewährleistet werden, dass Effizienzgewinne und -verluste über verschiedene Fachbereiche hinweg sowie nicht fachbereichsbezogene Effektivitätsgewinne und -verluste der Handelsleistung gleichzeitig berücksichtigt werden. Eine Ausstattung mit beziehungsbezogenen Entscheidungs- und Weisungsbefugnissen stellt darüber hinaus sicher, dass geeignete Maßnahmen und Aktivitäten unabhängig von fachbereichsspezifischen Interessen entwickelt und durchgesetzt werden können. Zudem können einheitliche Standards bezüglich des Umgangs mit Beziehungspartnern und damit auch für die Beziehungsqualität geschaffen werden. Allerdings geht durch die Zentralisierung der Beziehungsmanagementaufgaben deren Integration in den Prozess der eigentlichen Leistungserstellung und die damit einhergehenden Vorteile eines dezentralen Beziehungsmanagements verloren. In Bezug auf die Beziehungsbereitschaft und -fähigkeit bleibt deshalb festzuhalten, dass die Vorteile einheitlicher und fachbereichsübergreifender Beziehungsbereitschaft eines zentralen Beziehungsmanagements mit den Vorteilen der höheren Fachkompetenz und der detaillierten

---

[578] Vgl. ElgElg/ Heli (2008), S. 230, Möll/ Jacobsen (2002), S. 207.

Prozesskenntnis von Beziehungsmanagern in den Fachabteilungen abgewogen werden müssen.

Abb. III-2:   *Verankerung des ECR-Beziehungsmanagements zwischen Integrations- und*
             Spezialisierungsvorteilen
             (Quelle: Eigene Darstellung)

Ob das Beziehungsmanagement letztendlich zentral verortet werden soll, hängt somit davon ab, ob die ECR-Zielsetzungen eher strategisch oder effizienzorientiert ausgerichtet sind und ob die Spezialisierungsvorteile einer zentralen Organisation die operativen Vorteile einer Integration des Beziehungsmanagements in bestehende Fach- bzw. Funktionsbereiche überwiegen.

III.2.2   Branchenspezifische Determinanten einer herstellergerichteten Beziehungssteuerung

Nachdem im letzten Unterkapitel die zwei Eckpunkte der organisatorischen Verankerung des Beziehungsmanagements vor dem Hintergrund der strategischen ECR-Zielsetzungen diskutiert wurden, wird im Folgenden untersucht, wie das Beziehungsmanagement lenkend auf die Zusammenarbeit von Händlern und Herstellern einwirken kann. Die Beeinflussung der Beziehung ist von besonderer Bedeutung, weil die Realisierung strategischer Potenziale einer vertikalen Zusammenarbeit im Rahmen von ECR-Partnerschaften durch die Zieldivergenzen von Händlern und Herstellern und den daraus resultierenden Konflikten in Bezug auf die Ausgestaltung der absatzpolitischen Instrumente sowie der opportunistischen Ausnutzung von Verhaltensspielräumen durch die Beteiligten gefährdet wird.[579] Im Folgenden sind deshalb Mechanismen und Instrumente zu untersuchen, die den Beziehungsmanagern zur Verfügung stehen, um Spannungsverhältnisse innerhalb der Beziehung zu entschärfen, kontraproduktive Wirkungen von konfrontativen Verhaltensweisen zu vermeiden und die Zusammenarbeit in Bezug auf die strategischen Zielsetzungen der ECR-Partnerschaft kooperativ zu gestalten.[580]

Grundsätzlich kann zwischen zwei Mechanismen zur Beeinflussung von Entscheidungen unterschieden werden: Steuerung und Integration.[581] Im Rahmen einer Steuerung versucht das Beziehungsmanagement des Händlers selbst, die Entscheidungen der an der Zusammenarbeit beteiligten Personen zu beeinflussen bzw. zu steuern. Beispielsweise können spezifische Autorisierungsrechte für konkret definierte Entscheidungsbereiche auf die verschiedenen beteiligten Mitarbeiter vergeben oder Managementsysteme implementiert werden, in deren Rahmen Regeln definiert werden, welche Entscheidungen in welcher Art und an welcher Stelle zu treffen sind.[582] Darüber hinaus sind im Sinne einer Aktorenorientierung gemeinsame Normen und allgemein anerkannte Verhaltensweisen zu entwickeln, welche die Zusammenarbeit fördern, Spannungen in der Beziehung verringern und kontraproduktive Verhaltensweisen verhindern.[583] Hierunter fallen auch beziehungsspezifische Anreizsysteme, die ein aktives und

---

[579]   Vgl. Vazquez/ Iglesias/ Alvarez-Gonzales (2005), S. 125ff.; und zu den Konflikten zwischen Händlern und Herstellern in Bezug auf die Ausgestaltung der absatzpolitischen Instrumente vgl. Unterkapitel II.1.2.

[580]   Vgl. zu möglichen Verhaltensweisen bei einer vertikalen Zusammenarbeit Abschnitt II.1.1 (1).

[581]   Vgl. Ringlstetter (1997), S. 104ff..

[582]   Vgl. Ringlstetter (1997), S. 141ff.. Koordination auf Basis von Autorisierungsrechten wird in der Literatur meist als „hierarchische Koordination" bezeichnet. Vgl. dazu Ringlstetter (1997), S. 136 und die dort angegebene Literatur. Organisatorische Regeln und Regelsysteme, die nicht der Basisorganisation zugerechnet werden und der Beeinflussung von organisatorischen Teileinheiten dienen, werden Managementsysteme genannt. Vgl. vertiefend Kirsch/ Maaßen (1990), S. 3ff., Kirsch (1990), S. 48ff., Ringlstetter (1995), S. 155, Ringlstetter (1997), S. 104ff..

[583]   Vgl. Ringlstetter (1995), S. 212ff., Ringlstetter (1997), S. 120ff.. Zur Bedeutung von Normen in der Händler-Hersteller-Beziehung vgl. auch Jap/ Ganesan (2000).

zielgerichtetes Mitwirken der beteiligten Mitarbeiter an der Zusammenarbeit fördern, sowie eine den Zielen der Zusammenarbeit entsprechende Personalpolitik.

Als zweite Möglichkeit können Integrationsmechanismen genutzt werden, welche die Wahrscheinlichkeit einer wechselseitigen Selbstabstimmung erhöhen.[584] Integrationsmechanismen sollen durch zielgerichtetes Einwirken auf Kontexte und Rahmenbedingungen die Gefahr opportunistischen Handelns trotz vorhandener Gestaltungsspielräume reduzieren.[585] Darüber hinaus können so auch noch Informationsasymmetrien zwischen Leitung und Teileinheit hinsichtlich realisierbarer Leistungsbeziehungen überwunden werden.[586]

In den letzten Jahren gab es eine Vielzahl unterschiedlicher Studien, welche die verschiedenen Koordinationsmechanismen und -instrumente der Händler-Hersteller-Beziehung untersucht haben.[587] Werden die Ergebnisse näher betrachtet, fällt auf, dass die verschiedenen Mechanismen und Instrumente stark interdependent und daher nicht isoliert voneinander zu verstehen sind, sondern vielmehr in ihrer Gesamtheit beachtet werden müssen. Im Folgenden werden zuerst Vertrauen des Herstellers und Reputation des Händlers als Ansatzpunkte einer Beeinflussung der Beziehung untersucht, da sie anscheinend bedeutsame integrative Mechanismen der Beziehungssteuerung und damit auch entscheidende Determinanten der Beziehungsqualität im Handel darstellen (1). Im Anschluss daran werden mit dem Schaffen von Anreizen zu ECR-Aktivitäten und der Signalisierung von Beziehungscommitment zwei weitverbreitete aktorenorientierte Ansätze skizziert, die zur Sicherung einer offenen und partnerschaftlichen Zusammenarbeit beitragen (2). Vertrauen und Reputation sowie Anreize und Commitment sind daher bedeutende informale Mechanismen einer branchenspezifischen Beziehungsbeeinflussung. Der Umfang des Informationsaustausches und Grad an Formalisierung (3) sowie Gewährleistung der Messbarkeit und Kontrolle des Grades der Zielerreichung (4) werden schließlich als maßgebliche Mechanismen einer formalen Steuerung der Zusammenarbeit von Händlern und Herstellern diskutiert. In Abbildung III-3 sind die im Folgenden diskutierten Koordinationsmechanismen eines herstellergerichteten Beziehungsmanagements zusammengefasst.

---

[584]   Vgl. auch Backmann/ Ringlstetter (2001), S. 44f., der zwischen direkter Intervention und Integration unterscheidet.
[585]   Vgl. Ringlstetter (1995), S. 136.
[586]   Vgl. Ringlstetter (1995), S. 136.
[587]   Zu den Veröffentlichungen, welche mögliche Koordinationsmechanismen der Händler-Hersteller-Beziehung untersucht haben, vgl. vertiefend die folgenden Abschnitte und die dort angegebene Literatur.

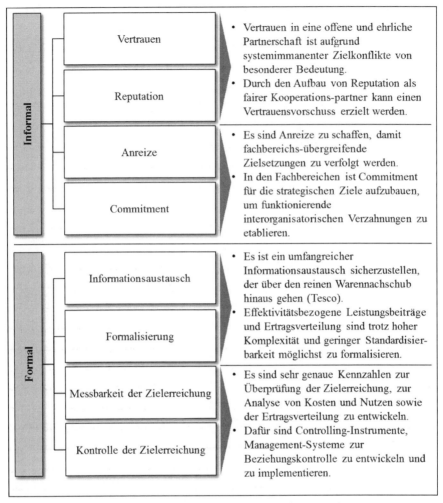

Informal	Vertrauen	• Vertrauen in eine offene und ehrliche Partnerschaft ist aufgrund systemimmanenter Zielkonflikte von besonderer Bedeutung. • Durch den Aufbau von Reputation als fairer Kooperations-partner kann einen Vertrauensvorschuss erzielt werden.
	Reputation	
	Anreize	• Es sind Anreize zu schaffen, damit fachbereichs-übergreifende Zielsetzungen zu verfolgt werden. • In den Fachbereichen ist Commitment für die strategischen Ziele aufzubauen, um funktionierende interorganisatorischen Verzahnungen zu etablieren.
	Commitment	
Formal	Informationsaustausch	• Es ist ein umfangreicher Informationsaustausch sicherzustellen, der über den reinen Warennachschub hinaus gehen (Tesco). • Effektivitätsbezogene Leistungsbeiträge und Ertragsverteilung sind trotz hoher Komplexität und geringer Standardisier-barkeit möglichst zu formalisieren.
	Formalisierung	
	Messbarkeit der Zielerreichung	• Es sind sehr genaue Kennzahlen zur Überprüfung der Zielerreichung, zur Analyse von Kosten und Nutzen sowie der Ertragsverteilung zu entwickeln. • Dafür sind Controlling-Instrumente, Management-Systeme zur Beziehungskontrolle zu entwickeln und zu implementieren.
	Kontrolle der Zielerreichung	

Abb. III-3:   *Bedeutende branchenspezifische Koordinationsmechanismen eines herstellergerichteten Beziehungsmanagements im Handel (Quelle: Eigene Darstellung)*

(1)   Vertrauen des Herstellers und Reputation des Händlers

Eine wesentliche Determinante für das Ausmaß der Zusammenarbeit zwischen Händlern und Herstellern scheint Vertrauen zu sein.[588] Klaus (2002) definiert Vertrauen allgemein wie folgt:

---

[588]   Vgl. bspw. die Veröffentlichungen von Adjei/ Griffith/ Noble (2009), Anderson/ Narus (1990), Corsten/ Kumar (2005), Ganesan (1994), Liu/ Tao/ Yuan/ El-Ansary (2008), Morgan/ Hunt (1994), Ryals/

„Unter Vertrauen ist die freiwillige Erbringung einer riskanten Vorleistung zu verstehen, die unter dem Verzicht auf explizite vertragliche Sicherungs- und Kontrollmaßnahmen gegen opportunistisches Verhalten in der Erwartung erfolgt, dass sich der andere nicht opportunistisch verhalten wird." (Klaus (2002), S. 120)[589]

Die Studie von Holden und O'Toole (2004) induziert, dass Händler und Hersteller sich der Bedeutung von Vertrauen zur Realisierung partnerschaftlicher Zusammenarbeit zwar bewusst sind, dass ihre Beziehung jedoch oft von nicht unerheblichem Misstrauen geprägt ist.[590] Darüber hinaus haben das Verhalten und die Entwicklungen der jüngsten Vergangenheit sicherlich auch nicht zur Vertrauensbildung zwischen Herstellern und Händlern beigetragen. So gaben die Händler beispielsweise die durch die Scanner-Technologie gewonnenen POS-Daten oft nicht an die Hersteller weiter und haben sie auch nicht im Sinne einer gemeinschaftlichen Weiterentwicklung der Leistung genutzt. Vielmehr haben Händler die aus den detaillierten Abverkaufsdaten gewonnenen Erkenntnisse dazu genutzt, ihre Verhandlungsposition gegenüber den Herstellern auszubauen.[591] Jap (2001) bemerkt in diesem Zusammenhang:

"how the sharing process affects the relationship also carries long-term ramifications. In many industries, organizations need to work with each other on a repeated basis. If organizations act opportunistically in the short run, they may develop a negative reputation that will inhibit other organizations from working with them in the future." (Jap (2001), S. 88)

Für die Analyse, wie sich Vertrauen auf die Zusammenarbeit auswirkt, können verschiedene Vertrauenstypen unterschieden werden. So kann sich Vertrauen auf das Partnerunternehmen selbst („institutionelles Vertrauen") oder auf bestimmte Personen im Partnerunternehmen („charakterbasiertes Vertrauen") beziehen.[592] Das institutionelle Vertrauen resultiert dabei primär aus dem Glauben an bestimmte Prinzipien und Regeln innerhalb der Beziehung, während das charakterbasierte Vertrauen eher aus persönlichen Kontakten resultiert.[593] Beide sind jedoch stark interdependent. Darüber hinaus wird oft zwischen zwei weiteren Vertrauenstypen unterschieden: dem „Credibility Trust" und dem „Benevolence Trust".[594] Als „Credibility Trust" wird das Vertrauen bezeichnet, dass der Vertrauenspartner die benötigte Expertise zur Erreichung der gemeinsamen Ziele besitzt. Unter „Benevolence Trust" wird dagegen das Vertrauen der einen Partei darauf verstanden, dass die andere Partei die eigenen Schwachstellen nicht zu ihrem Vorteil nutzen wird, auch wenn der Vertrauensbruch einen größeren Vorteil

---

[589] Humphries (2007), S. 315: 314, Sahay (2003), Sheu/ Yen/ Chae (2006), Vazquez/ Iglesias/ Alvarez-Gonzales (2005), Weinberg/ Diehl/ Terlutter/ Purper (2003), Wong/ Johanson (2008).
Vgl. für eine vertiefende Definition auch Fischer (2006), S. 176f..

[590] Vgl. Holden/ O'Toole (2004), S. 1063ff..

[591] Vgl. Lynch (1990), S. 163f., Salditt (2008), S. 169.

[592] Vgl. Fischer (2006), S. 179, Ring/ van de Ven (1994), Salditt (2008), S. 167.

[593] Vgl. Sydow/ Windeler (2003), S. 74, Wojda/ Herfort/ Barth (2006), S. 22f..

[594] Vgl. beispielsweise Ganesan (1994), S. 1ff., Heikkilä (2002), S. 747ff., Liu/ Tao/ Yuan/ El-Ansary (2008), S. 12f., Vazquez/ Iglesias/ Alvarez-Gonzales (2005), S. 131.

mit sich bringt als die Aufrechterhaltung der vertrauensbasierten Beziehung. Das Vertrauen kann sich in beiden Fällen auch wieder eher auf eine Person oder das Unternehmen beziehen. Die verschiedenen Vertrauenstypen wirken sich in sehr unterschiedlicher Weise auf die Beziehung von Händlern und Herstellern aus. Allgemein kann jedoch angenommen werden, dass Vertrauen dabei hilft, Unsicherheit zu bewältigen, beziehungsspezifische Investitionen zu tätigen, und damit Transaktionskosten reduziert und so zu einer verbesserten Abschöpfung relationaler Renten aus der ECR-Partnerschaft beiträgt.[595] Durch Benevolence Trust kann die Bereitschaft der Hersteller zu beziehungsspezifischen Vorleistungen gesteigert werden, auch wenn nicht alle Eventualitäten in Bezug auf eine mögliche opportunistische Nutzung der Vorleistung vertraglich ausgeschlossen werden können. So muss der Hersteller im Rahmen von Efficient Product Introduction beispielsweise in eine gemeinsame Handelsmarkenentwicklung mit dem Händler investieren. Da die möglichen Erträge aus dieser Investition in der Zukunft liegen und für den Hersteller kaum zu prüfen sind, besitzt der Händler jedoch Verhaltensspielräume, den Hersteller später nicht ausreichend zu beteiligen. Damit der Hersteller also bereit ist, sich an der Handelsmarkenentwicklung zu beteiligen, muss er dem Händler bis zu einem bestimmten Grad vertrauen, dass dieser ihn später gerecht an den Erträgen aus dem Verkauf der Handelsmarke beteiligt. Der „Benevolence Trust" ist daher insbesondere bei einer intensiven Zusammenarbeit von Bedeutung, deren Erfolg stark vom gegenseitigen Miteinander bzw. reziproken Austauschbeziehungen abhängt und bei der die Partner Handlungsspielräume haben, sich opportunistisch zu verhalten.[596]

Ganz allgemein kann angenommen werden, dass gemeinsame positive Erfahrungen in Bezug auf die Bewältigung schwieriger Situationen oder den Umgang mit Konflikten sowohl das institutionelle und charakterbasierte Vertrauen als auch „Benevolence Trust" und „Credibility Trust" verbessern können, da Unsicherheit in Bezug auf die Fähigkeiten und das Verhalten des Partners reduziert werden. Weil Vertrauen also stark mit positiven Erwartungen zusammenhängt, kann angenommen werden, dass umfangreiche und offene Kommunikation sowie gemeinsame Normen und Werte in Bezug auf den Umgang miteinander eine große Rolle beim Aufbau von Vertrauen spielt.[597]

Zur Herstellung von Benevolence Trust ist Vertrauen in spezifische Personen wichtig. Da jedoch eine gewisse Unsicherheit besteht, dass diese Personen auch noch in der Zukunft über die Zusammenarbeit entscheiden, bedarf es darüber hinaus auch eines institutionellen Ver-

---

[595]   Vgl. Anderson/ Narus (1990), S. 42ff., Elg/ Heli (2008), S. 230f., Liu/ Tao/ Yuan/ El-Ansary (2008), S. 12f., Sheu/ Yen/ Chae (2006), S. 26f..

[596]   Vgl. Eberl/ Kabst (2006), S. 108, Ganesan (1994), S. 1ff., Vazquez/ Iglesias/ Alvarez-Gonzales (2005), S. 131f..

[597]   Vgl. Ploetner/ Ehret (2006), S. 7.

trauens. Der Hersteller wird nur zu Vorleistungen bereit sein, wenn er darauf vertraut, dass die einmal gemachten Zusagen in Zukunft unabhängig von der Person, welche die Zusagen gegeben hat, vom Handelsunternehmen eingehalten werden. Institutionelles Vertrauen kann daher als Voraussetzung für die Bildung von Benevolence Trust angesehen werden, während charakterbasiertes Vertrauen unterstützend und verstärkend wirkt.

In Bezug auf den Credibility Trust erscheint charakterbasiertes Vertrauen ungleich bedeutender, da die Fähigkeit, abgesprochene Leistungen zu erbringen, eher direkt auf Personen bezogen wird. Wenn kein Vertrauen darin besteht, dass die an der Zusammenarbeit beteiligten Personen die Fähigkeiten besitzen, die angestrebten Ziele zu erreichen, dann wird es kaum zu Investitionen oder dem Austausch von Wissen zwischen Händlern und Herstellern kommen – auch nicht, wenn dem Partner grundsätzlich geglaubt wird, dass er die abgesprochenen Ziele anstrebt. Wenn der Händler beispielsweise im Rahmen von Efficient Product Introduction nicht glaubt, dass die Mitarbeiter des Herstellers in der Lage sind, das Shopper-Verhalten auf Basis der Verkaufszahlen des Händlers zu analysieren, wird er diese sensiblen Informationen kaum weitergeben. Nur wenn ein Vertrauen sowohl in den Hersteller insgesamt als auch in die individuellen Fähigkeiten der Mitarbeiter des Herstellers besteht, wird der Händler bereit sein, gemeinsam mit dem Hersteller Produkte auf Basis eigener sensibler Verkaufsdaten zu entwickeln. Eine hohe Mitarbeiterfluktuation und oft wechselnde Verantwortlichkeiten sind vor diesem Hintergrund als problematisch anzusehen, da sie die Bildung von charakterbasiertem Vertrauen erschweren.[598]

Wie im letzten Unterkapitel diskutiert, kann ein zentrales Beziehungsmanagement fachbereichsübergreifende und personenunabhängige Standards in Bezug auf das Verhalten gegenüber den Partnern sicherstellen und verfolgt keine fachbereichsspezifischen Zielsetzungen. Daher erscheint zur Gewährleistung eines umfassenden Benevolence Trust und eines ausgeprägten institutionalisierten Vertrauens ein zentral verankertes Beziehungsmanagement besser geeignet als ein dezentrales Beziehungsmanagement mit verschiedenen Beziehungsmanagern aus den Fachabteilungen. Zur Bildung von Credibility Trust kann es jedoch von Vorteil sein, wenn der Beziehungsmanager in den Leistungserstellungsprozess integriert ist, weil er dadurch höhere fachliche Kompetenz besitzt und möglicherweise schon im Rahmen der klassischen Austauschbeziehungen erfolgreich mit Mitarbeitern des Herstellers gearbeitet hat.

Eng verbunden mit Vertrauen ist auch Reputation. Diese entwickelt sich aus den vergangenen Handlungen der jeweiligen Akteure und bezieht sich auf die Verpflichtung zu bestimm-

---

[598]   Vgl. Elg/ Heli (2008), S. 227.

ten Normen und Verhaltensregeln.[599] Besondere Bedeutung besitzt Reputation in Beziehungs-situationen, die durch hohe Unsicherheit geprägt sind, da zukünftiges Verhalten berechenba-rer wird, dadurch die theoretisch möglichen Handlungsoptionen reduziert werden, die Prob-lemlösungsfähigkeit bei inkommensurablen Situationsdefinitionen steigt und dadurch Ent-scheidungsprozesse und Informationssuche beschleunigt werden können.[600] Da sich mehr-wertbezogene Ideen und Konzepte zu Anfang häufig nicht quantitativ begründen lassen, stei-gert beispielsweise eine positive Reputation als erfolgreicher Innovator die Bereitschaft des Handels, neue Produktkonzepte bzw. Leistungskonzepte der Hersteller zu akzeptieren und umzusetzen. Daher ist Reputation neben Vertrauen ein weiterer bedeutender Mechanismus zur Gestaltung einer auf strategische Zielsetzungen abzielenden ECR-Beziehung.[601]

Da die Zusammenarbeit in einem dezentralen Beziehungsmanagement von verschiedenen Personen mehr oder weniger stark individuell gestaltet wird, ist sie für den Beziehungspartner nicht sehr berechenbar. Ein zentrales Beziehungsmanagement kann hier Standards und Nor-men für die Zusammenarbeit sicherstellen und ist deshalb besser als ein dezentrales Bezie-hungsmanagement geeignet, Reputation aufzubauen. Da die Reputation potenzieller und auch aktueller Beziehungspartner darüber hinaus nicht nur auf eigenen Erfahrungen beruht, son-dern auch durch Erfahrungen anderer mit dem potenziellen oder aktuellen Beziehungspartner beeinflusst wird, spielen Informationen von Dritten eine entscheidende Rolle.[602] Ein zentrales Beziehungsmanagement hat eine größere Kontaktanzahl und erscheint daher auch besser als ein dezentrales Beziehungsmanagement als Verstärker von Reputation fungieren zu können. Allerdings hat die antagonistisch geprägte Beziehung von Händlern und Hersteller oft nicht dazu geführt, dass Händler und Hersteller Vertrauen und Reputation in Bezug auf die Reali-sierung strategischer ECR-Zielsetzungen durch eine offene und partnerschaftliche Zusam-menarbeit aufbauen konnten.

(2)   Anreize zu ECR-Aktivitäten und Signalisierung von Beziehungscommitment

Die bisher durchgeführten Studien im Rahmen der Händler-Hersteller-Beziehung lassen dar-über hinaus vermuten, dass Anreize zu kooperativem Verhalten zwar eine besondere Bedeu-tung in ECR-Partnerschaften besitzen, bisher jedoch keine oder nur unzureichende Anreize gesetzt wurden, sich über die reine Schnittstellenoptimierung zur Effizienzsteigerung hinaus

---

[599]   Vgl. Davis/ Mentzer (2008), S. 438.
[600]   Vgl. Halin (1995), S. 1901f., Ringlstetter (1995), S. 144, Staber (2001), S. 69f., Spremann (1988), S. 613f..
[601]   Vgl. Davis/ Mentzer (2008), S. 438.
[602]   Vgl. Halin (1995), S. 190f., Ringlstetter (1995), S. 144f..

in leistungsbezogene und innovationsorientierte Partnerschaften einzubringen.[603] In einer Beziehung sollen Anreize dazu beitragen, dass die Partner die verabredeten Beiträge in der Zusammenarbeit leisten, sich darüber hinaus auch zielkonform im Sinne der partnerschaftlichen Zielsetzung verhalten und mögliche Verhaltensspielräume nicht opportunistisch ausgenutzt werden. Die Anreize können dabei entweder auf eine positive Beeinflussung der Beziehungserträge oder auf eine Steigerung der Kosten einer Beziehungsbeendigung abzielen.[604]

Gerade wenig standardisierbare – also tendenziell eher nutzenorientierte als effizienzorientierte – Aufgaben lassen sich häufig in Umfang und Aufwand schwer einschätzen, weshalb hohe Anreize geschaffen werden müssen, damit sich die an der Beziehung beteiligten Mitarbeiter bzw. Fachbereichsverantwortliche zur Übernahme dieser Aufgaben bereit erklären und mögliche Entscheidungsfreiräume während der Aufgabenausführung nicht opportunistisch entgegen den Interessen des Partners ausnutzen.[605] Daher ist anzunehmen, dass hohe Informationsasymmetrien aufgrund mangelnder technologischer und organisationaler Rahmenbedingungen dämpfend auf die Anreizstrukturen der benachteiligten Parteien wirken.[606]

Ferner lassen weitere empirische Untersuchungen vermuten, dass die Bedeutung von Anreizen zu zielkonformem Verhalten im Sinne der Zusammenarbeit mit der Anzahl der Zielkonflikte in der Beziehung steigt.[607] Da die Zusammenarbeit zwischen Händlern und Herstellern im Rahmen von ECR-Partnerschaften bisher primär auf Effizienzsteigerungen durch Schnittstellenoptimierung abzielt und hierbei, wie in Teil II diskutiert, vergleichsweise wenig Zieldivergenzen zwischen den Partnern entstehen, ist davon auszugehen, dass auch die Schaffung geeigneter Anreize bisher nur eine untergeordnete Bedeutung besessen hat.[608] Die zunehmende Anzahl an Zielkonflikten bei einer Realisierung strategischer Zielsetzungen in Bezug auf eine nutzengenerierende Verbesserung der Handelsleistung führt somit dazu, dass der Entwicklung geeigneter Anreizsysteme ein höherer Stellenwert eingeräumt werden muss. Konkret heißt dies, dass Anreize dafür geschaffen werden müssen, dass Händler und Hersteller die absatzpolitischen Bereiche Sortiments-, Preis-, Kommunikations- und Distributionspo-

---

[603] Vgl. beispielsweise die Veröffentlichungen von Corsten/ Kumar (2005), Dupre/ Gruen (2004), Fearne/ Hughes (2000), Frankel/ Goldsby/ Whipple (2002), Hammervoll (2009), Kurnia/ Johnston (2003), Lietke (2009), Myers/ Daugherty/ Autry (2000), Vazquez/ Iglesias/ Alvarez-Gonzales (2005), Vergin/ Barr (1999), Zairi (1998).

[604] Vgl. Kurnia/ Johnston (2003), S. 251ff., Lietke (2009), S. 34, Tuominen (2004), S. 178ff..

[605] Vgl. Lietke (2009), S. 71, Myers/ Daugherty/ Autry (2000), S. 455ff., Zairi (1998), S. 59ff..

[606] Vgl. Lietke (2009), S. 71, Mouzas/ Araujo (2000), S. 293ff..

[607] Vgl. Bergen/ Dutta/ Walker, JR. (1992), S. 1ff., Lietke (2009), S. 81.

[608] Vgl. hierzu vertiefend Unterkapitel II.2.2 und die dort angegebene Literatur.

litik trotz der diversen Zielkonflikte gemeinsam planen und kooperativ umsetzen.[609] Die meist primär monetärgetriebenen Jahresgespräche und die damit einhergehenden Diskussionen über Werbekostenzuschüssen und hersteller- oder händlerinitiierte Werbekampangen zur Absatzförderung reichen jedoch nicht aus, um in ECR-Partnerschaften Anreize zur Zusammenarbeit in den Demand-seitigen Konzeptbestandteilen Efficient Product Introduction, Efficient Promotion und Efficient Store Assortement trotz der vorhandenen Konflikte im Bereich der absatzpolitischen Instrumente zu schaffen. Es ist daher notwendig, dass Konditionensysteme entwickelt werden, die an eine gewisse Abstimmung der absatzpolitischen Instrumente gekoppelt werden und damit neben den Einkaufspreisen auch den für Kunden geschaffenen Mehrwert berücksichtigen. Beispielsweise wäre es denkbar, dass zur Entschärfung des Konfliktes zwischen Produktorientierung des Herstellers und Sortimentsorientierung des Händlers im Rahmen von Efficient Store Assortement Konditionen mit dem Umsatz der gesamten Sortimentskategorie verbunden werden. Hierfür bedürfte es dann einer Abstimmung der einkaufs- und verkaufsverantwortlichen Fachbereiche des Händlers mit den verkaufs- und beratungsverantwortlichen Bereichen des Herstellers. Es ist kaum davon auszugehen, dass ein in den Fachbereichen dezentral verankertes Beziehungsmanagement in der Lage sein wird, über bereichs- und effizienzbezogene Anreize hinaus auch bereichsübergreifende Anreize zu schaffen, welche auf die strategischen Zielsetzungen abzielen. Zudem ist anzunehmen, dass ein zentrales Beziehungsmanagement aufgrund der Spezialisierung mehr Erfahrung mit der Gestaltung von Anreizmechanismen haben wird. Daher scheint ein zentrales Beziehungsmanagement besser geeignet, Anreize zu schaffen, um die Aktivitäten der verschiedenen Fachbereiche von Händler und Hersteller in Bezug auf die divergierenden Zielsetzungen im absatzpolitischen Bereich abzustimmen und damit die strategischen Zielsetzungen neben den effizienzorientierten Zielen der ECR-Partnerschaft ausreichend zu berücksichtigen.

Auch wenn Commitment anscheinend einen entscheidenden Einfluss auf die gemeinsame Generierung von Werten hat, so lassen verschiedene Veröffentlichungen in diesem Zusammenhang auch vermuten, dass es den Händlern in kooperativen Beziehungen oft an echtem Commitment mangelt.[610] Commitment in einer partnerschaftlichen Beziehung kann als eine Art moralische Verpflichtung verstanden werden, die zu fairem Handeln motiviert und so die Schaffung einer Win-Win-Situation ermöglich, da in strategischen Überlegungen auch das

---

[609] Vgl. Ahlert (2001b), S. 333ff., Meffert (1999c), S. 407ff.. Zu den Zielkonflikten in Bezug auf die Ausgestaltung der absatzpolitischen Instrumente zwischen Händlern und Herstellern vgl. Unterkapitel II.1.2 dieser Arbeit.

[610] Vgl. beispielsweise die Veröffentlichungen von Adjei/ Griffith/ Noble (2009), Barratt/ Oliveira A. (2001), Gadde/ Huemer/ Håkansson (2003), Holm/ Eriksson/ Johanson (1999), Lietke (2009), Mason/ Doyle/ Wong (2006), Mejías-Sacaluga/ Prado-Prado (2000), Morgan/ Hunt (1994), Sheu/ Yen/ Chae (2006), Svensson (2002).

Wohl des Beziehungspartners mit einbezogen wird.[611] Anderson und Weitz (1992) beschreiben Commitment als ein

> „desire to develop a stable relationship, a willingnes to make short-term sacrifices to maintain the relationship and a confidence in the stability of the relationship." (Anderson/ Weitz, (1992), S. 19)

Commitment äußert sich in deklamatorischer Weise, d.h., man steht zu seinem Partner und bekennt sich auch in schwierigen Situationen zu ihm, um die Beziehung langfristig fortzusetzen, auch wenn sie kurzfristig zusätzliche Kosten verursacht.[612] Ein hohes Commitment wirkt also stabilitätsfördernd, weil es Ausdruck einer positiven Bewertung der Zusammenarbeit ist, den Wunsch nach einer langfristigen und stabilen Partnerschaft verdeutlicht und sich die Beziehungsbeteiligten folglich nicht mit Abwanderungs- bzw. Beziehungsbeendigungsgedanken tragen.[613]

Einflussfaktor auf die Entstehung von Commitment ist zum einen die positiv bewertete Differenz zwischen Nutzen und Kosten der Beziehung.[614] Das aus der Differenz resultierende sogenannte abwägende Commitment kann daher über das Kosten-Nutzen-Verhältnis der Beziehung beeinflusst werden.[615] Möglichkeiten hierfür sind beispielsweise beziehungsspezifische Investitionen, welche die Effizienz der Zusammenarbeit steigern, oder Anreizsysteme, die darauf abzielen, Beziehungserträge zu erhöhen oder Beziehungskosten zu senken. Darüber hinaus kann Commitment auch aus normativ-moralisch begründetem Dankbarkeitsempfinden resultieren. Es ist dabei als ein freier Willensakt zu interpretieren, bei dem sich Commitment entweder normativ dadurch äußert, dass man sich auf Werte, Normen und Ansichten festlegt, diesen verpflichtet fühlt und dieses auch kommuniziert, oder es sich affektiv aus einer emotionalen Bindung an den Partner ergibt.[616] Folglich kann das normativ-moralische Commitment auch entweder durch Maßnahmen zur Steigerung des Gefühls einer Verpflichtung oder durch Emotionalisierung der Beziehung beeinflusst werden.[617] Eine Möglichkeit hierzu ist sicherlich die Steigerung von Vertrauen und insbesondere von charakterbasiertem Vertrauen des Partners. Als dritter Einflussfaktor wirkt Commitment schließlich auch reziprok, d.h., das Commitment der einen Seite wird auch durch das Commitment der anderen Seite beeinflusst.[618]

---

[611] Vgl. Davis/ Mentzer (2008), S. 439, Lietke (2009), S. 34f., Wilson (1995), S. 342.

[612] Vgl. Dwyer/ Schurr/ Oh (1987), S. 14ff., Liu/ Tao/ Yuan/ El-Ansary (2008), S. 13ff..

[613] Vgl. Jap/ Ganesan (2000), S. 229.

[614] Vgl. Dwyer/ Schurr/ Oh (1987), S. 14ff..

[615] Vgl. Sheu/ Yen/ Chae (2006), S. 27.

[616] Vgl. Elg/ Heli (2008), S. 230, Sheu/ Yen/ Chae (2006), S. 27.

[617] Vgl. Auer (2004), S. 45.

[618] Vgl. Anderson/ Weitz (1992), S. 18ff..

Mangelndes Commitment äußert sich darin, dass keine Bereitschaft besteht, den Partner in leistungsbezogenen Überlegungen mit einzubeziehen und die einmal gemachten Leistungszusagen auch wirklich dauerhaft einzuhalten.[619] Ohne einen langfristigen Charakter der Beziehung auf Basis von Commitment besteht jedoch meist keine Bereitschaft, beziehungsspezifische Vorleistungen zu tätigen oder interorganisationale Routinen zum Austausch von Wissen zu implementieren. Die Kopplung komplementärer Ressourcen beschränkt sich dann auf Bereiche, in welchen beide direkt profitieren. In der Folge rücken eher die effizienzbezogenen Zielsetzungen in den Fokus der Zusammenarbeit.

Häufig fehlt es auch an grundsätzlichem Verständnis für die Bedürfnisse und Wünsche des jeweiligen Partners.[620] Und auch wenn einer der Partner Commitment demonstrieren möchte, führen die sehr unterschiedlichen Kulturen und Normen von Herstellern und Händlern häufig dazu, dass diese vom Gegenüber nicht wahrgenommen oder falsch verstanden werden − und daher auch keine normativ-moralische Verpflichtung entsteht.[621] Es scheint daher von Bedeutung, dass ein grundsätzliches Verständnis für Normen und Kultur des Partners entwickelt wird, da dies zum einen zur Steigerung des Commitments der eigenen an der Zusammenarbeit beteiligten Mitarbeiter beiträgt und zum anderen auch die Wahrnehmung von Commitment-Signalen des Partners verbessert.[622] In der Empirie scheinen Händler oftmals stärker von leistungsorientierter Zusammenarbeit zu profitieren als die Hersteller.[623] Daher scheint es von Bedeutung, dass die Händler den Nutzen einer partnerschaftlichen Beziehung für den Hersteller stärker herausarbeiten und ihr Commitment in eine solche Beziehung deutlicher als bisher signalisieren. Eine Möglichkeit dazu ist beispielsweise, eigene Ressourcen ohne direkte, kurzfristige Gegenleistung in die Beziehung einzubringen und damit ihr Kosten-Nutzen-Verhältnis bei einer Beziehungsbeendigung zu verschlechtern. Wegen der genaueren Kenntnis der Partner und der mit der Zusammenarbeit einhergehenden hohen Kontaktfrequenz erscheint ein dezentrales Beziehungsmanagement hierfür auf den ersten Blick gut geeignet. Allerdings besteht dann die Gefahr, dass Commitment eine stark fachbereichsspezifische und personenbezogene Prägung erhält. Das Commitment zu den fachbereichsübergreifenden, strategischen Zielsetzungen wird wahrscheinlich durch ein zentrales Beziehungsmanagement besser zu entwickeln und zu signalisieren sein. Auch scheint die Gesamtübersicht eines zentralen Beziehungsmanagements besser dazu geeignet, dass das Kosten-Nutzen-Verhältnis der Bezie-

---

[619] Vgl. Göbel/ Ortmann/ Weber (2007), S. 161ff., Mejías-Sacaluga/ Prado-Prado (2000), S. 67ff..
[620] Vgl. Frankel/ Goldsby/ Whipple (2002), S. 57ff., Kotzab/ Teller (2003), S. 268, Lietke (2009), S. 34.
[621] Vgl. Frankel/ Goldsby/ Whipple (2002), S. 65ff..
[622] Vgl. Hsu/ Chen/ Jen (2008), S. 683.
[623] Vgl. Corsten/ Kumar (2005), S. 80ff., Hingley (2005), S. 848ff., Lietke (2009), S. 81.

hung insgesamt eher im Fokus steht und einfacher beeinflusst werden kann als in einem dezentralen eher fachbereichsorientierten Beziehungsmanagement.

(3)   Umfang des Informationsaustausches und Grad an Formalisierung

Aufgaben zur Entwicklung und Realisierung von nutzenorientierter Zusammenarbeit sind generell kaum zu standardisieren und daher auch kaum zu kontrollieren, weshalb davon auszugehen ist, dass die Überwachung der Aufgabenerfüllung durch umfangreiche Kommunikation und intensiven Informationsaustausch eine große Bedeutung für das Beziehungsmanagement besitzt.[624] Dabei wird der Informationsaustausch insbesondere durch die primär antagonistischen Beziehungen von Händlern und Herstellern begrenzt, da die Partner zwar alle relevanten Informationen des anderen haben möchten, ohne jedoch eigene Informationen preisgeben zu müssen.[625] Aus Angst, dass der Partner Informationen opportunistisch zu seinen Gunsten ausnutzt, besteht oftmals eine große Abneigung, eigene sensible Informationen weiterzugeben.[626] Ferner scheint es, als würde versucht, gezielt Informationsasymmetrien aufzubauen, um so Vorteile in Form höherer Erträge oder niedrigerer Eigenleistungen in der Zusammenarbeit zu erzielen. Ein funktionierender Informationsaustausch schafft Transparenz und steigert damit die Bereitschaft der Beziehungspartner, sich entsprechend den Absprachen in die Partnerschaft einzubringen, also in interorganisationale beziehungsspezifische Ressourcen zu investieren und komplementäre Ressourcen und Kompetenzen zu koppeln.[627]

Während Informationsaustausch zur Steigerung der Effizienz oft auf die schon existierenden Schnittstellen beschränkt ist und sehr standardisiert erfolgten kann, bedarf es für das Erreichen strategischer Zielsetzungen häufig der Schaffung neuer Schnittstellen zwischen Abteilungen, die vorher nicht miteinander in Kontakt standen. Beispielsweise benötigen Hersteller im Rahmen von Efficient Product Introduction und Efficient Store Assortement alle Informationen über Promotionaktionen und die daraus resultierenden Veränderungen der Verkäufe, um Kaufverhalten bzw. Nutzenwahrnehmung der Kunden richtig interpretieren zu können. Weil Informationsschnittstellen meist nur zwischen Einkauf des Händlers und Verkauf bzw. Key-Account-Management des Herstellers existieren, ist genau festzulegen, welche Informationen wo, wann und in welcher Form ausgetauscht werden. Hierfür ist zu definieren, zwi-

---

[624]   Vgl. hierzu beispielsweise auch die Veröffentlichungen von Adjei/ Griffith/ Noble (2009), Fang/ Wu Jyh-Jeng/ Fang/ Chang/ Chao (2008), Mason/ Doyle/ Wong (2006), Möller/ Rajala (2007), Möller (2006), Ryals/ Humphries (2007), Sheu/ Yen/ Chae (2006), Sooror/ Tarokh/ Shemshadi (2009).

[625]   Vgl. Arkader/ Ferreira (2004), S. 41, Krishnan/ Miller/ Sedatole (), S. 1f., Kumar (1996), S. 92ff., Lietke (2009), S. 69.

[626]   Vgl. Fearne/ Hughes (2000), S. 765f., Lietke (2009), S. 33, Svensson (2002), S. 25f..

[627]   Vgl. Fearne/ Hughes (2000), S. 765f., Frankel/ Goldsby/ Whipple (2002), S. 63f., Lietke (2009), S. 69.

schen welchen Stellen und Abteilungen von Händlern und Herstellern Informationsaustausch stattfinden soll, ob ein dauerhafter Zugriff auf Informationen von Partnern möglich sein soll oder diese zyklisch ausgetauscht werden und ob der Informationsaustausch durch technologische Verknüpfungen der Informationssysteme von Händlern und Herstellern oder durch organisatorische Institutionalisierung in Form regelmäßiger Treffen und Gespräche zwischen Händlern und Herstellern erfolgt. Äußerst bedeutsam für den Informationsaustausch sind IT-Systeme.[628] IT-Investitionen zur Verknüpfung der Fachbereichssysteme mit den IT-Systemen der Hersteller über die Logistik hinaus sind daher notwendige Voraussetzung einer auf strategische Zielsetzungen abzielenden ECR-Partnerschaft.[629] Soll diese im Rahmen eines dezentralen Beziehungsma-nagements erfolgen, so impliziert dies einen sehr hohen Abstimmungsaufwand beispielsweise zwischen der IT-Abteilung, den Beziehungsmanagern aus den verschiedenen Fachbereichen und den Herstellern. Allerding ist das dezentrale Beziehungsmanagement dann auch sehr eng mit dem eigentlichen Leistungserstellungsprozess verbunden und kann daher einfacher als ein zentrales Beziehungsmanagement relevante Leistungsverknüpfungen, Funktionalität existierender Schnittstellen und Systeme sowie den darüber hinausgehenden notwendigen Informationsaustausch und die dafür benötigten IT-Systeme beurteilen.

Die Bereitschaft, eigene Leistungen in die Zusammenarbeit einzubringen, ist auch von der Formalisierung abhängig, da hiermit die Aufteilung von Aufwendungen und Erträgen im Rahmen der Beziehung definiert wird.[630] (Borchert 2002) zeigt beispielsweise, dass eine fehlende Standardisierung von ECR-Methoden und -Instrumenten in den zugrundeliegenden ECR-Vereinbarungen signifikant zum Scheitern der kooperativen Beziehung beiträgt.[631] Durch Formalisierung beispielsweise mit Hilfe von Verträgen können gemeinsame Ziele eindeutig abgegrenzt, Aufgabenbereiche bindend zugeordnet sowie Strukturen und Abläufe genau festgelegt werden, wodurch zum einen die Komplexität einer nutzenorientierten kooperativen Zusammenarbeit reduziert und zum anderen die Kommunikation zwischen den Partnern erleichtert wird.[632] Aufgrund der hohen Komplexität und geringen Standardisierbarkeit lassen sich jedoch nicht alle Aufgaben und Verantwortlichkeiten zur Realisierung strategischer Ziele von ECR-Partnerschaften ex ante vertraglich fixieren. Die Verträge haben daher vielmehr

---

[628] Vgl. Elg/ Heli (2008), S. 228,Sheu/ Yen/ Chae (2006), S. 24ff..

[629] Vgl. Sabath/ Autry/ Daugherty (2001), S. 99ff., Sheu/ Yen/ Chae (2006), S. 38.

[630] Vgl. Jap/ Ganesan (2000), S. 227ff., Liu/ Tao/ Yuan/ El-Ansary (2008), S. 13, Vazquez/ Iglesias/ Alvarez-Gonzales (2005), S. 141. Zur Bedeutung von Verträgen zwischen Kooperationspartnern im Allgemeinen vgl. auch Koller/ Langmann/ Untiedt (2006), S. 42ff..

[631] Vgl. Borchert (2002), S. 354, Lietke (2009), S. 72.

[632] Vgl. Hensel (2007), S. 57, Jap/ Ganesan (2000), S. 227ff., Wong/ Johanson (2008), S. 401ff..

einen Rahmen zu setzen, durch welchen die Gefahr opportunistischen Handelns aufgrund möglicher Bestrafungen des opportunistisch handelnden Beziehungspartners verringert bzw. ausgeschlossen werden kann.[633] Zu allgemeine oder fehlende Verträge in Bezug auf die erwarteten Leistungen und Aufteilung der Aufgabenbereiche können zu einer mangelnden Abstimmung der Ziele von Innovationsinitiativen sowie zu Meinungsdifferenzen in Bezug auf konkrete Umsetzungskonzepte und ihre operative Planung führen. Dies kann dann letztendlich auch ein Scheitern der kooperativen Zusammenarbeit im Rahmen der Beziehung zur Folge haben.[634] Die Aufgabe im Rahmen des Beziehungsmanagements ist es folglich, Verträge zur Formalisierung einer partnerschaftlichen Zusammenarbeit ex ante und beziehungsspezifisch möglichst so detailliert auszugestalten, dass neben den effizienzorientierten auch strategische ECR-Zielsetzungen in der Zusammenarbeit realisiert werden können. Da dieser Rahmen sowohl bereichsübergreifend als auch fachbereichsspezifisch gestaltet sein muss, hat sich ein zentrales Beziehungsmanagement entweder eng mit den Fachbereichsverantwortlichen abzustimmen oder dezentrale Beziehungsmanager aus den Fachbereichen prozessorientiert und fachbereichsübergreifend zusammenzuarbeiten. Welche organisatorische Verankerung von Vorteil ist, hängt daher von möglichen Spezialisierungsvorteilen eines zentralen Beziehungsma-nagements ab. Wenn der Händler mehrere ähnliche Beziehungen zu managen hat, kann die Spezialisierung eines zentralen Beziehungsmanagements von Vorteil für die Formalisierung sein. Wenn die Inhalte der Zusammenarbeit sehr unterschiedlich sind und daher gemeinsam mit den Fachbereichen für jede Beziehung neu erarbeitet werden müssen, wird ein zentrales Beziehungsmanagement kaum Spezialisierungsgewinne bei der Gestaltung der Formalisierung realisieren können.

(4)   Gewährleistung der Messbarkeit und Kontrolle des Grades der Zielerreichung

Weitere häufig identifizierte Herausforderungen für die Zusammenarbeit von Händlern und Herstellern sind die Messbarkeit und die Kontrolle der Zusammenarbeitsziele, des Grades ihrer Zielerreichung und der dafür von den Partnern erbrachten Leistungen.[635] Diese sind insbesondere von Bedeutung, weil eine Zusammenarbeit meist nur aufrechterhalten wird, wenn

---

[633] Vgl. Koller/ Langmann/ Untiedt (2006), S. 42, Lietke (2009), S. 34, Zülch/ Barrantes/ Steinheuser (2006), S. 72ff..

[634] Vgl. Borchert (2002), S. 35ff., Kotzab/ Teller (2003), S. 268ff., Tuominen (2004), S. 182.

[635] Vgl. Köhne (2006), S. 182, Ryals/ Humphries (2007), S. 315.

die Partner sich von ihr Gewinne versprechen, d.h. die in der Zusammenarbeit geschaffenen Werte für beide größer sind als die Kosten der Zusammenarbeit.[636]

Grundsätzlich bedarf es dafür zuerst einmal einer gewissen Zielübereinstimmung in Bezug auf die Beziehung.[637] Allerdings scheint es, als würden oft nur wenige und ungenaue Kennzahlen für die Überprüfung der Zielerreichung, für die Erfassung der Kosten und Nutzen sowie ihrer Verteilung auf Händler und Hersteller genutzt werden.[638] Ferner werden bisher nur selten Controlling-Instrumente oder Managementsysteme zur Steuerung der Beziehung eingesetzt.[639] Kontrollmechanismen und -instrumente helfen jedoch dabei, die Gefahr opportunistischen Verhaltens zu reduzieren, da dieses durch die Kontrolle entdeckt und sanktioniert werden kann. Dadurch wiederum steigt die Bereitschaft, beziehungsspezifische Investitionen zu tätigen und nicht abgesicherte Vorleistungen zu erbringen.[640]

Das objektiv nachvollziehbare Messen von für die Konsumenten mehrwertgenerierenden Handelsleistungsverbesserungen stellt eine schwierige und vieldiskutierte Herausforderung dar. Es werden dafür Instrumente benötigt, die über die finanzorientierten Kennzahlensysteme wie z.B. Return-on-Investment (ROI) oder Economic Value added (EVA) hinausgehen.[641] Die oft bereichsspezifischen Controllingkonzepte im Handel zielen lediglich auf effizienzorientierte Leistungsmessung in den Fachbereichen wie etwa Personal (z.B. Personaleinsatzplanung, Fehlzeiten), Logistik (z.B. Lagermengen, Vertriebslogistikkosten) oder Sortiment (z.B. Out-of-Stock-Mengen, Cross-Selling, Spannen, Bongrößen).[642] Eine explizite Leistungsmessung der Zusammenarbeit zwischen Händlern und Herstellern in Bezug auf die Generierung eines Mehrwerts für Kunden erfolgt dabei in der Regel nicht. Darüber hinaus sind die strategischen Ziele nicht isoliert zu betrachten, sondern müssen über Ursache-Wirkungs-Zusammenhänge miteinander verbunden werden.

Zur Kontrolle der Zielerreichung sind Messgrößen für die verschiedenen strategischen Ziele zu definieren. Es gilt dabei, ausgewogen Früh- und Spätindikatoren zu berücksichtigen, um bereits frühzeitig positive und negative Entwicklungen entdecken und den Grad der Zielerreichung einschätzen zu können. Für die Messgrößen sind je nach Verantwortlichkeit Ist-Werte

---

636   Vgl. Mattmüller/ Tunder (2004), S. 161, Ryals/ Humphries (2007), S. 314, Seifert (2001), S. 74.

637   Vgl. Kim/ Park/ Ryoo/ Park (2010), S. 863ff., Ploetner/ Ehret (2006), S. 4ff..

638   Vgl. Hoban (1998), S. 237f., Brown/ Bukovinsky (2001), S. 83, Lietke (2009), S. 35, Zairi (1998), S. 64.

639   Vgl. Frankel/ Goldsby/ Whipple (2002), S. 57ff., Dupre/ Gruen (2004), S. 444ff..

640   Vgl. Kim/ Park/ Ryoo/ Park (2010), S. 863ff..

641   Zu allgemeinen Kennzahlen im Handel vgl. vertiefend bspw. Hurth (2003), S. 331ff.. Zum ROI und EVA als spezielle finanzwirtschaftliche Kennzahlen im Handel vgl. vertiefend bspw. Ahlert/ Ahlert (2001).

642   Vgl. vertiefend beispielsweise Hurth (2006), S. 833f., Liebmann/ Zentes/ Swoboda (2008), S. 804ff.. Zu Status quo, Ansätzen und Konzepten des Handelscontrolling vgl. Bekker (2006), S. 254ff., Daum (2003), S. 1086ff., Eschenbach/ Haddad (1999), Feldbauer (2001), S. 369ff., Feldbauer-Durstmüller (2001), Krey (2000c).

zu ermitteln und Soll-Werte vorzugeben.[643] Dabei ist insbesondere auf Verantwortungskon-gruenz zwischen den Einflussmöglichkeiten und den betroffenen Personen bzw. organisatori-schen Einheiten zu achten, d.h., es darf nur für Erfolge und Misserfolge verantwortlich ge-macht werden, wer auch maßgeblichen Einfluss hat. Da im Handel Einkaufs- und Verkaufs-verantwortung auf unterschiedliche Entscheidungsträger verteilt ist, muss die bestehende Or-ganisationstruktur bzw. Leitungskonfiguration für alle fachbereichsübergreifenden Zielset-zungen kritisch hinterfragt und möglicherweise entsprechend angepasst werden.[644] Eine sol-che Anpassung der Primärorganisation erfolgt beispielsweise im Rahmen des Category Ma-nagement, bei dem die Demand-seitigen Konzeptbestandteile zusammengefasst werden. An-stelle getrennter Einkaufs- und Verkaufsverantwortung wird dann ein Category-Manager er-nannt, bei dem Einkaufs- und Verkaufsverantwortung für die Sortimentskategorie gebündelt wird.[645]

Allerdings ist bei der Nutzung von Controlling- und Managementsystemen auch zu be-rücksichtigen, dass eine zu enge Kontrolle der Zusammenarbeit negative Auswirkungen auf die Flexibilität bei der Entwicklung von mehrwertgenerierenden Handelsleistungen haben kann, weil nicht mehr die strategischen Ziele insgesamt, sondern nur noch teilbereichsbezo-gene Kennzahlen im Fokus stehen. Die Aufgabe eines Beziehungsmanagements ist es deshalb zum einen, ein allgemeines Controlling-Konzept zur Messbarkeit und Kontrolle der ange-strebten Ziele und der dafür von den Partnern eingesetzten Leistungen zu konzeptionieren. Zum anderen ist dabei ein Maßverhältnis zu halten, in welchem zwar die Messbarkeit und Kontrolle gewährleistet ist, gleichzeitig aber die negativen Auswirkungen einer zu rigiden Kontrolle möglichst klein gehalten werden.[646] Dabei ist zu berücksichtigen, dass die Bedeu-tung der Messbarkeit und Kontrolle eng mit dem Grad an Formalisierung verbunden ist, da beispielsweise mangelnde vertragliche Festlegung die Bildung von Kontrollinstanzen von vornherein verhindern kann.[647] Weiter ist anzunehmen, dass die Bedeutung von Messbarkeit und Kontrolle auch eng mit dem Vertrauen verbunden ist und ein hohes Vertrauen die Not-wendigkeit einer Messbarkeit und Kontrolle verringern wird.[648]

---

[643]   Vgl. Ahlert/ Ahlert (2001), S. 60.

[644]   Vgl. Möll/ Jacobsen (2002), S. 205ff..

[645]   Vgl. zum Category Management vertiefend auch die Veröffentlichungen von Dupre/ Gruen (2004) und
        Holzkämper (1999).

[646]   Vgl. Howaldt/ Ellerkmann (2007), S. 42ff..

[647]   Vgl. Lietke (2009), S. 72.

[648]   Vgl. Liu/ Tao/ Yuan/ El-Ansary (2008), S. 14.

**III.3   Ansatzpunkte zur phasenspezifischen Ausgestaltung und Weiter-
           entwicklung der ECR-Beziehung**

Das letzte Kapitel dieser Arbeit beschäftigt sich mit den phasen- und prozessbezogenen Gestaltungsfeldern eines strategischen Beziehungsmanagements. Hierfür werden im Folgenden
zum einen phasenspezifische Aufgabenschwerpunkte des Beziehungsmanagements diskutiert
(III.3.1) und zum anderen Ansätze zur Weiterentwicklung der Beziehung beschrieben
(III.3.2).

III.3.1   Aufgabenschwerpunkte während der Initiierungs- und
               Interaktionsphase

In der prozessorientierten Beziehungsforschung sind verschiedene Phasenmodelle zu finden.[649] Auch wenn diese eine Vielzahl unterschiedlicher und sich teilweise überschneidender
Phasen beschreiben, so können ganz allgemein zwei idealtypische Beziehungsphasen unterschieden werden. Bei der ersten Phase handelt es sich um die Initiierung der Beziehung. Bezogen auf die Zielsetzung dieser Dissertation geht es hierbei insbesondere um Aufgabenfelder
der Identifikation geeigneter Hersteller und darum, diese zum Eingehen einer ECR-
Zusammenarbeit mit strategischen Zielsetzungen zu bewegen (1). Nach der Vorbereitung der
Zusammenarbeit durch das Beziehungsmanagement beschreibt die zweite Phase mit der Interaktion die Aufgaben des Beziehungsmanagements während der eigentlichen Zusammenarbeit (2). In die Phase der Interaktion fallen daher die Identifikation und Gestaltung der partnerschaftlichen Prozesse, um die Aufgabenverteilung und Rollen zwischen den Partnern zeitlich und inhaltlich konkretisieren zu können, sowie die dynamische Steuerung der Beziehung.

(1)   Initiierung von kooperativen Händler-Hersteller-Beziehungen

Es scheint, als würden viele phasenorientierten Autoren dem Thema Initiierung besondere
Aufmerksamkeit schenken, da diesem auch in der Praxis eine hohe Bedeutung beigemessen
wird.[650] Prinzipiell sind hierunter alle Tätigkeiten und Prozesse zu subsumieren, die auf die
Aushandlung von zu erbringenden Leistungen und den daraus resultierenden Erträgen der
Beziehung abzielen. Das Ziel dabei ist, dass beide Beziehungspartner eine positive Differenz

---

[649]   Vgl. Kapitel III.1 dieser Arbeit.

[650]   Vgl. bspw. die Veröffentlichungen von Ahlert (2002), Feige (1996), Jap/ Ganesan (2000), Rudolph/
         Schmickler (2000), Schögel (2006).

zwischen den zu erbringenden Beziehungsleistungen und den Beziehungserträgen erwarten und so eine Win-Win-Situation für die Partner geschaffen wird.[651]

Vor der Entscheidung, eine ECR-Partnerschaft mit Herstellern einzugehen, bedarf es einer genauen Analyse der Ist-Situation, um Effizienz- und Effektivitätsdefizite zu identifizieren.[652] Basis hierfür sind die handelsbetrieblichen Aktivitäten und Prozesse, die zur Erstellung der Handelsleistung notwendig sind. Da die Handelsleistung aus der Kombination einer fremder-stellen Sach- und eigenerstellten Dienstleistung besteht,[653] ist zum einen zu klären, welche komplementären Ressourcen und Kompetenzen von den Herstellern für die Erstellung der Dienstleistungskomponente benötigt werden.[654] Zum anderen ist aber auch zu analysieren, welche Ressourcen und Kompetenzen der Händler zur Erstellung der Sachleistung beitragen, damit dem Konsumenten eine integrierte Gesamtleistung angeboten werden kann, bei der nicht mehr zwischen den Leistungen von Händler und Hersteller zu unterscheiden ist. Neben der so analysierten Effektivität der Leistungserstellung sind die bestehenden Leistungserstel-lungsprozesse in Bezug auf Effizienzpotenziale zu analysieren, deren Realisierung außerhalb der Möglichkeiten des Händlers liegen.[655] Hierzu gehören beispielsweise Potenziale aus der Standardisierung von Prozessen, die den Waren- und Informationsfluss entlang der Wert-schöpfungskette betreffen.

Zur Analyse und Identifikation von Effizienz- und Effektivitätspotenzialen sind umfang-reiche Markt- und Wettbewerbsanalysen durchzuführen und die eigenen Stärken und Schwä-chen im Detail zu untersuchen. Hierfür können methodische Unterstützungsinstrumente wie beispielsweise Stärken-Schwächen-Analysen, Kennzahlensysteme, Checklisten oder Pro-fildarstellungen genutzt werden. Werden spezifische Potenziale identifiziert, die durch eine ECR-Partnerschaft erschlossen werden sollen, so gilt es im Rahmen der Unternehmensstrate-gie grundsätzliche Beziehungsziele beispielsweise in Bezug auf die Ressourcen- oder Kompe-tenzerweiterungen zum Ausgleich der identifizierten Defizite zu definieren, auf deren Basis die Suche nach geeigneten Partnern erfolgen kann.[656] Im Ergebnis sollten die Aktivitäten eine interne Projektbegründung ermöglichen, in der die Chancen und Risiken der ECR-Partnerschaft dargestellt und das weitere Vorgehen beschrieben werden.[657] Hierbei sollte ins-besondere darüber entschieden werden, ob direkt nach strategischen Partnern zur Verbesse-

---

[651] Vgl. Letmathe (2000), S. 559, Obersojer (2009), S. 29.

[652] Vgl. Rudolph/ Schmickler (2000), S. 211.

[653] Vgl. hierzu Abschnitt I.1.1 (2) dieser Arbeit.

[654] Vgl. Jap (2001), S. 88ff., Jap (1999), S. 471.

[655] Vgl. Schmickler (2001), S. 288f..

[656] Vgl. Obersojer (2009), S. 31, Mason/ Doyle/ Wong (2006), S. 152, Schmickler (2001), S. 296.

[657] Vgl. Rudolph/ Schmickler (2000), S. 211.

rung der Effektivität gesucht oder zuerst nur effizienzbezogene Ziele angestrebt werden und sich deshalb auf die Suche nach geeigneten Partnern zur Effizienzoptimierung beschränkt werden soll.

Für die Suche nach geeigneten Partnern ist zuerst ein Anforderungsprofil zu entwickeln, da der Erfolg einer ECR-Partnerschaft in hohem Maße dadurch begründet wird, ob die Partner Profile aufweisen, welche die identifizierten Kompetenz- und Ressourcendefizite ausgleichen.[658] Hierfür sind die Anforderungen an Informations- und Kommunikationstechnologie zur Schnittstellenverzahnung sowie komplementäre Ressourcen- und Kompetenzen zu definieren.[659] Entsprechend den identifizierten Schnittstellendefiziten sowie den Ressourcen- und Fähigkeitslücken gilt es potenzielle Partner zu identifizieren, die diese Lücke schließen können. Dabei ist darauf zu achten, dass ein gewisses Maß an Kompatibilität in der strategischen Ausrichtung, Struktur und Kultur besteht.[660] Zielt ein Händler beispielsweise darauf ab, über das Führen von Markenartikeln den Konsumenten mehrwertgenerierende Handelsleistungen zu bieten,[661] hat er insbesondere bei den Herstellern bekannter Marken zu berücksichtigen, dass diese nur an der Belieferung ausgewählter, den Anforderungen ihrer Markenführung entsprechender Betriebsformen und Handelsunternehmen interessiert sind.[662]

Die Analyse der Kompatibilität potenzieller Partner hat überwiegend auf qualitativen und kaum messbaren Bewertungskriterien zu basieren. Methodisch können hier Punktbewertungsverfahren wie beispielsweise Scorecards zur Beurteilung der entscheidungsrelevanten Such- und Bewertungskriterien genutzt werden.[663] Darüber hinaus können auch in der Literatur schon vorhanden Checklisten herangezogen und auf die spezifischen Bedürfnisse des Händlers angepasst werden. Schmickler (2001) hat beispielsweise umfangreiche Checklisten als Entscheidungshilfe für Handelsunternehmen und Hersteller bei strategischen ECR-Partnerschaften entwickelt. Diese gliedern sich nach den Bereichen „Marktauftritt und Wachstumsstreben", „Profilierungsschwerpunkte gegenüber dem jeweiligen Kunden" (Han-

---

[658]   Vgl. Rudolph/ Schmickler (2000), S. 212.

[659]   Vgl. Vazquez/ Iglesias/ Alvarez-Gonzales (2005), S. 130.

[660]   Vgl. Borchert (2001), S. 107, Hsu/ Chen/ Jen (2008), S. 683, Jap (2001), S. 88ff., Obersojer (2009), S. 31f., Vazquez/ Iglesias/ Alvarez-Gonzales (2005), S. 130f..

[661]   Schon 1984 wurde empirisch belegt, dass die Wertigkeit der Handelsleistung verbessert werden kann, wenn sie mit Markenartikeln verbunden wird, die von den Konsumenten positiv bewertet werden. Der Grund dafür ist, dass Konsumenten mit den Marken schon eine Vielzahl von Informationen verknüpfen, weil die Marken über Werbung, Mund-zu-Mund-Propaganda und Markenerfahrungen mit einem Image „aufgeladen" wurden. Das schon existente Image wird über das Führen dieser Marken im Sortiment zum Teil auf das Image und damit die Positionierung des Händlers transferiert. Vgl. Jacoby/ Mazursky (1984), S. 105ff., Porter/ Claycomb (1997), S. 376.

[662]   Vgl. Meffert (2005b), S. 1190.

[663]   Vgl. Borchert (2001), S. 109, Schmickler (2001), S. 299.

del bei der Checkliste für Hersteller, Endverbraucher bei der Checkliste für den Handel), „Grad der Konsumentenorientierung" und „Bisherige Geschäftsbeziehung".[664]

Die Suche nach möglichen Partnern führt jedoch nicht automatisch zur Identifikation eines optimal geeigneten Beziehungspartners. Darüber hinaus ist grundsätzlich zu beachten, dass eine enge Partnerschaft nur mit einer kleinen Anzahl von Partnern verwirklicht werden kann, weil der Aufbau der dafür notwendigen vertrauensvollen und partnerschaftlichen Beziehungen viel Zeit und eine umfangreiches Beziehungsmanagement erfordert.[665] Daher sollten potenzielle Partner entsprechend ihrer Tauglichkeit in eine Rangfolge gesetzt werden, nach der die Aufnahme von allgemeinen Gesprächen hinsichtlich einer möglichen Zusammenarbeit erfolgt.[666] Dabei sind zum einen die von den potenziellen Partnern in der Zusammenarbeit angestrebten Zielsetzungen auf Kompatibilität mit eigenen Zielsetzungen zu prüfen.[667] Zum anderen sind die Komplementarität von Ressourcen und Fähigkeiten sowie die Kompatibilität der strategischen Ausrichtung, existierender Strukturen und bestehender Unternehmenskulturen im Detail zu prüfen.[668] Die Höhe der notwendigen Kompatibilität wird dabei von der spezifischen Zielsetzung der Beziehung beeinflusst. Während sie sich bei effizienzorientierten Partnerschaften, d.h. bei ECR-Partnerschaften, die sich auf supply-seitige ECR-Konzepte wie Efficient Replenishment und Efficient Administration, auf die grundsätzlichen Strukturen beschränken kann, müssen sich ECR-Partnerschaften mit strategischen Zielsetzungen auch auf die demand-seitigen ECR-Konzepte Efficient Product Introduction, Efficient Promotion und Efficient Store Assortement erstrecken. Wegen des höheren Konfliktpotenzials in diesen Konzeptbestandteilen bedarf es hierfür neben einer grundsätzlichen Kompatibilität der Strategien auch kultureller Übereinstimmungen zwischen Händlern und Herstellern.[669]

Sind die Gespräche grundsätzlich positiv verlaufen, folgen konkrete Verhandlungen hinsichtlich der genauen Ausgestaltung der Beziehung. Bei diesen sind insbesondere Kooperationsmotive und -ziele mit den potenziellen Partner abzustimmen.[670] Besteht über diese grundsätzliche Einigkeit, sind die komplementären Ressourcen und Fähigkeiten abzuleiten, die von den Partnern in die Zusammenarbeit eingebracht werden sollen. Anschließend sind gemeinschaftlich ein grober zeitlicher Projektplan zu erstellen und Meilensteine zu definieren. Zudem sind Aufbau- und Ablauforganisation der Zusammenarbeit zu skizzieren und daraus die

---

[664] Vgl.Schmickler (2001), S. 302ff., Schmickler/ Rudolph (2002), S. 118f..
[665] Vgl. Mason/ Doyle/ Wong (2006), S. 152, Ryals/ Humphries (2007), S. 316.
[666] Vgl. Obersojer (2009), S. 32.
[667] Vgl. Jap (1999), S. 471.
[668] Vgl. Borchert (2001), S. 110, Jap (1999), S. 471.
[669] Vgl. Möll/ Jacobsen (2002), S. 210.
[670] Vgl. Jap/ Anderson (2007), S. 260.

notwendigen Prozess- und Systemverknüpfungen sowie möglicherweise zusätzlich benötigte Ressourcen abzuleiten. Ferner sind grundsätzliche Einflussgrößen auf Beziehungsrente zu identifizieren und durch deren Verteilung auf die Partner ihr Beitrag sowie die Verteilung der Beziehungsrente zu vereinbaren. Die so konzeptionalisierte Beziehung ist abschließend vertraglich zu fixieren.[671]

Das Verhandlungsteam sollte sich zum einen aus Vertretern der jeweils betroffenen Funktionsbereiche zusammensetzen, da diese die eigenen Ressourcen und Fähigkeiten sowie die Leistungserstellungsprozesse genau kennen. Auch sind diese den potenziellen Partnern zum Teil schon bekannt und können daher vertrauensbildend wirken. Zum anderen sollte es jedoch auch eine funktionsübergreifende Perspektive besitzen, um die strategischen Zielsetzungen fachbereichsunabhängig zu beurteilen und die Kompatibilität der angestrebten Beziehungsziele mit der Unternehmensstrategie zu gewährleisten.[672]

Parallel zur den Verhandlungen sind beispielsweise durch das Aufzeigen möglicher Beziehungserträge Anreize für die potenziellen Partner zu schaffen, die Partnerschaft einzugehen.[673] Hierfür sind beispielsweise Umsatz- und Absatzpotenzialanalysen durchzuführen und ihre Erschließbarkeit im Rahmen der Zusammenarbeit möglichst quantitativ und qualitativ zu begründen. Dabei hat der Händler anstelle des bisher eher machtbetonten und dominanten Verhaltens die gegenseitige Abhängigkeit bei der Erreichung der Kooperationspotenziale herauszuarbeiten.[674] Allerdings ist das wahrgenommene Risiko, beziehungsspezifische Investitionen auf Basis dieser Informationen zu tätigen, noch immer relativ hoch, da aufgrund fehlenden Informationsaustausches wenig Transparenz besteht und bisher auch kaum Vertrauen in den Händler bezüglich nichtopportunistischer Verhaltensweisen aufgebaut werden konnte. Damit der Hersteller trotzdem bereit ist, in Prozessverknüpfungen und notwendige Technologie zu investieren, ist das wahrgenommene Risiko zu reduzieren.[675] Eine Möglichkeit hierfür ist, dass der Händler durch risikoreiche Vorleistungen wie beispielsweise durch die Weitergabe sensibler Informationen sein Beziehungscommitment signalisiert.[676] Besondere Bedeutung hat hierbei sicherlich auch die Reputation des Händlers als fairer ECR-Kooperations-

[671] Vgl. Borchert (2001), S. 112, Obersojer (2009), S. 34, Schmickler (2001), S. 174ff., Schmickler/ Rudolph (2002), S. 133.

[672] Vgl. Schmickler (2001), S. 320.

[673] Vgl. Liu/ Tao/ Yuan/ El-Ansary (2008), S. 13, Ploetner/ Ehret (2006), S. 7.

[674] Vgl. Kim/ Park/ Ryoo/ Park (2010), S. 868, Ploetner/ Ehret (2006), S. 7.

[675] Vgl. Möll/ Jacobsen (2002), S. 210.

[676] Vgl. Jap/ Ganesan (2000), S. 232, Liu/ Tao/ Yuan/ El-Ansary (2008), S. 13, Vazquez/ Iglesias/ Alvarez-Gonzales (2005), S. 133. Zum lieferantengerichteten „Signaling" vgl. vertiefend Stölzle/ Heusler (2003), S. 188.

partner.[677] Darüber hinaus ist an einem schnellen Vertrauensaufbau zu arbeiten. Hierfür bietet es sich an, schon vorhandene charakterbasierte Vertrauensbeziehungen zu nutzen und über diese auch institutionelles Vertrauen zu entwickeln. Dabei haben die charakterbasierten Vertrauensträger zum einen die Fähigkeit zu erklären, dass das Handelsunternehmen unabhängig von dem spezifischen Vertrauensträger in der Lage ist, die eigenen Leistungsbeiträge zu erbringen, und Verhaltensweisen nicht opportunistisch ausnutzt. Dafür können sie beispielsweise kommunizieren, welche Verhaltensweisen und Werte in Bezug auf kooperative Zusammenarbeit im Handelsunternehmen gelebt werden, oder auf den erfolgreichen und partnerschaftlichen Umgang mit Konflikten in der Vergangenheit verweisen.[678]

Die organisatorische Verankerung des Beziehungsmanagements während der Initiierungsphase ist nur situativ zu beurteilen. Bestehen beispielsweise schon langjährige Lieferantenbeziehungen zwischen Hersteller und Händler, können diese Beziehungen Ausgangspunkt für eine effizienzorientierte Zusammenarbeit sein. Folglich sind dann auch in den Fachbereich integrierte Beziehungsmanager zu Beginn gut geeignet, die Zusammenarbeit mit dem Hersteller über die reine Einkaufsbeziehung auf eine Schnittstellenoptimierung hin zu vertiefen. Erst wenn darüber hinaus auch strategische Zielsetzungen angestrebt werden und die Austauschbeziehungen damit multidimensionaler und konfliktanfälliger werden, können die Vorteile eines zentralen Managements überwiegen. Soll jedoch eine Beziehung zu einem ganz neuen Hersteller initiiert werden und die Beziehung von Beginn an auch strategische Ziele verfolgen, erscheinen die Vorteile eines zentralen Beziehungsmanagements von Beginn an zu überwiegen.

(2)   Interaktion von Händlern und Herstellern

In der sich anschließenden Interaktionsphase beginnt die eigentliche Zusammenarbeit von Händlern und Herstellern. In einem ersten Schritt sind die Voraussetzungen für die Interaktion zu schaffen, d.h., es sind ausreichend Mittel finanzieller, technologischer oder personeller Art für die Interaktion bereitzustellen. Zudem sind Beziehungspotenziale und die angestrebten Ziele der Zusammenarbeit allen an der Beziehung beteiligten Personen ausführlich zu erklären, damit sich ein einheitliches Beziehungsverständnis und beziehungsspezifische Normen und Verhaltensweisen bei den Beteiligten entwickeln können.[679] Anschließend sind beziehungsspezifische Investitionen in notwendige Informations- und Kommunikationstechnolo-

---

[677]   Vgl. Corsten/ Kumar (2005), S. 83, 91, Davis/ Mentzer (2008), S. 438.
[678]   Vgl. Ploetner/ Ehret (2006), S. 7.
[679]   Vgl. Ploetner/ Ehret (2006), S. 7.

gien zu tätigen.[680] Einerseits schaffen die Investitionen überhaupt erst die Voraussetzungen für ein integriertes Marketing- und Suppy-Chain-Management im Rahmen der ECR-Partnerschaft. Andererseits führen sie dazu, dass die Partner eher bereit sind, sich proaktiv an beziehungsspezifischen Aktivitäten zu beteiligen, weil die beziehungsspezifischen Investitionen zu einer Art „Lock-in-Effekt" führen.[681] Dieser entsteht, wenn eine Beendigung der Zusammenarbeit mit Kosten für denjenigen verbunden ist, der die Zusammenarbeit nicht weiter fortführen will, da die beziehungsspezifischen Investitionen weitestgehend wertlos werden. Da die Partner nicht mehr bereit sind, die Zusammenarbeit wegen kurzzeitiger Vorteile in Bezug auf die konfliktäre Ausgestaltung absatzpolitischer Instrumente zu riskieren, steigt auch die Wahrscheinlichkeit, dass Händler und Hersteller Konfliktpotenziale der Beziehung proaktiv zu beseitigen versuchen, um mögliche Komplikationen in der Zusammenarbeit von Beginn an zu verhindern. Dadurch kann die von den Partnern empfundene Gerechtigkeit bezogen auf die geleisteten Beiträge und die Verteilung der Erträge der Beziehung und damit die Wahrscheinlichkeit der Aufrechterhaltung der Beziehung wiederum erhöht werden.[682]

Anschließend ist die Zusammenarbeit der bei der Initiierung grob definierten Verknüpfung der Wertketten und Schnittstellen inhaltlich zu konkretisieren.[683] Dafür sind die unternehmensinternen Prozesse auf die Anforderungen der Beziehung hin anzupassen und die interorganisationalen Prozesse im Detail so zu definieren, dass die Partner ihre Leistungen effektiv und effizient in die Beziehung einbringen können.[684] Zudem sind die in der konkretisieren Zusammenarbeit anfallenden Aufgaben auf die beteiligten Akteure von Händler und Hersteller entsprechend ihren Kompetenzen zu verteilen.[685] Den Aufgabenträgern sind dann Ressourcen und Budgets zuzuordnen.

Die Zuordnung von Aufgaben hat an den Prozessen anzusetzen, weil so ein direkter Zusammenhang zwischen den Inhalten der Zusammenarbeit und der Aufgabenverteilung zwischen den Partnern gewährleitstet wird. Händler und Hersteller können über gemeinsame Prozesse Zeitpunkte der Zusammenarbeit, spezifische Aktivitäten und notwendige Beiträge definieren.[686] Dabei ist vor dem Hintergrund der angestrebten Zielsetzung der Partnerschaft zu prüfen, ob eine serielle oder reziproke Prozessstruktur angestrebt wird. Dafür ist die Leis-

---

[680] Vgl. Fang/ Wu Jyh-Jeng/ Fang/ Chang/ Chao (2008), S. 977ff., Sheu/ Yen/ Chae (2006).
[681] Vgl. Corsten/ Kumar (2005), S. 80ff., Fang/ Wu Jyh-Jeng/ Fang/ Chang/ Chao (2008), S. 977ff., Sheu/ Yen/ Chae (2006).
[682] Vgl. Corsten/ Kumar (2005), S. 80ff.
[683] Vgl. Backhaus/ Meyer (1993), S. 333, Froschmayer (1997), S. 119f., Schögel (2006), S. 143, Winkler (1999), S. 154f..
[684] Vgl. Fang/ Wu Jyh-Jeng/ Fang/ Chang/ Chao (2008), S. 979ff., Möll/ Jacobsen (2002), S. 204.
[685] Vgl. zu den Organisationsprinzipien auch III.2.
[686] Vgl. Schögel (2006), S. 286.

tungserbringung der Partner inhaltlich genau zu definieren und zeitlich genau abzustimmen. Es sind die sogenannten „Touchpoints" zwischen den Wertschöpfungsketten von Händler und Hersteller zu definieren und die Verknüpfungen der Prozesse so zu organisieren, dass die angestrebten Zielsetzungen erreicht werden können und dabei aber möglichst wenige Reibungsverluste oder Doppelarbeiten entstehen.[687] Hierfür sind vom Beziehungsmanagement zum einen die fachbereichsbezogenen Barrieren aufzubrechen und fachbereichs- oder sogar organisationsübergreifende Teamstrukturen zu etablieren sowie aufgabenadäquate Informations- und Kommunikationsstrukturen zwischen den Aufgabenträgern zu gestalten.[688] Beispielsweise sind Verknüpfungen zwischen der Marketing-Abteilung des Händlers mit den POS-Daten und der Marketing-Abteilung des Herstellers mit den Marktforschungsdaten und der Forschungs- und Entwicklungsabteilung des Herstellers zu schaffen und organisatorisch zu verankern. Dabei ist dann auch zu klären, ob Händler und Hersteller mit ihren Systemen direkten Zugriff auf die Daten des Partners erhalten oder ob die Daten im Rahmen regelmäßiger Austauschprozesse weitergeben werden. Ferner sind durch das Beziehungsmanagement Managementsysteme zu etablieren, um die Aktivitäten der Aufgabenträger auch interorganisational abstimmen zu können.[689] Dabei ist insbesondere auch darauf zu achten, dass die Anreizstrukturen bestehender Managementsysteme an die Beziehungsziele angepasst werden, d.h. dass Anreize geschaffen werden, die Effektivität und Effizienz der Wertschöpfung nicht mehr organisationsintern, sondern organisationsübergreifend zu optimieren.[690]

Neben der grundsätzlich von beiden Seiten als fair empfundenen Aufteilung der Beziehungsgewinne ist insbesondere darauf zu achten, dass bei Beteiligten keine Zweifel an der Vorteilhaftigkeit der Beziehung auftauchen.[691] Dabei helfen zum einen schnell quantifizierbare Teilergebnisse, sogenannte „Quick-Wins" einer erweiterten Kooperation. Mögliche „Quick-Wins" sind beispielsweise die Anzahl gemeinsam entwickelter Produktideen, bevor diese letztendlich realisiert werden. Darüber hinaus ist es notwendig, dass alle beteiligten Mitarbeiter über die konkreten Gesamt- und Teilzielsetzungen informiert sind und eine klare Prioritätensetzung bezüglich der Teilzielerreichung erfolgt, da so ein Bewusstsein bei den Betroffenen für die Bedeutung der Beziehung geschaffen wird. Schließlich sind die Rollenanforderungen an die beteiligten Mitarbeiter zu definieren.[692]

---

[687]   Vgl. Obersojer (2009), S. 35f..

[688]   Vgl. Rudolph/ Schmickler (2000), S. 214.

[689]   Vgl. Rudolph/ Schmickler (2000), S. 214.

[690]   Vgl. Ploetner/ Ehret (2006), S. 8.

[691]   Vgl. Ryals/ Humphries (2007), S. 15.

[692]   Vgl. Obersojer (2009), S. 35f., Schmickler/ Rudolph (2002), S. 143f..

Ferner ist eine Form von Konfliktmanagement zu schaffen, um die Bewältigung von auf-
tretenden Konflikten in der Zusammenarbeit sicherzustellen. Hierfür ist es notwendig, dass
der Hersteller dem Beziehungsmanagement des Händlers die kritischen Anforderungen an die
Zusammenarbeit kommuniziert. Gleichzeitig sind Vertrauenspersonen und Verfahren bzw.
Schiedsstellen zur Konfliktbewältigung festzulegen. Das Ziel dabei ist, dass der Hersteller
nicht nur auf Konflikte reagieren kann, indem er sich nach ihrem Auftreten an das Konfliktmanagement wendet, sondern sich proaktiv in die Lösung von Konflikten einbringen kann,
bevor diese durch konfliktäre Ausgestaltung absatzpolitischer Instrumente offen zu Tage treten.[693]

III.3.2   Möglichkeiten zur Kontrolle und Weiterentwicklung der ECR-Beziehung

Das letzte Unterkapitel widmet sich mit der Kontrolle und Bewertung der Beziehungsinterak-
tion (1) einer wichtigen Voraussetzung für die Weiterentwicklung und Anpassung der Beziehung an Kontextveränderungen. Als weitere Möglichkeit zur Weiterentwicklung der Beziehung wird abschließend die Forcierung von Lernprozessen durch das Beziehungsmanagement
thematisiert (2).

(1)   Kontrolle und Bewertung der Beziehung

Ausgangspunkt der Kontrolle und Beziehungsbewertung ist das Erreichen oder Nichterrei-
chen der eingangs definierten ECR-Ziele. Die Zielerreichung kann durch einen Soll-Ist-
Vergleich beurteilt werden.[694] Auf dieser Basis kann dann überprüft werden, ob die angestrebten Ziele der ECR-Partnerschaft erreicht worden sind und die Beziehung mit den entsprechenden Herstellern fortgeführt werden soll oder ob gegebenenfalls Änderungen einzulei-
ten sind. Grundsätzlich bedarf es für die Beurteilung des Beziehungserfolgs also eines funktionierenden Informationsaustausches und einer gewissen Formalisierung. Trotzdem ist die
Messbarkeit des Beziehungserfolges oft mit erheblichen Schwierigkeiten verbunden. Während zur Überprüfung von effizienzorientierten Zielen meist quantitative Ergebnisgrößen zur
Verfügung stehen, lassen sich die mehrwertbezogenen Ziele häufig nur auf Basis qualitativer
Beurteilungsmaßstäbe messen. Diese sind aber nur schwer objektiv messbar und werden daher von den Partnern oft unterschiedlich beurteilt. Schmickler und Rudolph (2002) entwickeln

---

[693] Vgl. Chang/ Gotcher (2010), S. 287ff., Schmickler/ Rudolph (2002), S. 143f., Schmickler (2001), S. 359.
[694] Vgl. Rudolph/ Schmickler (2000), S. 215.

zur Beurteilung von ECR-Partnerschaften ein „Kooperations-Cockpit".[695] In Anlehnung an die Balanced Scorecard unterscheiden sie die Bereiche „Entwicklung der Geschäftsbeziehung", „Ökonomischer Erfolg", „Reaktion der Endverbraucher" und „Unternehmensinterne Entwicklung". In diesen vier Bereichen wird der Beziehungserfolg anhand definierter qualitativer und quantitativer Messgrößen beurteilt. Dabei werden die Messgrößen beziehungsspezifisch aus den Zieldefinitionen der Initiierungsphase abgeleitet.

Werden die angestrebten Ziele nicht oder nur teilweise erreicht, ist zu prüfen, ob die Zielerreichung im Rahmen der dominanten Prozessstruktur überhaupt möglich ist. So können im Rahmen von ECR-Partnerschaften distributionsstufenübergreifende Effizienzoptimierungen im Rahmen sequenzieller Prozessstrukturen erzielt werden.[696] Da wie in Teil II dieser Arbeit diskutiert effizienzbezogene Zielsetzungen weniger konfliktbelastet sind und die dafür notwendigen eher sequenziell geprägten interorganisationalen Prozessstrukturen daher auch relativ einfach zu managen sind, kann es von Vorteil sein, die Zusammenarbeit mit einem Hersteller hier zu beginnen. Funktioniert die Beziehung in Bezug auf effizienzoptimierende Maßnahmen, kann das ECR-Projekt im Anschluss um mehrwertschaffende Zielsetzungen erweitert werden. Hierfür bedarf es dann jedoch einer verstärkten rezi-proken Zusammenarbeit, für welche die beziehungsspezifischen Strukturen zu modifizieren sind. Zu diesem Zweck ist die Zusammenarbeit über strategische Zielsetzungen und operative Prozessverknüpfungen auf interpersonale und kulturelle Aspekte auszuweiten. Dabei hat das Beziehungsmanagement insbesondere sicherzustellen, dass ein Ausgleich der weiterführenden Interessen von Händlern und Herstellern erfolgt. Ein dezentrales Beziehungsmanagement ist aufgrund der Nähe zum Leistungserstellungsprozess auf den ersten Blick gut geeignet, die effizienzbezogenen ECR-Zielsetzungen zu kontrollieren und zu bewerten. Allerdings ist es fraglich, ob ein in den Leistungserstellungsprozess integrierter Beziehungsmanager die gleichen Bewertungsmaßstäbe wie ein zentral verorteter Beziehungsmanager anlegen würde, da er selbst in die Leistungserstellung eingebunden ist und damit selbst zum Leistungsergebnis beigetragen hat. Zudem ist anzunehmen, dass die Bewertungsmaßstäbe von den verschiedenen Beziehungsmanagern in den Fachbereichen unterschiedlich ausgelegt werden und die Bewertung daher unterschiedlich erfolgt. Ein zentrales Beziehungsmanagement erscheint daher besser als ein dezentrales Beziehungsmanagement geeignet eine gleichartige Bewertung über alle Fachbereiche sicherzustellen und gleichzeitig zu gewährleisten, dass die Beziehung objektiv bewertet wird, da sie nicht von denen beurteilt wird, die selbst an der Leistungserstellung beteiligt waren. Zudem

---

[695] Vgl. Schmickler/ Rudolph (2002), S. 146f..

[696] Vgl. Sabath/ Autry/ Daugherty (2001), S. 99ff., Sheu/ Yen/ Chae (2006), S. 24ff..

kann ein zentrales Beziehungsmanagement die gesamte Beziehung überblicken und daher insbesondere die fachbereichsübergreifenden Zielsetzungen besser bewerten als ein dezentrales Beziehungsmanagement. Allerdings ist hierfür sicherzustellen, dass das zentrale Beziehungsmanagement ausreichend Informationen über die Beziehungssituation in den Fachbereichen besitzt. Die Bewertung wird daher nicht autonom, sondern nur in enger Zusammenarbeit mit den beteiligten Fachbereichsmitarbeitern erfolgen können.

Somit kann daher festgehalten werden, dass die Kontrolle und Bewertung der effizienzbezogenen ECR-Zielsetzungen sicher relativ unproblematisch auf Fachbereichsebene erfolgen kann. Für die Kontrolle und Beurteilung der strategischen Zielsetzungen zur mehrwertgenerierenden Verbesserung der Handelsleistung erscheint ein zentrales Beziehungsmanagement von Vorteil.

(2)   Gestaltung von Lernprozessen

Die Nutzung von Lernprozessen im Verlauf der Beziehung von Händlern und Herstellern wird oft als äußerst bedeutend für das Erreichen von mehrwertgenerierenden ECR-Zielen angesehen.[697] Bei der Nutzung von Lernprozessen geht es zum einen darum, wie Partner ihr spezifisches Wissen und eigene Erfahrungen in die Zusammenarbeit einbringen und gleichzeitig vom Wissen und den Erfahrungen des Partners lernen können. Zum anderen wird thematisiert, wie Wissen im Verlauf der Zusammenarbeit aktiv generiert und so gemeinsames Lernen innerhalb der Beziehung forciert werden kann.[698] Als Herausforderung ist dabei zu berücksichtigen, dass Händler und Hersteller unternehmensspezifische Zielsetzungen verfolgen, und daher unterschiedliches Wissen aus der Beziehung zu gewinnen.[699]

Grundsätzlich sind Lernprozesse und Lerninhalte erst einmal eng mit der Beziehungsart, den Beziehungszielsetzungen und den interorganisationalen Prozessen in der Beziehung verbunden.[700] So kann es in primär effizienzbezogenen ECR-Partnerschaften ausreichen, danach zu streben, eigenes Wissen aufzubauen und einen weitreichenden Know-how-Abfluss an die Partner zu verhindern, weil die Bedeutung der Kopplung von Wissensbasen zur Generierung

---

[697]   Vgl. beispielsweise die Veröffentlichungen von Büchel (1997), Doz (1996), Fang/ Wu Jyh-Jeng/ Fang/ Chang/ Chao (2008), Jap/ Ganesan (2000), Rindfleisch/ Moorman (2003), Schögel (2006), Selnes/ Sallis (2003).

[698]   Wissen und Lernen sind eng miteinander verknüpft, da Wissen die kognitiven Strukturen eines Unternehmens beschreibt und Lernen den Entwicklungsprozess der Wissensbasis in Unternehmen erfasst. Vgl. Probst/ Büchel (1998), S. 24f., Schögel (2006), S. 316. Zur Entwicklung von Wissen in Beziehungen als Basis von Wettbewerbsvorteilen vgl. Tzokas/ Saren (2004), S. 124ff..

[699]   Vgl. Hamel (1991), S. 99.

[700]   Vgl. Fang/ Wu Jyh-Jeng/ Fang/ Chang/ Chao (2008), S. 978, Payne/ Storbacka/ Frow (2008), S. 83ff.

ganz neuen Wissens für eine reine Schnittstellenoptimierung meist nicht notwendig ist.[701] Den Beziehungspartnern geht es dann primär um individuelles Lernen. In ECR-Partnerschaften, die eine für Konsumenten mehrwertgenerierende Verbesserung der Handelsleistung anstreben, sind aufgrund der reziproken Prozessstrukturen insbesondere solche Lernprozesse von Bedeutung, die eigenes Wissen mit dem der Partner verknüpfen, da nur so eine Kopplung vorhanden Wissens und eine Generierung ganz neuen Wissens ermöglicht wird.[702] In einer solchen Partnerschaft ist also ein gewisses kollektives bzw. beziehungsspezifisches Lernen anzustreben.

Werden die Lernmotive in ECR-Beziehungen nach unternehmensindividuellen und kollektiven Lernvorteilen differenziert, so können also in Abhängigkeit von Beziehungszielsetzung und Prozessstruktur Schwerpunkte zugunsten eines individuellen oder kollektiven Lernvorteils vermutet werden.[703] Je höher der Anteil wahrgenommener individueller Lernvorteile in der Beziehung für den jeweiligen Händler oder Hersteller ist, desto weniger wird er sich wahrscheinlich in kollektiven Lernprozessen engagieren, da der zusätzliche Nutzen aus den kollektiv gewonnenen Erkenntnissen im Vergleich zu den individuell erlernten Kenntnissen niedrig ist. In der Folge sind sie dann auch nur sehr begrenzt bereit, in kollektive Ressourcen zur Wissensgenerierung zu investieren.[704] Somit scheint das Erreichen effizienzbezogener Zielsetzungen, die primär individuelle Lernprozesse erfordern, eine Voraussetzung für darüber hinausgehende mehrwertbezogene ECR-Zielsetzungen zu sein, die verstärkt auf kollektiven Erkenntnissen beruht.

Vor dem Hintergrund unternehmensindividueller und kollektiver Lernvorteile lassen sich zwei unterschiedliche Lernprozesse unterscheiden: synchronisiertes Lernen mit Hilfe der Beziehung und integriertes Lernen in der Beziehung.[705] Wird in den effizienzorientierten ECR-Partnerschaften primär individuelles Lernen angestrebt, dann basiert dies auf gemeinsamen Informationen und Erfahrungen, die aus synchronisierten Lernprozessen gewonnen werden. Aus diesen ziehen Händler und Hersteller jedoch ihre eigenen Schlüsse und nutzen die Lernvorteile primär intraorganisational. Die aus der Beziehung gewonnenen Erkenntnisse werden dann also hauptsächlich dazu genutzt, individuelle Lernvorteile zu generieren. Damit ganz neue Erkenntnisse generiert werden können, scheint jedoch ein rezi-proker Wissensaustausch

---

[701] Vgl. hierzu Unterkapitel II.1.1 dieser Arbeit.

[702] Vgl. Elg/ Heli (2008), S. 223, Hackney/ Desouza/ Loebbecke (2005), S. 2, Schögel (2006), S. 318.

[703] Vgl. Analogien bei Khanna/ Gulati/ Nohria (1998), S. 193ff..

[704] Vgl. Hackney/ Desouza/ Loebbecke (2005), S. 9f..

[705] Vgl. Schögel (2006), S. 320.

notwendig.[706] Dafür haben Händler und Hersteller ihre individuell gewonnenen Erkenntnisse zu integrieren und kollektiv auszuwerten.[707] Selness und Sallis (2003) beschreiben einen solchen integrierten Lernprozess als

„a joint activity between a supplier and a customer in which the two parties share information, which is then jointly interpreted and integrated into a shared relationship-domain-specific memory that changes the range or likelihood of potential relationship-domain-specific behavior." (Selnes/ Sallis (2003), S. 80)

Damit die hierfür notwendigen Informationen und relevanten Erkenntnisse allen zur Verfügung gestellt werden können, sind durch ein Beziehungsmanagement entsprechende Infrastrukturen und Schnittstellen zu schaffen.[708]

Synchronisierte Lernprozesse erscheinen zur Realisierung der effizienzbezogenen ECR-Zielsetzung ausreichend, da Hersteller und Händler ihre Schnittstellen aus ihren individuell gewonnenen Erkenntnissen auch individuell optimieren können. Zur Realisierung der mehrwertbezogenen ECR-Zielsetzungen erscheint dagegen entsprechend den reziproken Leistungsprozessen auch ein reziproker Wissensaustausch im Rahmen integrierter Lernprozesse von zentraler Bedeutung. So können die Partner erstens Erkenntnisse über ihre eigene Situation erlangen und so unternehmensinterne Leistungserstellungsprozesse verbessern. Beispielsweise kann ein Händler durch den Austausch von Informationen über Abverkaufszahlen in Reaktion auf absatzpolitische Maßnahmen im Sortiment, Ladengestaltung oder Promotions Rückschlüsse auf die Gründe für Veränderungen in der Bonsumme oder der durchschnittlich verkauften Artikel pro Kunde ziehen. Zweitens können aus solchen integrierten Lernprozessen aber auch kollektive Lernvorteile generiert werden. So können Händler und Hersteller aus den Informationen über Abverkaufszahlen in Reaktion auf absatzpolitische Maßnahmen gemeinsame Sortimentsschwachstellen identifizieren und diese durch eine passende Angebotsergänzung beseitigen. Hierfür sind die Erkenntnisse aus den aufeinander abgestimmten unternehmensindividuellen Aktivitäten jedoch in einem partnerschaftlichen Prozess kollektiv auszuwerten.

Vor dem Hintergrund der lange Zeit durch Opportunismus geprägten Beziehung scheinen sich Händler und Hersteller jedoch besonders schwer damit zu tun, kollektive Lernprozesse aus den unternehmensspezifischen Aktivitäten zu akzeptieren. Daher ist der Aufbau von Vertrauen, Reputation und Commitment wesentliche Voraussetzung für kollektives Lernen in integrierten Lernprozessen.[709] Zudem bedarf es eines umfangreichen und institutionalisierten

706 Vgl. Chang/ Gotcher (2010), S. 289, Selnes/ Sallis (2003), S. 80ff..
707 Vgl. Khanna/ Gulati/ Nohria (1998), S. 197, Schögel (2006), S. 320.
708 Vgl. Fang/ Wu Jyh-Jeng/ Fang/ Chang/ Chao (2008), S. 979, Selnes/ Sallis (2003), S. 85ff..
709 Vgl. Guenzi/ Troilo (2006), S. 985, Tzokas/ Saren (2004), S. 131.

Informationsaustausches nicht nur im Bereich der Leistungserstellung, sondern auch im Feedback zur Beurteilung der Ergebnisse. Damit die Lerngewinne trotz divergierender Lerninteressen von Händler und Hersteller gerecht verteilt werden, bedarf es schließlich auch einer gewissen Messbarkeit über Anzahl und Umfang der durch die Lernprozesse gewonnenen Erkenntnisse für die jeweiligen Partner.

In Bezug auf die Vorteilhaftigkeit der organisatorischen Verankerung erscheint ein dezentrales Beziehungsmanagement aufgrund der Nähe zum Leistungserstellungsprozess gut geeignet, individuelles Lernen zu forcieren. Kollektives Lernen in integrierten Lernprozessen erscheint aufgrund der reziproken Leistungs- und Feedback-Prozesse dezentral jedoch kaum möglich. Da solche Lernprozesse fachbereichsübergreifend institutionalisiert werden müssen, es dabei jedoch nicht immer einer direkten Verknüpfung mit den Leistungserstellungsprozessen bedarf, scheint ein zentralisiertes besser als ein dezentrales Beziehungsmanagement geeignet, kollektives Lernen in integrierten Lernprozessen zu forcieren.

Der beschriebene Zusammenhang zwischen den Optionen der organisatorischen Verankerung und den Koordinationsmechanismen in Abhängigkeit der jeweiligen Phasen- bzw. Aufgabenschwerpunkte wird in Abb. III.4 zusammenfassend dargestellt.

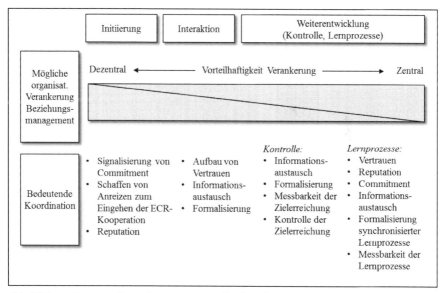

Abb. III-4:   Zusammenhang der organisatorische Verankerung, Koordinationsmechanismen und Phasen- bzw. Aufgabenschwerpunkte (Quelle: Eigene Darstellung)

SCHLUSSBETRACHTUNG

Wie in der Einleitung erläutert, wird die Veränderung der Zusammenarbeit von Händlern und Herstellern zur Verringerung der Austauschbarkeit der Handelsleistung und der damit einhergehenden Entschärfung des Preiswettbewerbs von Vertretern der Wissenschaft und Praxis immer wieder betont. Erstaunlich ist jedoch, dass sich wissenschaftliche Veröffentlichungen im Bereich der Handelsforschung bisher nicht umfassend und theoriegeleitet damit beschäftigt haben, welchen Beitrag die Beziehungen von Händlern und Herstellern zur Schaffung komparativer Wettbewerbsvorteile leisten und welche Herausforderungen dabei zu bewältigen sind. In der Literatur und Managementpraxis werden zwar schon seit Mitte der 1990er Jahre Konzepte und Instrumente zur Verbesserung der vertikalen Zusammenarbeit von Händlern und Herstellern diskutiert. Allerdings ist bisher keine umfassende Verknüpfung der beziehungsorientierten Sichtweise mit einem Managementfokus erfolgt, der auf eine mehrwertgenerierende Verbesserung der Handelsleistung abzielt und damit die Beeinflussung der vertikalen Beziehungen in den Mittelpunkt der Suche nach strategischen Alternativen zur vorherrschenden Preisorientierung stellt. Zudem sind bisher auch keine umfassenden und theoriegeleiteten Veröffentlichungen darüber zu finden gewesen, welche Gestaltungsfelder in einem herstellergerichteten Beziehungsmanagement zu berücksichtigen sind und wie diese ausgestaltet werden können.[710] Anknüpfend an diese Defizite war die Zielsetzung der Arbeit, die strategischen Potenziale interorganisationaler ECR-Beziehungen von Händlern und Herstellern systematisch und theoriegeleitet zu analysieren sowie die grundsätzlichen Gestaltungsfelder eines herstellergerichteten Beziehungsmanagements zur Realisierung der beziehungsinhärenten Potenziale zu untersuchen. So sollte mit dieser Dissertation ein Beitrag geleistet werden, den Stand der Forschung im Bereich des strategischen Handelsmanagements um eine beziehungsorientierte Perspektive zu erweitern. Zudem sollten Gestaltungshinweise für das Management der Händler-Hersteller-Beziehung aus Sicht des Handels erarbeitet werden. Im Folgenden werden die zentralen Ergebnisse zunächst zusammengefasst rekapituliert (1). Anschließen werden diese dann einer kurzen kritischen Betrachtung unterzogen (2), um abschließend Ansatzpunkte für weitere Forschungsbemühungen aufzuzeigen (3).

(1) Zusammenfassung zentraler Ergebnisse

Der erste Teil der Dissertation diente dem Schaffen einer allgemeinen Basis als Grundlage der späteren Untersuchung. Hierfür wurden zunächst die definitorischen Grundlagen zur Eingren-

---

[710] Vgl. hierzu das Forschungsdefizit in den einführenden Bemerkungen zu dieser Arbeit.

zung der dieser Arbeit zugrundeliegenden spezifischen Perspektive der Handelsbranche vermittelt. Anschließend erfolgte eine Skizzierung des relevanten Branchenkontextes, um so ein grundsätzliches Verständnis für die Rahmenbedingungen der Händler-Hersteller-Beziehung zu zeichnen. Dabei wurden die Veränderungen im Konsumentenverhalten, die technologischen Entwicklungen, das Wachstum von Discountern und Handelsmarken sowie die anhaltende Konsolidierung als maßgebliche Treiber der sich verschärfenden und primär preisorientierten Wettbewerbssituation im Handel identifiziert. Anschließend erfolgte eine Diskussion der aktuellen wettbewerbsstrategischen Ansatzpunkte im Handel vor dem Hintergrund der aktuellen Herausforderungen. Dabei wurde zunächst die Bedeutung der Schaffung von Wettbewerbsvorteilen durch einen einzigartigen, dem Kunden einen Mehrwert bietenden Nutzen erläutert. Danach wurden die Markt- und Ressourcenorientierung als klassische Ansatzpunkte zur Entwicklung von Wettbewerbsstrategien beschrieben und die vorherrschende Preisorientierung in diesen Rahmen eingeordnet.

Zum Abschluss des ersten Teils der Dissertation erfolgte eine Zwischenbetrachtung. Auf Basis der Erkenntnis, dass die Handelsbranche einem dynamischen Veränderungsprozess unterliegt, wurde die Notwendigkeit einer interorganisationalen strategischen Perspektiverweiterung zur Generierung nachhaltiger Wettbewerbsvorteile durch eine mehrwertgenerierende Handelsleistung beschrieben. Dabei wurde herausgearbeitet, dass Handelsunternehmen für die systematische Entwicklung einer mehrwertgenerierenden Handelsleistung einen theoretisch gestützten Rahmen benötigen, der neben den Marktbedingungen und den unternehmensinternen Ressourcen auch die Beziehung mit den Herstellern berücksichtigt.

Basierend auf den Erkenntnissen des ersten Teils wurden im zweiten Teil der Dissertation die klassischen wettbewerbsstrategischen Ansatzpunkte Markt- und Ressourcenorientierung um eine beziehungsorientierte Perspektive erweitert und die Brauchbarkeit von Efficient Consumer Response als konzeptionellem Rahmen einer strategischen Zusammenarbeit von Händlern und Herstellern geprüft. Dazu wurden im ersten Schritt die wissenschaftstheoretischen Beziehungspotenziale aus den Perspektiven der Neuen Institutionenökonomie und des Relational View skizziert. Hierbei wurde dargestellt, dass eine kooperative Zusammenarbeit von Händlern und Herstellern aus Sicht der Neuen Institutionenökonomie Wettbewerbsvorteile generieren kann, weil die Anreize marktorientierter Beziehungen mit den Effizienzvorteilen hierarchischer Beziehungen verbunden werden können. Aus der Perspektive des Relational View wurde argumentiert, dass durch die Kombination komplementärer Ressourcen und Fähigkeiten Händler und Hersteller gemeinsam einen höheren Wert realisieren, als es ihnen alleine möglich gewesen wäre und die so realisierten relationalen Renten einer kooperativen Zusammenarbeit Ursprung von Wettbewerbsvorteilen sein können. Anschließend wurden

Zielkonflikte im Bereich der Sortiments-, Preis-, Distributions- und Kommunikationspolitik thematisiert, welche die Realisierung der von der Wissenschaft in Aussicht gestellten Beziehungspotenziale bisher weitestgehend verhindert haben.

Im zweiten Schritt konnte dann untersucht werden, inwieweit ECR vor dem Hintergrund der Konflikte zwischen Händlern und Herstellern als konzeptioneller Rahmen einer strategischen Zusammenarbeit geeignet ist, um den Wert der Handelsleistung für Kunden durch die verstärkte Erfüllung komplexer Konsumbedürfnisse zu steigern. Die Untersuchung hat gezeigt, dass die Supply-seitigen Konzeptbestandteile primär auf eine Verbesserung der Effizienz durch Optimierung der Systemprozesse und die daraus resultierenden Kostensenkungen abzielen. Die Supply-seitigen Effekte auf die Handelsleistung im Sinne einer kooperativen Verbesserung der Wertigkeit der Handelsleistung für die Konsumenten zur Steigerung der Zahlungsbereitschaft und des Kundenzuspruchs unabhängig vom Preis wurden dagegen eher als gering eingeschätzt. Darüber hinaus zeigte die Untersuchung auch, dass die Konzeptbestandteile kaum zur Bewältigung der Zieldivergenzen zwischen Händlern und Herstellern und den daraus resultierenden Konflikten beitragen, weshalb angenommen wurde, dass sich die Beziehung von Händlern und Herstellern durch diese nicht grundsätzlich verbessern lässt. Die Ergebnisse der Analyse der Demand-seitigen Konzeptbestandteile deuteten darauf hin, dass auf eine Verbesserung der Handelsleistung im Sinne einer Mehrwertsteigerung für Konsumenten abgezielt wird. Allerdings konnte auch festgestellt werden, dass die Konzeptbestandteile insgesamt eher operativ ausgerichtet sind und grundsätzliche strategische Fragestellungen in Bezug auf den Mehrwert der Handelsleistung in den Konzeptbestandteilen nicht ausreichend Beachtung finden. Darüber hinaus wurde festgestellt, dass die Gestaltung eines organisatorischen Rahmens zum Ausgleich der Zieldivergenzen und der daraus resultierenden Konflikte von Händlern und Herstellern nicht berücksichtigt wird, weshalb die Konzeptbestandteile der Demand-Seite auch nicht ohne weiteres zur Realisierung der strategischen Beziehungspotenziale geeignet erscheinen.

Der zweite Teil schloss mit einer zweiten Zwischenbetrachtung zur Notwendigkeit eines übergeordneten Beziehungsmanagements, um die beziehungsinhärenten Potenziale erschließen zu können. Begründet wurde die Notwendigkeit auf Basis der bisherigen Diskussion mit drei Argumenten: Erstens führt die mangelnde Gesamtübersicht der fachbereichs- und organisationsübergreifenden Prozesse dazu, dass strategische Fragestellungen in Bezug auf den Mehrwert der Handelsleistung gegenüber operativen und fachbereichsbezogenen Themen oft vernachlässigt werden. Zweitens wird der Erfolg von strategischen ECR-Zielsetzungen oft durch Konflikte bezüglich der Ausgestaltung der absatzpolitischen Instrumente und der opportunistischen Ausnutzung von Verhaltensspielräumen durch die Beteiligten gefährdet. Drittens impliziert die notwendige reziproke Prozessverzahnung zur mehrwertorientierten Verbesserung der Handelsleistung bedeutende strukturelle und fachbereichsübergreifende Veränderungen in der Organisation des Unternehmens, die jedoch oft nicht konsequent vollzogen werden. Damit hat die Untersuchung jedoch gezeigt, dass nachhaltige Wettbewerbsvorteile nicht durch die ECR-Partnerschaft allein begründet werden, sondern vielmehr auch Folge der Fähigkeit einer effektiven Kontextsteuerung der Beziehung zu Herstellern sind. Deswegen wurde neben der wertschöpfungsstufenübergreifenden Prozessverzahnung eine adäquate Kontextsteuerung der Beziehung durch ein übergeordnetes ECR-Beziehungsmanagement gefordert. Es ist in diesem Zusammenhang als notwendige unternehmensinterne Strukturvariable eines strategischen Handelsmanagements zu verstehen, um durch eine Gesamtübersicht über den Leistungserstellungsprozess strategische Zielsetzungen ausreichend zu berücksichtigen und durch eine offene und partnerschaftliche Beziehungsqualität sowie einen geeigneten organisatorisch-strukturellen Rahmen diese auch zu erreichen.

Der dritte Teil der Dissertation zielte darauf ab, Empfehlungen und Hinweise zu entwickeln, welche zentralen Gestaltungsparameter bei einem herstellergerichteten Beziehungsmanagement zu berücksichtigen sind, damit durch die Berücksichtigung strategischer Zielsetzungen, die Gewährleistung einer offenen und partnerschaftlichen Beziehungsqualität sowie die Schaffung eines geeigneten organisatorisch-strukturellen Rahmens relationale Renten über die reine Prozessoptimierung hinaus realisiert werden können. Dafür wurden theoretisch-konzeptionelle Gestaltungsansätze zum Management von Beziehungen analysiert sowie Kenntnis- und Sachstand zentraler struktureller und prozessbezogener Ansatzpunkte für das Management vertikaler Beziehungen dargestellt. Aus diesen wurden dann Ansatzpunkte zur organisationalen Gestaltung eines herstellergerichteten Beziehungsmanagement von ECR-Beziehungen abgeleitet und ihr Beitrag zur Realisierung der strategischen ECR-Potenziale diskutiert.

Als erstes strukturelles Gestaltungsfeld wurden Optionen der organisatorischen Verankerung des Beziehungsmanagements untersucht. Dabei wurden als Eckpunkte der organisatorischen Verankerungsvorschläge die dezentrale Verankerung der Beziehungsmanagementaufgaben ohne Entscheidungs- und Weisungsbefugnisse und ein zentralisiertes Beziehungsmanagement mit umfangreichen Entscheidungs- und Weisungsbefugnissen ausführlich thematisiert. Eine dezentrale Verankerung des Beziehungsmanagements und eine Integration der Beziehungsmanagementaufgaben in den Kontext der Leistungserstellung erschienen im Hinblick auf die effizienzbezogenen Ziele der ECR-Partnerschaft als relativ unproblematisch. Eine umfangreiche und nachhaltige Realisierung der strategischen ECR-Zielsetzungen wurde jedoch wegen der fehlenden Gesamtübersicht und des daraus resultierenden hohen Abstimmungsaufwandes aufgrund divergierender Ziele von den Fachabteilungen des Händlers sowie von Händler und Hersteller als äußerst problematisch eingeschätzt. Im Anschluss daran wurde dargestellt, dass durch ein zentrales Beziehungsmanagement gewährleistet werden kann, dass Effizienzgewinne und -verluste über verschiedene Fachbereiche hinweg sowie nicht fachbereichsbezogene Effektivitätsgewinne und -verluste der Handelsleistung gleichzeitig berücksichtigt werden. Zudem wurde erläutert, dass eine Ausstattung mit beziehungsbezogenen Entscheidungs- und Weisungsbefugnissen sicherstellen kann, dass geeignete Maßnahmen und Aktivitäten unabhängig von fachbereichsspezifischen Interessen entwickelt und durchgesetzt werden können.

Als zweites strukturelles Gestaltungsfeld wurde anschließend untersucht, mit welchen Koordinations- und Steuerungsmechanismen das Beziehungsmanagement lenkend auf die Zusammenarbeit von Händlern und Herstellern einwirken kann, um Spannungsverhältnisse innerhalb der Beziehung zu entschärfen, kontraproduktive Wirkungen von konfliktären Verhaltensweisen zu vermeiden und die Zusammenarbeit in Bezug auf die strategischen Zielsetzungen der Beziehung hin zu beeinflussen. Vor dem Hintergrund der organisatorischen Verankerungsalternativen wurden dabei zunächst Vertrauen des Herstellers und Reputation des Händlers als bedeutsame weiche Integrationsmechanismen der Beziehungssteuerung und damit auch als entscheidende Determinanten der Beziehungsqualität konkretisiert. Anschließend wurden das Schaffen von Anreizen zu ECR-Aktivitäten und das Signalisieren von Beziehungscommitment als dominante aktorenorientierte Ansätze zur Sicherung einer offenen und partnerschaftlichen Zusammenarbeit thematisiert. Die Beschreibung des Informationsaustauschumfanges und des Formalisierungsgrades sowie der Gewährleistung der Messbarkeit und Kontrolle des Grades der Zielerreichung als maßgebliche Mechanismen einer formalen Steuerung der Zusammenarbeit von Händlern und Herstellern bildete den Abschluss der Untersuchung branchenspezifischer Mechanismen zur Beziehungsbeeinflussung.

Als prozessuale Gestaltungsfelder eines herstellergerichteten ECR-Beziehungsmanagements wurden zum einen phasenspezifische Aufgabenschwerpunkte diskutiert und Ansätze zur Kontrolle und Weiterentwicklung der Beziehung erläutert. Die Beziehungsphasen wurden dabei vereinfacht in die Initiierungs- und die Interaktionsphase unterteilt. Dabei wurde aus den phasenspezifischen Aufgaben abgeleitet, dass während der Initiierungsphase insbesondere die Reputation und der Aufbau von Vertrauen für den Handel von besonderer Bedeutung sind, um Hersteller zum Eingehen einer strategischen ECR-Partnerschaft zu bewegen. Während der Interaktion ist die Zusammenarbeit dann verstärkt zu formalisieren. Dabei sind Anreize durch klar definierte Beziehungsbeiträge und -erlöse zu schaffen. Hierfür sind insbesondere die eher sequentiell geprägten unternehmensinternen Prozesse im Handel auf die mehrdimensionalen Anforderungen der strategischen Zielsetzung hin auszurichten. Darüber hinaus erscheint auch ein deutliches Beziehungscommitment während der Interaktion von Bedeutung für die gemeinsame Entwicklung mehrwertgenerierender Handelsleistungsverbesserungen.

Ergänzt wurde die Untersuchung phasenspezifischer Aufgabenschwerpunkte durch Überlegungen zu den Möglichkeiten einer Kontrolle der Zielerreichung als Basis einer zielgerichteten Weiterentwicklung der Beziehung. Dabei wurde herausgearbeitet, dass die Kontrolle und Bewertung der effizienzbezogenen ECR-Zielsetzungen sicher relativ unproblematisch auf Fachbereichsebene erfolgen kann. Es wurde jedoch auch dargestellt, dass ein zentrales Beziehungsmanagement sicherlich von Vorteil für die Kontrolle und Beurteilung der strategischen Zielsetzungen zur mehrwertgenerierenden Verbesserung der Handelsleistung ist, da es eine fachbereichsübergreifende und objektive Messbarkeit der Leistungsergebnisse gewährleistet. Abschließend wurde die Forcierung von Lernprozessen zur Weiterentwicklung der Beziehung behandelt. Dabei wurde aufgezeigt, dass individuelle Lernmotive in synchronisierten Lernprozessen für die strategischen Zielsetzungen der ECR-Partnerschaft nicht ausreichen. Vielmehr ist durch das Beziehungsmanagement eine Form kollektiven Lernens mit integrierten Lernprozessen durch ein zentrales Beziehungsmanagement anzustreben.

(2)   Kritische Würdigung der Ergebnisse

Wie im ersten Teil der Arbeit ausführlich diskutiert, haben Händler die unternehmensexternen Kontextvariablen und die unternehmensinternen Strukturvariablen zu berücksichtigen, um eine einzigartige strategische Ausrichtung auf Basis eines für den Kunden Mehrwert bietenden Nutzens der Handelsleistung zu erzielen. Allerdings führt die problematische Einstellung vieler Handelsmanager gegenüber strategischen Fragestellungen dazu, dass sich diese weniger durch gezielte Planung, als durch ein Versuch-Irrtum-Vorgehen auszeichnen. In der Folge finden konzeptionelle Fragestellungen bezüglich eines überlegenen Nutzens bzw. eines einzigartigen Mehrwerts der eigenen Handelsleistung oft keine ausreichende Beachtung.[711] So scheint es, als würden fast alle FMCG-Händler ihre Positionierung primär durch den Preis versus die Warenqualität im Vergleich zum Wettbewerb determinieren. Mengen und Umsatzsteigerungen werden daher auch hauptsächlich aus kurzfristigen preis- und kommunikationspolitischen Aktivitäten sowie taktischen Sortimentsänderungen zu erzielen versucht. Standort, Serviceleistungen, Ladengestaltung oder das Personal des Händlers als wettbewerbsstrategische Ansatzpunkte für eine Beeinflussung der Konsumentenpräferenz werden meist nur als

---

[711]   Vgl. Zwischenbetrachtung I dieser Arbeit.

ergänzende Faktoren in die wettbewerbsstrategische Positionierung mit einbezogen. Anscheinend ist ein Großteil der Handelsmanager weiterhin der Meinung, dass die Mehrheit der Konsumenten nicht bereit ist, für einen funktionalen oder psychologischen Mehrwert der Handelsleistung durch einzigartige Sortiments- oder Serviceleistungen, besondere Ladengestaltung oder einzigartige Atmosphäre einen Mehrpreis zu bezahlen.

Solange sich der wettbewerbsstrategische Fokus der Handelsmanager jedoch primär auf Preis versus Warenqualität im Vergleich zum Wettbewerb beschränkt, ist es fraglich, ob die strategische Bedeutung einer stärkeren Berücksichtigung von Bedürfnissen, Wünschen und Erwartungen der Konsumenten zur Generierung nachhaltiger Wettbewerbsvorteile durch eine mehrwertgenerierende Handelsleistung überhaupt erkannt wird. Wird die Bedeutung nicht erkannt, wird jedoch auch die geforderte interorganisationale strategische Perspektiverweiterung obsolet. Vielmehr müssten die Händler ihre vertikalen Beziehungen dann primär auf eine für sie vorteilhafte Beeinflussung der im Distributionssystem geschaffenen Werte durch die Suche nach Wegen zur Verringerung des Preises für die systemspezifischen Leistungen der Hersteller ausrichten. Betrachtet man vor diesem Hintergrund den aktuellen Stand der Zusammenarbeit im Rahmen von ECR-Initiativen, so erscheint es plausibel, dass diese meist nicht auf eine mehrwertorientierte Verbesserung der Handelsleistung ausgerichtet sind, sondern hauptsächlich durch das Streben nach Kostenreduktion und Effizienzsteigerungen dominiert werden – auch wenn durch dieses primär operativ-instrumentelle und technologische ECR-Verständnis kaum mehrwertgenerierende Verbesserungen der Handelsleistung zu erzielen sind, die zu einer wettbewerbsrelevanten Steigerung des Kundenzuspruchs und des Umsatzes führen.

Wie im zweiten Teil der Untersuchung herausgearbeitet wurde, kann eine mehrwertgenerierende Verbesserungen der Handelsleistung im Rahmen von ECR-Kooperationen nicht durch Partnerschaft allein begründet werden, sondern ist vielmehr auch Folge der Fähigkeit einer effektiven Kontextsteuerung der Beziehung insgesamt.[712] Die vertikalen Integrationstendenzen von Industrie und Handel sind hier jedoch als Ausdruck einer verstärkten Koordination der interdependenten Entscheidungen von Industrie und Handel durch Hierarchie zu verstehen. Offensichtlich sehen Händler und Hersteller in den jetzigen Formen der ECR-Kooperationen keine Möglichkeit nachhaltige Wettbewerbsvorteile durch eine mehrwertorientierte Verbesserung der Handelsleistung zu generieren. Anstatt eine effektivere Kontextsteuerung der partnerschaftlichen Beziehung durch ein Beziehungsmanagement anzustreben, wird deshalb eher eine Beziehungssteuerung durch Hierarchie angestrebt.

---

[712] Vgl. Zwischenbetrachtung II dieser Arbeit.

Es ist sicher auch kritisch zu hinterfragen, ob Hersteller überhaupt bereit sind, ein durch den Händler initiiertes Beziehungsmanagement zu akzeptieren. Allgemein ist den Herstellern wohl eine äußerst kritische und eher ablehnende Haltung zu unterstellen. Diese Haltung kann sicher durch die Angst begründet werden, dass ein solches Beziehungsmanagement zu noch größerer Abhängigkeit von den oftmals bereits die Beziehung dominierenden Händler führen könnte. Zum einen sind die spezifischen Investitionen der Hersteller in die Beziehung höher, als die der Händler. Zum anderen erhalten die Händler Einblicke in das Markenmanagement und in die Kostenstrukturen der Hersteller. Mit der Zeit könnten die Händler so in die Lage versetzt werden auch ohne die Hersteller komplexe Konsumbedürfnisse für eine mehrwertgenerierende Handelsleistung in den Mittelpunkt ihrer wettbewerbsstrategischen Aktivitäten zu stellen. Somit besteht für Hersteller die Gefahr, dass der Handel langfristig die Marketingführerschaft im Distributionssystem anstrebt. Verlieren die Hersteller jedoch die Marketingführerschaft im Distributionssystem bliebe ihnen lediglich die Position als „Werkbank" bzw. „externe Produktionsstätte" des Handels.

Vor diesem Hintergrund sind die dezentrale Verankerung des Beziehungsmanagements und Integration der Beziehungsmanagementaufgaben in den Kontext der Leistungserstellung als besonders kritisch zu beurteilen. Eine Lösung, die keinen dauerhaften organisatorischen Rahmen für die partnerschaftliche Zusammenarbeit schafft, wird das institutionelle Vertrauen des Herstellers in den Händler und seine langfristiges Commitment zu einer partnerschaftlichen Zusammenarbeit nicht gerade fördern – selbst wenn formal alle Voraussetzungen für eine erfolgreiche, auf die kundenorientierte Verbesserung der Handelsleistung abzielende Zusammenarbeit geschaffen worden sind.

In Anbetracht der Gefahr eines weitgehenden Verlustes der Marketingführerschaft der Hersteller kann daher ganz grundsätzlich in Frage gestellt werden, ob Hersteller überhaupt überzeugt werden können, ein durch den Handel initiiertes Beziehungsmanagement zu akzeptieren. Als eine alternative Möglichkeit könnte ein gemeinschaftliches aber aus den Organisationen von Händler und Hersteller ausgelagertes Beziehungsmanagement oder ein Beziehungsmanagement durch eine externe Instanz diskutiert werden. Zieldefinition, Aufgaben- und Verantwortungsaufteilung sowie Aufteilung der Erträge würden so entweder gemeinschaftlich oder durch einen externen Dritten gesteuert und überwacht werden. Gleichzeitig könnte hiermit eine Barriere für kritische Informationen geschaffen und somit die Gefahr einer zunehmenden Dominanz des Handels verringert werden. Daher kann angenommen werden, dass ein gemeinschaftliches oder externes Beziehungsmanagement die Bereitschaft der Hersteller zum Eingehen von ECR-Kooperationen, die auf eine mehrwertgenerierende Verbesserung der Handelsleistung abzielen, steigern würde. Es ist allerdings zu vermuten, dass

Händler, wenn sie die wettbewerbsstrategische Bedeutung der Zusammenarbeit mit Herstellern erkannt haben, nicht bereit wären, den möglichen langfristigen Machtzuwachs durch die Einschaltung einer objektiven dritten Instanz zu riskieren.

(3) Ansatzpunkte für weitere Forschungsbemühungen

Zielsetzung dieser Dissertation war es, die Notwendigkeit einer interorganisationalen strategischen Perspektiverweiterung zur Generierung nachhaltiger Wettbewerbsvorteile durch eine mehrwertgenerierende Handelsleistung zu begründen, die klassischen Ansatzpunkte des strategischen Handelsmanagements um eine beziehungsorientierte Perspektive zu erweitern und gleichzeitig praxisrelevante Empfehlungen und Hinweise zu entwickeln, welche zentralen Gestaltungsparameter bei einem herstellergerichteten Beziehungsmanagement zu berücksichtigen sind. Sie ist dabei jedoch nicht als ganzheitliches Lösungskonzept zu verstehen. Vielmehr ging es darum, die strategischen Potenziale interorganisationaler ECR-Beziehungen von Händlern und Herstellern systematisch und theoriegeleitet zu erarbeiten. Zudem sollten mit den Gestaltungsfeldern eines herstellergerichteten Beziehungsmanagements grundsätzliche Ansatzpunkte für eine Beziehungsmanagementkonzeption zur Realisierung der beziehungsinhärenten Potenziale trotz vorhandener Konfliktfelder aufgezeigt werden. Mit der Untersuchung der wirtschaftszweigspezifischen Ausgestaltung interorganisationaler Beziehungen aus wettbewerbsstrategischer Perspektive widmete sich diese Arbeit jedoch einem Themenbereich an der Schnittstelle verschiedener wissenschaftlicher Teildisziplinen. Da es die Erfassung der daraus resultierenden vielfältigen Facetten erforderte, das Erkenntnisobjekt aus unterschiedlichen theoretischen Perspektiven zu beleuchten, wurde ein vergleichsweise breites Forschungsfeld aufgespannt. Dabei wurde jedoch in Kauf genommen, nicht alle Facetten vollständig untersuchen zu können, was dazu führte, dass sich aus dieser Arbeit Themen ableiten lassen, die weiterer Forschungsbemühungen bedürfen:

- *Empirische Validierung:* Da die Arbeit auf einer theoretisch-konzeptionellen Übertragung allgemeiner betriebswirtschaftlicher Erkenntnisse auf eine branchenspezifische Fragestellung beruht, kann die fehlende Validierung beanstandet werden. Daher ist es sinnvoll, die Ergebnisse einer allgemeinen empirischen Überprüfung zu unterziehen. Hierbei erscheint es zum einen reizvoll, den Zusammenhang zwischen ökonomischem Erfolg und auf einen Mehrwert abzielenden ECR-Projekten zu prüfen. Zum anderen sind die erläuterten Gestaltungsfelder des Beziehungsmanagements sicher noch genauer zu untersuchen. Lohnenswert hierbei ist insbesondere eine empirische Überprü-

fung der herausgearbeiteten Zusammenhänge zwischen der organisatorischen Verankerung und den Mechanismen zur Beeinflussung der Beziehung.

- *Untersuchung der Interdependenzen zwischen den branchenspezifischen Determinanten der Beziehungsbeeinflussung:* Die verschiedenen Faktoren zur Beeinflussung der
Händler-Hersteller-Beziehung wurden in dieser Arbeit zwar beschrieben, die Abhän-
gigkeiten zwischen ihnen jedoch kaum beachtet. So ist es beispielsweise logisch, dass
Vertrauen auch dazu führt, dass der Informationsaustausch steigt. Ein höherer Informationsaustausch fördert die Transparenz und kann damit wiederum zu wachsendem
Vertrauen führen. Um die Zusammenhänge zwischen den verschiedenen Einflussfaktoren dieser Beziehung noch genauer zu verstehen und damit die Beziehungskomple-
xität besser zu erfassen, ist eine weitere Untersuchung der Interdependenzen notwendig.

- *Untersuchung der Beziehung zu Dienstleistungslieferanten:* Mit dem institutionellen
FMCG-Handel hat sich diese Arbeit mit einem Handelsausschnitt beschäftigt, der
primär durch die Beziehung von Händlern und Lebensmittelherstellern dominiert wird.
In den letzten Jahren hat jedoch die Bedeutung von Dienstleistungen und ganzen
Dienstleistungssortimenten stetig zugenommen. Da Dienstleistungslieferanten in der
handelswissenschaftlichen Literatur bisher kaum Beachtung gefunden haben, ist eine
eigenständige theoretisch-konzeptionelle Auseinandersetzung mit dem Management
der Beziehung zu Dienstleistungslieferanten logische Ergänzung dieser Arbeit. Hierbei
kann auch geprüft werden, inwieweit die bisherigen ECR-Konzeptbestandteile für eine
effizienz- und effektivitätsorientierte Zusammenarbeit mit Dienstleistungslieferanten
geeignet sind.

- *Untersuchung aller Aspekte des operativen Beziehungsmanagements:* Eine entscheidende Rolle für den Erfolg spielt auch die operative Arbeit des Projektmanage-
ments. Bedeutsame Aspekte sind hier beispielsweise der Umgang mit Widerständen,
der Abbau von Blockaden oder die Organisation und Leitung von fach- und organisationsübergreifenden Abstimmungsgremien. Wurden auch einige dieser Aspekte in den
verschiedenen Abschnitten der Arbeit angeschnitten, so konnten sie aufgrund ihres
Umfanges nicht ausreichend behandelt werden. Daher bietet sich hier ein weiterer Ansatzpunkt für Forschungsbemühungen, die dazu beitragen können, die Kenntnisse über
strategische Bedeutung, Erfolgswirkung, Einflussfaktoren und Gestaltungsdimensionen einer umfassenden Zusammenarbeit von Händlern zu erweitern.

LITERATURVERZEICHNIS

A.T. Kearney (2007): Den Supermärkten laufen die Kunden davon, elektronisch veröffentlicht unter der URL: http://www.atkearney.at/ content/ veroeffentlichungen/ executivebriefs_practice.php/practice/retail, abgerufen am 05.01.2010.

A.T. Kearney (2008): Der Kunde im Mittelpunkt, elektronisch veröffentlicht unter der URL: http://www.atkearney.at/content/veroeffentlichungen/executivebriefs_practice.php/pr actice/retail, abgerufen am 05.01.2010.

A.T. Kearney (2009): Discounter als Vorbild? Lernen von Aldi & Co, elektronisch veröffentlicht unter der URL: http://www.atkearney.de/ content/ veroeffentlichungen/ executivebriefs_detail.php/id/50621/practice/retail, abgerufen am 20.04.2010.

Aastrup, J./ Grant, D. B./ Bjerre, M. (2007): Value creation and category management through retailer-supplier relationships, in: The international review of retail, distribution and consumer research, Vol. 17 (5), S. 523–541.

Accenture (2002): KonsumGüter 2010, elektronisch veröffentlicht unter der URL: http://www.accenture.com/xdoc/de/locations/germany/industries/cgs/insights/cgs201 0.pdf, abgerufen am 20.04.2010.

Accenture (2008): Discounter - eine deutsche Erfolgsgeschichte, Nürnberg.

Achabel, D. D./ McIntyre, S. H./ Smith, S. A./ Kalyanan, K. (2000): A Decision Support System for Vendor Managed Inventory, in: Journal of Retailing, Vol. 76 (4), S. 430–454.

Adjei, M. T./ Griffith, D. A./ Noble, S. M. (2009): When Do Relationships Pay Off for Small Retailers?, in: Journal of Retailing, Vol. 85 (4), S. 493–501.

Ahlert, D. (1998): Strategisches Marketingmanagement in Industrie und Handel, Münster 1998.

Ahlert, D. (2001a): Integriertes Markenmanagement in kundengetriebenen Category Management -Netzwerken, in: Ahlert, D./ Olbrich, R./ Schröder, H. (Hrsg. 2001): Jahrbuch Vertriebs- und Handelsmanagement 2001, Frankfurt am Main 2001, S. 15–60.

Ahlert, D. (2001b): Vertikalisierung der Distribution, in: Ahlert, D./ Olbrich, R./ Schröder, H. (Hrsg. 2001): Jahrbuch Vertriebs- und Handelsmanagement 2001, Frankfurt am Main 2001, S. 333–350.

Ahlert, D. (Hrsg. 2002a): Customer Relationship Management im Handel, Berlin 2002.

Ahlert, D. (2002): Distributionspolitik, Stuttgart 2002.

Ahlert, D. (2004): Hersteller und Handel im Spannungsfeld des vertikalen Marketing, in: Meffert, H./ Backhaus, K./ Becker, J. (Hrsg. 2004): Handelsstrategien auf dem Prüfstand, Münster 2004, S. 60–68.

Ahlert, D. (2006): Einleitung: Das Downtrading Syndrom, in: Prießnitz, H. (Hrsg. 2006): Markenführung im Billigzeitalter, Landsberg am Lech 2006, S. 11–20.

Ahlert, D./ Ahlert, M. (2001): Innovative Management- und Controllingkonzeptionen für Netzwerke der Systemkooperationen und des Franchising, Münster 2001.

Ahlert, D./ Borchert, S. (2000a): Kooperation und Vertikalisierung in der Konsumgüterdistribution, in: Ahlert, D./ Borchert, S. (Hrsg. 2000): Prozessmanagement im vertikalen Marketing, Berlin 2000, S. 1–135.

Ahlert, D./ Borchert, S. (Hrsg. 2000b): Prozessmanagement im vertikalen Marketing, Berlin 2000.

Ahlert, D./ Borchert, S. (2001): Netzwerkartige Wertschöpfungspartnerschaften, in: Ahlert, D./ Olbrich, R./ Schröder, H. (Hrsg. 2001): Jahrbuch Vertriebs- und Handelsmanagement 2001, Frankfurt am Main 2001, S. 131–166.

Ahlert, D./ Evanschitzky, H./ Hesse, J./ Salfeld, A. (Hrsg. 2004): Exzellenz in Markenmanagement und Vertrieb, Wiesbaden 2004.

Ahlert, D./ Hesse, J. (2002): Relationship Management im Beziehungsnetz zwischen Hersteller, Händler und Verbraucher, in: Ahlert, D. (Hrsg. 2002): Customer Relationship Management im Handel, Berlin 2002, S. 3–30.

Ahlert, D./ Kenning, P. (2007): Handelsmarketing, Berlin, Heidelberg 2007.

Ahlert, D./ Kenning, P./ Schneider, D. (2000): Markenmanagement im Handel, Wiesbaden 2000.

Ahlert, D./ Kenning, P./ Vogel, V. (2003): Grundlagen des Preismanagements, Münster 2003.

Ahlert, D./ Kollenbach, S. (1996): Strategisches Handelsmanagement, Stuttgart 1996.

Ahlert, D./ Köster, L. (2004): Strategic Brand Coordination, in: Ahlert, D./ Evanschitzky, H./ Hesse, J./ Salfeld, A. (Hrsg. 2004): Exzellenz in Markenmanagement und Vertrieb, Wiesbaden 2004, S. 179–195.

Ahlert, D./ Olbrich, R. (1999): Institutionelle Handelsbetriebslehre, Münster 1999.

Ahlert, D./ Olbrich, R./ Schröder, H. (Hrsg. 2001): Jahrbuch Vertriebs- und Handelsmanagement 2001, Frankfurt am Main 2001.

Ahlert, D./ Olbrich, R./ Schröder, H. (Hrsg. 2003): Jahrbuch Vertriebs- und Handelsmanagement 2003, Frankfurt a. M. 2003.

Ahlert, D./ Olbrich, R./ Schröder, H. (Hrsg. 2005): Jahrbuch Vertriebs- und Handelsmanagement 2005, Frankfurt am Main 2005.

Ahlert, D./ Olbrich, R./ Schröder, H. (Hrsg. 2007): Jahrbuch Vertriebs- und Handelsmanagement 2007, Frankfurt am Main 2007.

Ahlert, D./ Schröder, H. (1990): "Erlebnisorientierung" im stationären Einzelhandel, in: Marketing ZFP, Vol. 12 (4), S. 221–229.

Ailawadi, K. L./ Harlam, B. (2004): An Empirical Analysis of the Determinants of Retail Margins, in: Journal of Marketing, Vol. 68 (1), S. 147–165.

Ailawadi, K. L./ Neslin, S. A./ Gedenk, K. (2001): Pursuing the Value-Conscious Consumer, in: Journal of Marketing, Vol. 65 (1), S. 71–89.

Amelingmeyer, J./ Harland, P. E. (Hrsg. 2005): Technologiemanagement & Marketing:, Wiesbaden 2005.

Amit, R./ Schoemaker, P. J. H. (1993): Strategic Assets and Organizational Rent, in: Strategic Management Journal, Vol. 14, S. 33–46.

Anderson, C. C./ Narus, J. A. (1998): Business Marketing:, in: Harvard Business Review, Vol. 76 (6), S. 53–65.

Anderson, E./ Weitz, B. (1992): The Use of Pledges to Build and Sustain Commitment in Distribution Channels, in: Journal of Marketing Research, Vol. 29, S. 18–34.

Anderson, J. C./ Narus, J. A. (1990): A model of distributor firm and manufacturing firm working partnerships, in: Journal of Marketing, Vol. 54, S. 42–58.

Angulo, A./ Nachtmann, H./ Waller, M. A. (2004): Supply Chain Information Sharing in a Vendor Managed Inventory Partnership, in: Journal of Business Logistics, Vol. 25 (1), S. 101–120.

Anwander, A. (2002): Strategien erfolgreich verwirklichen, Berlin 2002.

Appelhoff, K./ Gerling, M. (2003): Handelsstrategien in gesättigten Märkten, in: Ahlert, D./ Olbrich, R./ Schröder, H. (Hrsg. 2003): Jahrbuch Vertriebs- und Handelsmanagement 2003, Frankfurt a. M. 2003, S. 23–36.

Arkader, R./ Ferreira, C. F. (2004): Category management initiatives from the retailer perspective, in: Journal of Purchasing & Supply, Vol. 10 (1), S. 41–51.

Arnold, U. (2004): Supplier Lifetime Value, in: Bauer, H. H./ Greipl, E. (Hrsg. 2004): Strategien und Trends im Handelsmanagement, München 2004, S. 77–196.

Attaran, M. (2004): Nurturing the Supply Chain, in: Industrial Management, Vol. 46 (5), S. 16–20.

Auer, C. (2004): Performance Measurement für Customer Relationship Management, Wiesbaden 2004.

Ausschuss für Definitionen zu Handel und Distribution (Hrsg. 2006): Katalog E, Köln 2006.

Backhaus, K./ Büschken, J. (1998): What do we know about Business-to-Business Interactions?, in: Gemünden, H. G./ Ritter, T./ Walter, A. (Hrsg. 1998): Relationships and networks in international markets, Oxford 1998, S. 13–36.

Backhaus, K./ Meyer, M. (1993): Strategische Allianzen und strategische Netzwerke, in: Wirtschaftswissenschaftliches Studium, Vol. (7), S. 330–334.

Backhaus, K./ Voeth, M. (2007): Industriegütermarketing, München 2007.

Backmann, C./ Ringlstetter, M. J. (2001): Steuerung im Konzern, Wiesbaden 2001.

Bain, J. S. (1956): Barriers to new competition, Cambridge, Mass. 1956.

Barney, J. B. (1991): Firm Resources and Sustained Competitive Advantage, in: Journal of Management, Vol. (17), S. 99–120.

Barney, J. B. (1995): Looking Inside for Competitive Advantage, in: Academy of Management Executive, Vol. (9), S. 49–61.

Barney, J. B. (2001): Resource-Based Theories of Competitive Advantage, in: Journal of Management, Vol. 27 (6), S. 643–650.

Barratt, M./ Oliveira A. (2001): Exploring the experiences of collaborative planning initiatives, in: International Journal of Physical Distribution & Logistics Management, Vol. 31 (4), S. 266–289.

Barth, K./ Hartmann, M./ Schröder, H. (2007): Betriebswirtschaftslehre des Handels, Wiesbaden 2007.

Barth, K./ Möhlenbruch, D. (1999): Beschaffung, Logistik und Controlling, in: Dichtl, E. (Hrsg. 1999): Meilensteine im deutschen Handel, Frankfurt am Main 1999, S. 207–240.

Batra, R./ Sinha, I. (2000): Consumer-Level Factors Moderating the Success of Private Labels, in: Journal of Retailing, Vol. 76 (2), S. 175–191.

Bauer, H. H./ Greipl, E. (Hrsg. 2004): Strategien und Trends im Handelsmanagement, München 2004.

Baum, F. (2002): Handelsmarketing, Herne 2002.

Bea, F. X./ Göbel, E. (2010): Organisation, Stuttgart 2010.

Bea, F. X./ Haas, J. (2005): Strategisches Management, Stuttgart 2005.

Bechtel, C./ Jayaram, J. (1996): Supply Chain Management, in: The International Journal of Logistics Management, Vol. 7 (2), S. 14–34.

Beck, T. C. (1998): Kosteneffiziente Netzwerkkooperationen, Wiebaden 1998.

Becker, J. (2009): Marketing-Konzeption, München 2009.

Becker, T./ Dammer, I./ Howaldt, J./ Killich, S./ Loose, A. (Hrsg. 2007): Netzwerkmanagement, Berlin, Heidelberg 2007.

Beisheim, O. (Hrsg. 1999): Distribution im Aufbruch, München 1999.

Bekker, T. (2006): Anforderungen an ein modernes Controllingsystem, in: Handel im Fokus, Vol. 59 (4), S. 254–258.

Belz, C./ Mühlmeyer, J. (Hrsg. 2001): Key Supplier Management, Kriftel-Neuwied 2001.

Bendl, H. (2003): Planung, Steuerung und Kontrolle leistungsbezogener Konditionen, elektronisch veröffentlicht unter der URL: http://elib.uni-stuttgart.de/ opus/ volltexte/ 2000/689/pdf/Dissertation_Harald_Bendl.pdf, abgerufen am .

Berekoven, L. (1995): Erfolgreiches Einzelhandelsmarketing, München 1995.

Bergen, M./ Dutta, S./ Walker, O. C., JR. (1992): Agency Relationships in Marketing, in: Journal of Marketing, Vol. 56 (3), S. 1–24.

Berger, C./ Möslein, K./ Piller, F./ Reichwald, R. (2005): Cooperation between Manufacturers, Retailers, and Customers for User Co-Design, in: European Management Review, Vol. (1), S. 70–87.

Bertalanffy, L. v. (1984): Systemtheorie, Berlin 1984.

Bieber, D. (2004a): Einleitung: Innovation der Kooperation, in: Bieber, D. (Hrsg. 2004b): Innovation der Kooperation, Berlin 2004, S. 7–22.

Bieber, D. (Hrsg. 2004b): Innovation der Kooperation, Berlin 2004.

Bieber, D./ Rumpel, B. (2004): Ökonomische Rahmenbedingungen der Kooperation zwischen Industrie und Handel, in: Bieber, D. (Hrsg. 2004): Innovation der Kooperation, Berlin 2004, S. 29–50.

Bijman, J./ Wollni, M. (2008): Producer organizations and vertical coordination.

Birker, K./ Voss, R. (2000): Handelsmarketing, Berlin 2000.

Bleicher, K. (2004): Das Konzept integriertes Management, Frankfurt/Main 2004.

Blohm, P. (2000): Strategische Planung von Kernkompetenzen?, Wiesbaden 2000.

Bogaschewsky, R./ Götze, U. (Hrsg. 2003): Management und Controlling von Einkauf und Logistik, Gernsbach 2003.

Booz & Co. (2009): The Collaboration Game, elektronisch veröffentlicht unter der URL: http://www.strategy-business.com/article/li00099?rssid=operations_and_-manufacturing&gko=ed98a, abgerufen am 05.01.2010.

Borchert, S. (2001): Führung von Distributionsnetzwerken, Wiesbaden 2001.

Borchert, S. (2002): Implementation hurdles of ECR partnerships, in: International Journal of Retail & Distribution Management, Vol. 30 (7), S. 354–360.

Boutellier, R./ Wagner, S. (2001): Strategische Partnerschaften mit Lieferanten, in: Belz, C./ Mühlmeyer, J. (Hrsg. 2001): Key Supplier Management, Kriftel-Neuwied 2001, S. 38–57.

Boutellier, R./ Wagner, S. M./ Wehrli, H. P. (Hrsg. 2003): Handbuch Beschaffung, München 2003.

Bowman, C./ Ambrosini, V. (2007): Firm value creation and levels of strategy, in: Management Decision, Vol. 45 (3), S. 360–371.

Brandenburger, A. M./ Nalebuff, B. J. (2009): Coopetition, Eschborn 2009.

Braun, D. (2002): Schnittstellenmanagement zwischen Handelsmarken und ECR, Köln 2002.

Brennan, D. P./ Lundsten, L. (2000): Impacts of Large Discount Stores on Small US Towns, in: International Journal of Retail & Distribution Management, Vol. 28 (4/5), S. 155–161.

Brennan, R./ Turnbull, P. (1998): Adaptations in Buyer-Seller Relationships, in: Naudé, P./ Turnbull, P. W. (Hrsg. 1998): Network dynamics in international marketing, Oxford 1998, S. 26–41.

Brockman, B. K./ Morgan, R. M. (1999): The evolution of managerial innovations in distribution, in: International Journal of Retail & Distribution Management, Vol. 27 (10), S. 397–408.

Brown, T. A./ Bukovinsky, D. M. (2001): ECR and grocery retailing, in: Journal of Business Logistics, Vol. 22 (2), S. 77–90.

Bruce, M./ Moore, C. M./ Birtwistle, G. (2004): International retail marketing, Oxford 2004.

Bruhn, M./ Bunge, B. (1994): Beziehungsmarketing, in: Bruhn, M./ Meffert, H./ Wehrle, F. (Hrsg. 1994): Marktorientierte Unternehmensführung im Umbruch, Stuttgart 1994, S. 47–70.

Bruhn, M. (1999): Handelsmarken als strategische Option im Wettbewerb, in: Beisheim, O. (Hrsg. 1999): Distribution im Aufbruch, München 1999, S. 787–801.

Bruhn, M. (2001): Bedeutung der Handelsmarke im Markenwettbewerb, in: Bruhn, M. (Hrsg. 2001): Handelsmarken, Stuttgart 2001, S. 3–48.

Bruhn, M. (Hrsg. 2001): Handelsmarken, Stuttgart 2001.

Bruhn, M. (Hrsg. 2004): Gabler Lexikon Marketing, Wiesbaden 2004.

Bruhn, M./ Meffert, H./ Wehrle, F. (Hrsg. 1994): Marktorientierte Unternehmensführung im Umbruch, Stuttgart 1994.

Büchel, B. (1997): Joint Venture-Management, Bern 1997.

Bucklin, L. P. (Hrsg. 1970): Vertical Markcting Systems, Glenview 1970.

Bühner, R. (2009): Betriebswirtschaftliche Organisationslehre, elektronisch veröffentlicht unter der URL: http://www.oldenbourg-wissenschaftsverlag.de/fm/693/3-486-27500_kl.jpg, abgerufen am .

Bullinger, H.-J./ Scheer, A.-W. (Hrsg. 2003d): Service Engineering, Berlin 2003.

Bundesministerium für Wirtschaft und Technologie (2009): Branchenskizze Handel, elektronisch veröffentlicht unter der URL: http://www.bmwi.de/ BMWi/ Navigation/ Wirtschaft/ branchenfokus,did=197440.html?view=renderPrint, abgerufen am 20.4.2010.

Bunk, B. (1996): Handel und Markenartikelindustrie, in: Absatzwirtschaft, Vol. (7), S. 30 37.

Burkhard, A. (1997): Die Betriebstypenmarke im stationären Einzelhandel, Erlangen-Nürnberg 1997.

Burmann, C./ Freiling, J./ Hülsmann, M. (Hrsg. 2006): Neue Perspektiven des Strategischen Kompetenz-Managements, Wiesbaden 2006.

Burr, W. (1999): Koordination durch Regeln in selbstorganisierenden Unternehmensnetzwerken, in: Zeitschrift für Betriebswirtschaft, Vol. 69 (10), S. 1159–1179.

Burt, S. (2000): The strategic role of retail brands in British grocery retailing, in: European Journal of Marketing, Vol. 34 (8), S. 875–890.

Cansier, A. (2001a): Efficient Consumer Response als Principal-Agent-Problem, in: Betriebswirtschaftliche Forschung und Praxis, Vol. (6), S. 614–628.

Cansier, A. (2001b): Efficient Consumer Response aus kooperationstheoretischer Sicht, Wiebaden 2001.

Carsten Dierig (06.12.2009): Angriff auf die Markenartikelhersteller, in: Welt am Sonntag, S. 49.

Chang, K./ Gotcher, D. (2010): Conflict-coordination learning in marketing channel relationships, in: Industrial Marketing Management, Vol. 39 (2), S. 287–297.

Chintagunta, P. K./ Bonfrer, A./ Song, I. (2002): Investigating the Effects of Store-Brand Introduction on Retailer Demand and Pricing Behavior, in: Management Science, Vol. 48 (10), S. 1242–1267.

Cockburn, I. M./ Henderson, R. M./ Stern, S. (2000): Untangling the Origins of Competitive Advantage, in: Strategic Management Journal, Vol. (21), S. 1123–1145.

Collis, D. J./ Montgomery, C. A. (1995): Competing on Resources, in: Harvard Business Review, Vol. (July/August), S. 118–128.

Contractor, F. J./ Lorange, P. (2002): The growth of alliances in the knowledgebased economy, in: International Business Review, Vol. 11 (3), S. 485–502.

Cooke, J. A. (1998): VMI: Very Mixed Impact?,, in: Logistics Management and Distribution Report, Vol. 37 (12), S. 51–53.

Cooper, M./ Douglas M./ Lambert, D./ Pagh, J. (1997): Supply Chain Management, in: The International Journal of Logistics Management, Vol. 8 (1), S. 3–24.

Coopers & Lybrand (1996): European Value Chain Analysis Study, Brüssel 1996.

Corsten, D./ Felde, J. (2002): Supplier Collaboration, in: HMD - Praxis der Wirtschaftsinformatik, Vol. 200239 (228), S. 85–93.

Corsten, D./ Hofstetter, J. (2001): Supplier Relationship Management, in: Belz, C./ Mühlmeyer, J. (Hrsg. 2001): Key Supplier Management, Kriftel-Neuwied 2001, S. 130–147.

Corsten, D./ Kumar, N. (2003): Profits in the Pie of the Beholder, in: Harvard Business Review, Vol. 81 (5), S. 22–23.

Corsten, D./ Kumar, N. (2005): Do Suppliers Benefit from Collaborative Relationships with Large Retailers?, in: Journal of Marketing, Vol. 69 (3), S. 80–94.

Corsten, D./ Gabriel, C. (Hrsg. 2004): Supply Chain Management erfolgreich umsetzen, Berlin 2004.

Corsten, D./ Hofstetter, J. S. (2003): Efficient Consumer Response in Hersteller-Handels-Beziehungen, in: Ahlert, D./ Olbrich, R./ Schröder, H. (Hrsg. 2003): Jahrbuch Vertriebs- und Handelsmanagement 2003, Frankfurt a. M. 2003, S. 281–295.

Corsten, D./ Pötzl, J. (2002): ECR - efficient consumer response, München 2002.

Corsten, H./ Gössinger, R. (2008): Einführung in das Supply Chain Management, München 2008.

Corstjens, M./ Lal, R. (2000): Building Store Loyalty through Store Brands, in: Journal of Marketing Research, Vol. 37 (3), S. 281–291.

Cottrill, K. (1997): Reforging the Supply Chain, in: Journal of Business Strategy, Vol. 18 (6), S. 35–39.

Cox, A. (2004): Power, value and supply chain management, in: Supply Chain Management: An International Journal, Vol. 9 (5), S. 410–420.

D'Aveni, R. (1995): Hyperwettbewerb, Frankfurt am Main 1995.

Daniel, J. (2007): Management von Zuliefererbeziehungen, Wiesbaden 2007.

Dapiran, P. G./ Hogarth-Scott, S. (2003): Are co-operation and trust being confused with power?, in: International Journal of Retail & Distribution Management, Vol. 31 (4), .

Daum, A. (2003): Controlling in Handelsbetrieben, in: Steinle, C./ Bruch, H. (Hrsg. 2003): Controlling, Stuttgart 2003, S. 1086–1106.

Davis, D. F./ Mentzer, J. T. (2008): Relational Resources in Interorganizational Exchange:, in: Journal of Retailing, Vol. 84 (4), S. 435–448.

Dawson, J. (2006): Retail Trends in Europe, in: Krafft, M./ Mantrala, M. K. (Hrsg. 2006): Retailing in the 21st century, Berlin 2006, S. 41–58.

Dawson, J./ Larke, R./ Choi, S. C. (2006): Transferring marketing success factors internationally, in: Dawson, J. A./ Larke, R./ Mukoyama, M. (Hrsg. 2006): Strategic issues in international retailing, London 2006, S. 170–195.

Dawson, J. A./ Larke, R./ Mukoyama, M. (Hrsg. 2006): Strategic issues in international retailing, London 2006.

Dawson, M. (2007): London's calling, in: Lebensmittel Zeitung - Spezial, Vol. (1), .

Day, G. S. (1994): The Capabilities of Market-Driven Organizations, in: The Journal of Marketing, Vol. (10), S. 37–52.

Day, G. S./ Montgomery, D. B. (1999): Charting New Directions for Marketing, in: The Journal of Marketing, Vol. (Special Issue), S. 3–13.

Day, G. S./ Wensley, R. (1988): Assessing Advantage, in: Journal of Marketing, Vol. 53 (1), S. 1–20.

Deitz, G./ Hansen, J./ Richey Jr., R. G. (2009): The effects of retailer supply chain technology mandates on supplier stock returns, in: International Journal of Physical Distribution & Logistics Management, Vol. 85 (4), S. 453–467.

Dekimpe, M. G./ Steenkamp, J. B. E. M. (2002): Lessons to be Learnt from the Dutch Private-Label Scene, in: European Retail Digest, Vol. (34), S. 33–35.

Deloitte (2007): Focusing on a common goal, elektronisch veröffentlicht unter der URL: http://www.deloitte.com/view/de_DE/de/More/index.htm?key_modCount=2&key_c urrentChanne-lId–e2b26c2a30bca110VgnVCM100000ha42f00aRCRD&moreChannelId=e2b26e2a 30bca110VgnVCM100000ba42f00aRCRD&key_DPMComponentId=18395eead1dc 3210VgnVCM200000bb42f00aRCRD, abgerufen am 05.01.2010.

Dichtl, E. (Hrsg. 1999): Meilensteine im deutschen Handel, Frankfurt am Main 1999.

Dietl, H./ Royer, S./ Stratmann, U. (2009): Value Creation Architectures and Competitive Advantage, in: California Management Review, Vol. 5 (3), S. 24–48.

Diller, H./ Kusterer, M. (1988): Beziehungsmanagement, in: Zeitschrift für Personalforschung, Vol. 10 (3), S. 211–220.

Diller, H. (1999): Discounting: Erfolgsgeschichte oder Irrweg?, in: Beisheim, O. (Hrsg. 1999): Distribution im Aufbruch, München 1999, S. 351–372.

Diller, H. (Hrsg. 2001): Vahlens großes Marketinglexikon, München 2001.

Diller, H. (Hrsg. 2003): Handbuch Preispolitik, Wiesbaden 2003.

Diller, H. (2008): Preispolitik, Stuttgart 2008.

Diller, H./ Goerdt, T. (2005): Die Marken- und Einkaufsstättentreue der Konsumenten als Bestimmungsfaktoren der Markenführung im vertikalen Beziehungsmarketing, in: Esch, F.-R. (Hrsg. 2005): Moderne Markenführung, Wiesbaden 2005, S. 1209–1225.

Dobson, P. W./ Waterson, M./ Davies, S. W. (2003): The Patterns and Implications of Increasing Concentration in European Food Retailing, in: Journal of Agricultural Economics, Vol. 54 (1), S. 111–125.

Doz, Y. (1996): The Evolution of Cooperation in Strategic Alliances, in: Strategic Management Journal, Vol. 17 (Special Issue), S. 55–83.

Dull, S. F./ Mohn, W. A./ Noren, T. (1995): Partners, in: McKinsey Quarterly, Vol. (4), S. 63–73.

Dupre, K./ Gruen, T. W. (2004): The use of category management practices to obtain a sustainable competitive advantage in the fast-moving-consumer-goods industry, in: Journal of Business & Industrial Marketing, Vol. 19 (7), S. 444–459.

Duschek, S./ Sydow, J. (2002): Ressourcenorientierte Ansätze des strategischen Managements, in: Wirtschaftswissenschaftliches Studium, Vol. 31 (8), S. 426–431.

Duschek, S. (2002): Innovation in Netzwerken, Wiesbaden 2002.

Dwyer, R./ Schurr, P./ Oh, S. (1987): Developing Buyer-Seller Relationships, in: Journal of Marketing, Vol. 51 (2), S. 11–28.

Dyer, J. H./ Nobeoka, K. (2000): Creating and managing a high performance knowledge-sharing network, in: Strategic Management Journal, Vol. 21, S. 345–367.

Dyer, J. H./ Singh, H. (1998): The relational view, in: Academy of Management Review, Vol. 23 (4), S. 660–679.

Dyer, J. H./ Singh, H./ Kale, P. (2008): Splitting the pie, in: Managerial and Decision Economics, Vol. (29), S. 137–148.

Eberl, P./ Kabst, R. (2006): Vertrauen, Opportunismus und Kontrolle, in: Sydow, J. (Hrsg. 2006b): Management von Netzwerkorganisationen, Wiesbaden 2006, S. 107–142.

Ebers, M./ Gotsch, W. (2006): Institutionenökonomische Theorien der Organisation, in: Kieser, A. (Hrsg. 2006): Organisationstheorien, Stuttgart 2006, S. 199–251.

ECR Europe (1997): Category Management Best Practice Report 1997.

Eggert, U. (2006): Wettbewerbliches Umfeld, in: Zentes, J. (Hrsg. 2006): Handbuch Handel, Wiesbaden 2006, S. 23–48.

EHI Retail Institute (Hrsg. 2009): Handel aktuell 2009/2010, Berlin 2009.

Elg, U. (2007): Market Orientation as Inter-firm Cooperation, in: European Management Journal, Vol. 25 (4), S. 283–297.

Elg, U./ Heli, P. (2008): Market orientation of retail brands in the grocery chain, in: The international review of retail, distribution and consumer research, Vol. 18 (2), S. 221–223.

Eller, P./ Jung, H./ Speiser, R. (2003): Integriertes Customer und Supplier Relationship Management, in: Supply Chain Management, Vol. 3 (3), S. 39–47.

Endres, E./ Wehner, T. (2006): Störungen zwischenbetrieblicher Kooperationen, in: Sydow, J. (Hrsg. 2006b): Management von Netzwerkorganisationen, Wiesbaden 2006, S. 215–259.

Engelhard, J./ Sinz, E. J. (Hrsg. 2000): Kooperation im Wettbewerb, Wiesbaden 2000.

Engwall, L. (Hrsg. 1998a): Four Decades of Uppsala Business Research, Uppsala 1998.

Engwall, L. (1998b): Prologue, in: Engwall, L. (Hrsg. 1998): Four Decades of Uppsala Business Research, Uppsala 1998, S. 31–65.

Enke, M./ Reimann, M./ Haack, L. U. (2008): Handelsmarketing, Wiesbaden 2008.

Ergenzinger, R./ Krulis-Randa, J. (2003): Marktstrategische Veränderungen in der postindustriellen Hersteller- Handels-Dyade, in: Ahlert, D./ Olbrich, R./ Schröder, H. (Hrsg. 2003): Jahrbuch Vertriebs- und Handelsmanagement 2003, Frankfurt a. M. 2003, S. 155–175.

Esch, F.-R. (Hrsg. 2005): Moderne Markenführung, Wiesbaden 2005.

Eschenbach, R./ Haddad, T. (1999): Die Balanced Scorecard, Wien 1999.

Fang, S.-R./ Wu Jyh-Jeng/ Fang, S.-C./ Chang, Y.-S./ Chao, P.-W. (2008): Generating effective interorganizational change, in: Industrial Marketing Management, Vol. 37 (8), S. 977–991.

Fassnacht, M./ Hardwig S. (2004): Efficient Consumer Response, in: Bauer, H. H./ Greipl, E. (Hrsg. 2004): Strategien und Trends im Handelsmanagement, München 2004, S. 273–292.

Faßnacht, M. (2003): Eine dienstleistungsorientierte Perspektive des Handelsmarketing, Wiesbaden 2003.

Fearne, A./ Hughes, D. (2000): Success factors in the fresh produce supply chain, in: British Food Journal, Vol. 10 (10), S. 760–772.

Feige, S. (1996): Handelsorientierte Markenführung, Frankfurt am Main 1996.

Feldbauer, B. (2001): Handels-Controlling, in: Trommsdorff, V. (Hrsg. 2001): Handelsforschung 2000/2001, Köln 2001, S. 369–390.

Feldbauer-Durstmüller, B. (2001): Handels-Controlling, Linz 2001.

Fend, L. (1998): Stand and Perspektiven im Handels-Marketing - unter besonderer Berücksichtigung der zunehmenden Bedeutung von Serviceleistungen, in: Meyer, A. (Hrsg. 1998): Handbuch Dienstleistungs-Marketing, Stuttgart 1998, S. 1439–1453.

Fernie, J. (2004): Relationships in the supply chain, in: Fernie, J./ Sparks, L. (Hrsg. 2004): Logistics and Retail Management, London 2004, S. 26–47.

Fernie, J./ Sparks, L. (Hrsg. 2004): Logistics and Retail Management, London 2004.

Fischer, B. (2006): Vertikale Innovationsnetzwerke, Wiesbaden 2006.

Fleck, A. (1995): Hybride Wettbewerbsstrategien, Wiesbaden 1995.

Flint, D. J./ Blocker, C. P. (2007): Exploring the dynamics of customer value in cross-cultural business relationships, in: Journal of Business Industrial Marketing, Vol. 22 (4), S. 249–259.

Foscht, T./ Liebmann, H.-P. (Hrsg. 2000): Zukunftsperspektiven für das Handelsmanagement, Frankfurt am Main 2000.

Fox, E. J./ Sethuraman, R. (2006): Retail Competition, in: Krafft, M./ Mantrala, M. K. (Hrsg. 2006): Retailing in the 21st century, Berlin 2006, S. 193–207.

Frankel, R./ Goldsby, T. J./ Whipple, J. M. (2002): Grocery Industry Collaboration in the Wake of ECR, in: International Journal of Logistics Management, Vol. 13 (1), S. 57–72.

Froschmayer, A. (1997): Konzepte für die strategische Führung von Unternehmensverbindungen., Herrsching 1997.

G.E.A. (1994): Supplier-Retailer Collaboration in Supply Chain Management, Europe, London 1994.

Gadde, L.-E./ Huemer, L./ Håkansson, H. (2003): Strategizing in industrial networks, in: Industrial Marketing Management, Vol. 32 (5), S. 357–364.

Gälweiler, A./ Schwaninger, M. (1986): Unternehmensplanung, Frankfurt a. M. 1986.

Ganesan, S. (1994): Determinants of Long-Term Orientation in Buyer-Seller Relationships, in: Journal of Marketing, Vol. 58, S. 1–19.

Ganesan, S./ George, M./ Jap, S./ Palmatier, R./ Weitz, B. (2009): Supply Chain Management and Retailer Performance: Emerging Trends, Issues, and Implications for Research and Practice, in: Journal of Retailing, Vol. 85 (1), S. 84.

Gemünden, H./ Heydebreck, P. (1994): Geschäftsbeziehungen in Netzwerken, in: Kleinaltenkamp, M./ Schubert, K. (Hrsg. 1994): Netzwerkansätze im Business-to-Business-Marketing, Wiesbaden 1994, S. 251–283.

Gemünden, H. G./ Ritter, T./ Walter, A. (Hrsg. 1998): Relationships and networks in international markets, Oxford 1998.

George, G. (1997): Internationalisierung im Einzelhandel, Berlin 1997.

GfK (Hrsg. 2002b): Jahrbuch der Absatz- und Verbrauchsforschung, Berlin 2002.

Ghemawat, P./ Rivkin, J. W. (2006): Creating Competitive Advantage, in: HBS Note.

Gilbert, D. (2002): Retail marketing management, Harlow 2002.

Gilbert, X./ Strebel, P. (1987): Strategies to outpace the competition, in: Journal of Business Strategy, Vol. 8 (1), S. 28–36.

Glémet, F./ González-Andión, S./ Leitao, P. M./ Ribeiro, R. (1995): How Profitable are Own Brand Products, in: McKinsey Quarterly, Vol. (4), S. 173–175.

Glöckner-Holme, I. (1988): Betriebsformen-Marketing im Einzelhandel, Augsburg 1988.

Glynn, M. S. (2007): How Retail Category Differences Moderate Retailer Perceptions of Manufacturer Brands, in: Australasian Marketing Journal, Vol. 15 (2), S. 55–67.

Glynn, M. S. (2009): Integrating brand, retailer and end-customer perspectives, in: Marketing Theory, Vol. 9 (1), S. 137–140.

Glynn, M. S./ Motion, J./ Brodie, R. (2007): Sources of brand benefits in manufacturer-reseller B2B relationships, in: Journal of Business & Industrial Marketing, Vol. 22 (6), S. 400–409.

Göbel, M./ Ortmann, G./ Weber, C. (2007): Reziprozität. Kooperation zwischen Nutzen und Pflicht, in: Schreyögg, G./ Sydow, J. (Hrsg. 2007): Kooperation und Konkurrenz, Wiesbaden 2007, S. 161–206.

Gömann, S./ Münchow, M.-M. (2008): Der Handel im Wandel - Vom Target zum Attraction Marketing, in: Riekhof, H.-C. (Hrsg. 2008a): Retail Business in Deutschland, Wiesbaden 2008, S. 147–178.

Grimm, K. (1979): Rationale Erkenntnispraxis - Jenseits von Verifikationismus, Falsifikationismus und methodologischem Anarchismus, Frankfurt a. M. 1979.

Grochla, E. (1993): Betrieb, Betriebswirtschaft und Unternehmung, in: Wittmann, W. (Hrsg. 1993): Handwörterbuch der Betriebswirtschaft, Stuttgart 1993, S. 375.

Grochla, E./ Fuchs, H./ Lehmann, H. (Hrsg. 1974): Systemtheorie und Betrieb, Opladen 1974.

Gröppel-Klein, A. (1998): Wettbewerbsstrategien im Einzelhandel, Wiesbaden 1998.

Große-Bölting, K. (2005): Management der Betriebstypenmarkentreue, Wiesbaden 2005.

Große-Wilde, J. (2004): SRM–Supplier Relationship Management, in: Wirtschaftinformatik, Vol. 46 (1), S. 61–63.

Großweischede, M. (2003): Warengruppenmanagement sichert nachhaltige Wettbewerbsvorteile, elektronisch veröffentlicht unter der URL: http://www.absatzwirtschaft.de/ content/warengruppenmanagement-sichert-nachhaltige-wettbewerbsvorteile;32617, abgerufen am 27.05.2010.

Guenzi, P./ Troilo, G. (2006): Developing marketing capabilities for customer value creation through Marketing–Sales integration, in: Industrial Marketing Management, Vol. 35 (8), S. 974–988.

Hackney, R./ Desouza, K./ Loebbecke, C. (2005): Cooperation or Competition.

Hahne, H. (1998): Category Management aus Herstellersicht, Lohmar 1998.

Halin, A. (1995): Vertikale Innovationskooperation, Frankfurt am Main 1995.

Hall, R. (1992): The Strategic Analysis of Intangible Resources, in: Strategic Management Journal, Vol. 13, S. 135–144.

Hall, R. (1993): A Framework Linking Intangible Resources and Capabilities to Sus-tainable Competitive Advantage, in: Strategic Management Journal, Vol. 14, S. 607–618.

Halldórsson, A./ Kotzab, H./ Mikkola, J. H./ Skjøtt-Larsen, T. (2007): Complementary theories to supply chain management, in: Supply Chain Management: An International Journal, Vol. 12 (4), S. 284–296.

Haller, M. (2000): Was bestimmt die Kaufentscheidung, in: Foscht, T./ Liebmann, H.-P. (Hrsg. 2000): Zukunftsperspektiven für das Handelsmanagement, Frankfurt am Main 2000, S. 361–384.

Haller, S. (2001): Handels-Marketing, Ludwigshafen (Rhein) 2001.

Hallier, B. (2006): Technologisches Umfeld, in: Zentes, J. (Hrsg. 2006): Handbuch Handel, Wiesbaden 2006, S. 71–88.

Hamel, G. (1991): Competition for competence and interpartnerlearning within international strategic alliances, in: Strategic Management Journal, Vol. 12, S. 83–103.

Hamel, G./ Doz, Y./ Prahalad, C. (1989): Collaborate with your competitors and win, in: Harvard Business Review, Vol. 63 (1), S. 133–139.

Hammervoll, T. (2005): Transactional and value creational sources of dependence, in: Journal of Business to Business Marketing, Vol. 12 (4), S. 41–66.

Hammervoll, T. (2009): Value creation in supply chain relationships, in: European Journal of Marketing, Vol. 43 (5/6), S. 630–639.

Handfield, R. B./ Nichols E. L. (1999): Introdution to Supply Chain Management, Upper Saddle River 1999.

Hardy, C./ Philipps, N./ Lawrence, T. B. (2003): Resources, knowledge and influence: the organizational effects of interorganizational collaboration, in: Journal of Management Studies, Vol. 40 (2), S. 321–347.

Hauschildt, J. (1998): Promotoren - Antriebskräfte der Innovation, Klagenfurt 1998.

Hauschildt, J./ Witte, E. (1999): Promotoren, Wiesbaden 1999.

Heid, T. (2008): Elektronisch gesteuerter Prozess einer Geschäftsbeziehung, in: Hirzel, M./ Gaida, I./ Kühn, F. (Hrsg. 2008): Prozessmanagement in der Praxis, Wiesbaden 2008, S. 161–167.

Heidel, B. (2007): Fast Moving Consumer Goods und Durables im Einzelhandelsmarketing, in: Schuckel, M. (Hrsg. 2007): Theoretische Fundierung und praktische Relevanz der Handelsforschung, Wiesbaden 2007, S. 419–438.

Heidenreich, S./ Huber, F./ Vogel, J. (2008): Flatrates und die Faszination grenzenlosen Konsums, Wiesbaden 2008.

Heikkilä, J. (2002): From supply to demand chain management, in: Journal of Operations Management, Vol. 20, S. 747–767.

Heinemann, G. (2008): Multi-Channel-Handel, Wiesbaden 2008.

Heinen, E. (1974): Einführung in die Betriebswirtschaftslehre, Wiesbaden 1974.

Heinen, E. (1976): Das Zielsystem der Unternehmung, Wiebaden 1976.

Hensel, J. (2007): Netzwerkmanagement in der Automobilindustrie, Wiesbaden 2007.

Heskett, J. L. (1988): Management von Dienstleistungsunternehmen, Wiebaden 1988.

Heydt, A. d. von (1998): Efficient Consumer Response (ECR). Basisstrategien und Grundtechniken, zentrale Erfolgsfaktoren sowie globaler Implementierungsplan. 3., aktualisierte und erw. Aufl., Frankfurt/M. 1998.

Heydt, A. d. von (1999a): Efficient Consumer Response, in: Heydt, A. d. v. (Hrsg. 1999b): Handbuch Efficient Consumer Response, München 1999, S. 3–24.

Heydt, A. d. v. (Hrsg. 1999b): Handbuch Efficient Consumer Response, München 1999.

Hilz, C./ Krüger, A./ Haas, O. (2002): Kunden-Lieferanten-Integration in der Automobilindustrie, in: HMD - Praxis der Wirtschaftsinformatik, Vol. 39 (2), S. 43–53.

Hingley, M. K. (2005): Power to all our friends?, in: Industrial Marketing Management, Vol. 34 (8), S. 848–858.

Hirzel, M./ Gaida, I./ Kühn, F. (Hrsg. 2008): Prozessmanagement in der Praxis, Wiesbaden 2008.

Hoban, T. J. (1998): Food Industry Innovation, in: Agribusiness, Vol. 14 (3), S. 235–245.

Hofer, C. W./ Schendel, D. (1989): Strategy formulation, St. Paul 1989.

Hoffmann, W. H./ Grün, O. (Hrsg. 2003): Die Gestaltung der Organisationsdynamik, Stuttgart 2003.

Holbrook, M. (2005): Customer Value and Autoethnography, in: Journal of Business Research, Vol. 58 (1), S. 45–61.

Holden, M. T./ O'Toole, T. (2004): Affirming Communication's Primary Role in a Manufacturer-Retailer Context, in: Journal of Marketing Management, Vol. 20 (9/10), S. 1047–1073.

Holland, H./ Herrmann, J./ Machenheimer, G. (2001): Efficient consumer response, Frankfurt am Main 2001.

Holm, D. B./ Eriksson, K./ Johanson, J. (1999): Creating Value through Mutual Commitment to Business Network Relationships, in: Strategic Management Journal, Vol. 20 (5), S. 467–486.

Holzkämper, O. (1999): Category Management, Göttingen 1999.

Homburg, C. (2000): Kundennähe von Industriegüterunternehmen, Wiesbaden 2000.

Homburg, C./ Krohmer, H. (2006): Marketingmanagement, Wiesbaden 2006.

Horst, J.-P. (1992): Das Verbot der vertikalen Preisbindung, Frankfurt am Main 1992.

Howaldt, J./ Ellerkmann, F. (2007): Entwicklungsphasen von Netzwerken und Unternehmenskooperationen, in: Becker, T./ Dammer, I./ Howaldt, J./ Killich, S./ Loose, A. (Hrsg. 2007): Netzwerkmanagement, Berlin, Heidelberg 2007, S. 35–48.

Hsu, C.-W./ Chen, H./ Jen, L. (2008): Resource linkages and capability development, in: Industrial Marketing Management, Vol. 37 (6), S. 677–685.

Hudetz, K./ Kaapke, A. (Hrsg. 2009): Lexikon Handelsmanagement, Frankfurt a. M. 2009.

Hungenberg, H. (2011): Strategisches Management in Unternehmen, Wiesbaden 2011.

Hungenberg, H./ Meffert, H. (Hrsg. 2005): Handbuch Strategisches Management, Wiesbaden 2005.

Hurth, J. (2003): Kennzahlen im Handel, in: Wirtschaftswissenschaftliches Studium, Vol. 32 (3), S. 331–335.

Hurth, J. (2006): Controlling im Handel, in: Zentes, J. (Hrsg. 2006): Handbuch Handel, Wiesbaden 2006, S. 873–893.

Hyvönnen, S./ Tuominen, M. (2007): Channel Collaboration, Market Orientation and Performance, in: International Review of Retail, Distribution & Consumer Research, Vol. 17 (5), S. 423–445.

Irrgang, W. (1989): Strategien im vertikalen Marketing, München 1989.

Jacoby, J./ Mazursky, D. (1984): Linking brand and retailer images, in: Journal of Retailing, Vol. 60 (3), S. 105–122.

Janoff, B./ Summerour, J. (2000): Tech Talk 2000, in: Progressive Grocer, Vol. 79 (9), S. 57–60.

Jap, S. (1999): Pie-Expansion Efforts, in: Journal of Marketing Research, Vol. 36 (4), S. 461–475.

Jap, S. (2001): "Pie Sharing" in Complex Collaboration Contexts, in: Journal of Marketing Research, Vol. 38 (1), S. 86–99.

Jap, S./ Anderson, E. (2007): Testing a Life-Cycle Theory of Cooperative Interorganizational Relationships, in: Management Science, Vol. 53 (2), S. 260–275.

Jap, S./ Ganesan, S. (2000): Control Mechanisms and the Relationship Life Cycle, in: Journal of Marketing Research, Vol. 37 (5), S. 227–245.

Jensen, M. C./ Meckling, W. H. (1976): Theory of the Firm: Managerial Behavior, in: Journal of Finance Economics, Vol. 3 (3), S. 303–360.

Johanson, J./ Mattsson, L. (1994): Interorganizational Relations in Industrial Systems, in: Johanson, J. (Hrsg. 1994): Internationalization, relationships and networks, Uppsala 1994, S. 171–182.

Johanson, J. (Hrsg. 1994): Internationalization, relationships and networks, Uppsala 1994.

Jung, H. (2010): Allgemeine Betriebswirtschaftslehre, München 2010.

Jungbluth, R./ Kamprad, I. (2008): Die 11 Geheimnisse des IKEA-Erfolgs, Bergisch Gladbach 2008.

Kaltcheva, V. D./ Winsor, R. D./ Parasuraman, A. (2010): The impact of customers relational models on price-based defection, in: Journal of Marketing Theory & Practice, Vol. 18 (1), S. 5–22.

Kanter, R. M. (1994): Collaborative Advantage, in: Harvard Business Review, Vol. 72 (4), S. 96–108.

Kearney, Í./ Mitchell, V. W. (2001): Measuring Consumer Brand Confusion to Comply with Legal Guidelines, in: International Journal of Market Research, Vol. 43 (1), S. 85–91.

Kessler, C. (2004): Branding in-Store Marketing in the 21st Century, in: Brand Management, Vol. 11 (4), S. 261–264.

Khanna, T./ Gulati, R./ Nohria, N. (1998): The Dynamics of Learning Alliances, in: Strategic Management Journal, Vol. 19 (3), S. 193–210.

Kieser, A./ Kubicek, H. (1992): Organisation. 3., völlig neubearb. Aufl., Berlin 1992.

Kieser, A. (Hrsg. 2006): Organisationstheorien, Stuttgart 2006.

Kim, K. K./ Park, S.-H./ Ryoo, S. Y./ Park, S. K. (2010): Inter-organizational cooperation in buyer–supplier relationships, in: Journal of Business Research, Vol. 63 (8), S. 863–869.

Kirsch, W. (1977): Die Betriebswirtschaftslehre als Führungslehre, München 1977.

Kirsch, W. (Hrsg. 1990): Managementsysteme, Herrsching 1990.

Kirsch, W. (1990): Planung – Kapitel einer Einführung, in: Kirsch, W. (Hrsg. 1990): Managementsysteme, Herrsching 1990, S. 23–125.

Kirsch, W. (1991): Unternehmenspolitik und strategische Unternehmensführung, München 1991.

Kirsch, W. (1996): Wegweiser zur Konstruktion einer evolutionären Theorie der strategischen Führung, Herrsching 1996.

Kirsch, W./ Knyphausen, D. zu/ Ringlstetter, M. (1989): Grundideen und Entwicklungstendenzen im Strategischen Management, in: Riekhof, H.-C. (Hrsg. 1989): Strategieentwicklung, Stuttgart 1989, S. 5–21.

Kirsch, W./ Maaßen, H. (1990): Einleitung: Managementsysteme, in: Kirsch, W. (Hrsg. 1990): Managementsysteme, Herrsching 1990, S. 1–20.

Klaus, E. (2002): Vertrauen in Unternehmensnetzwerken, Wiebaden 2002.

Kleinaltenkamp, M./ Schubert, K. (Hrsg. 1994): Netzwerkansätze im Business-to-Business-Marketing, Wiesbaden 1994.

Knaese, B. (1996): Kernkompetenzen im strategischen Management von Banken, Wiesbaden 1996.

Knyphausen-Aufsess, D. zu (1996): Theorie der strategischen Unternehmensführung, Wiesbaden 1996.

Ko, E./ Kincade, D. H. (1997): The Impact of Quick Response Technologies on Retail Store Attributes, in: International Journal of Retail & Distribution Management, Vol. 25 (2), S. 90–98.

Köhne, T. (2006): Marketing im strategischen Unternehmensnetzwerk, Wiesbaden 2006.

Koisol, E. (1976): Organisation der Unternehmung, Wiebaden 1976.

Koller, H./ Langmann, C./ Untiedt, H. M. (2006): Das Management von Innovationsnetzwerken in verschiedenen Phasen, in: Wojda, F./ Barth, A. (Hrsg. 2006): Innovative Kooperationsnetzwerke, Wiesbaden 2006, S. 27–80.

König, T. (2001): Nutzensegmentierung und alternative Segmentierungsansätze, Wiesbaden 2001.

Körber (2005): Strategische Herausforderungen im Handel der Zukunft, in: Hungenberg, in: Hungenberg, H./ Meffert, H. (Hrsg. 2005): Handbuch Strategisches Management, Wiesbaden 2005, S. 107–120.

Köster, L. (2005): Hoffnung für den Handel, in: Ahlert, D./ Olbrich, R./ Schröder, H. (Hrsg. 2005): Jahrbuch Vertriebs- und Handelsmanagement 2005, Frankfurt am Main 2005, S. 21–37.

Kotler, P./ Bliemel, F. (2001): Marketing-Management, Stuttgart 2001.

Kotler, P./ Keller, K. L./ Bliemel, F. (2008): Marketing-Management, München 2008.

Kotzab, H./ Teller, C. (2003): Value-adding partnerships and co-opetition models in the grocery industry, in: International Journal of Physical Distribution & Logistics Management, Vol. 33 (3), S. 268–281.

Kotzab, H. (1997): Neue Konzepte der Distributionslogistik von Handelsunternehmen, Wiebaden 1997.

KPMG (2006a): Status Quo und Perspektiven im deutschen Lebensmitteleinzelhandel, elektronisch veröffentlicht unter der URL: www.kpmg.de/Themen/3605.htm, abgerufen am 05.01.2010.

KPMG (2006b): Trends im Handel 2010, elektronisch veröffentlicht unter der URL: www.kpmg.de/Themen/3603.htm, abgerufen am 05.01.2010.

Krafft, M./ Mantrala, M. K. (Hrsg. 2006): Retailing in the 21st century, Berlin 2006.

Krey, A. (Hrsg. 2000): Handelscontrolling, Hamburg 2000.

Krishnan, R./ Miller, F./ Sedatole, K. L. (): An Empirical Examination of the Relationship Between Performance Measurement, Collaborative Contracting, and Asset Owner-ship,, Konferenzpapier, AAA 2008 MAS Meeting.

Kumar, N. (1996): The power of trust in manufacturer-retailer relationships, in: Harvard Business Review, Vol. 74 (6), S. 92–155.

Kurnia, S./ Johnston, R. B. (2003): Adoption of efficient consumer response, in: Supply Chain Management Review, Vol. 8 (3), S. 251–262.

Kurt Salmon Associates (1993): Efficient Consumer Response, Washington 1993.

Lademann, R. (2008): Betriebstypeninnovationen in stagnierenden Märkten unter Globalisie-rungsdruck, in: Riekhof, H.-C. (Hrsg. 2008a): Retail Business in Deutschland, Wies-baden 2008, S. 72–102.

Laker, M./ Zielke, S. (2003): Strikte Leistungsorientierung - Professionelles Konditionenma-nagement, in: Markenartikel, Vol. 65 (4), S. 4–9.

Larsson, R./ Brousseau, K. R./ Driver, M. J./ Holmqvist, M./ Tarnovskaya, V. (2003): Interna-tional growth through cooperation, in: Academy of Management Executive, Vol. (1), S. 7–24.

Lauer, A. (2001): Vertriebsschienenprofilierung durch Handelsmarken, Wiesbaden 2001.

Laurent, M. (1996): Vertikale Kooperationen zwischen Industrie und Handel, Frankfurt am Main 1996.

Leonard-Barton, D. (1995): The Wellsprings of Knowledge, Boston, Mass. 1995.

Lerchenmüller, M. (2003): Handelsbetriebslehre, Ludwigshafen (Rhein) 2003.

Letmathe, P. (2000): Operative Netzwerke aus der Sicht der Unternehmung, in: Zeitschrift für Betriebswirtschaft, Vol. 71 (5), S. 551–570.

Levine, F. M. (Hrsg. 1975): Theoretical Readings in Motivation, Chicago 1975.

Levy, M./ Weitz, B. A. (2007): Retailing management, Boston MA 2007.

Liebmann, H.-P./ Friessnegg, A./ Gruber, E./ Riedl, H. (2006): HandelsMonitor 200607, Frankfurt am Main 2006.

Liebmann, H.-P./ Zentes, J./ Swoboda, B. (2008): Handelsmanagement, München 2008.

Lietke, B. (2009): Efficient Consumer Response, Wiesbaden 2009.

Lindblom, A./ Olkkonen, R. (2008): An analysis of suppliers' roles in category management collaboration, in: Journal of Retailing and Consumer Services, Vol. 15 (1), S. 1–8.

Lindgreen, A./ Wynstra, F. (2005): Value in business markets: what do we know? Where are we going?, in: Industrial Marketing Management, Vol. 34 (7), S. 732–748.

Lindstrom, M. (2009): Buy-ology, Frankfurt/Main 2009.

Liu, Y./ Tao, L. (2008): The impact of a distributor's trust in a supplier and use of control mechanisms on relational value creation in marketing channels, in: Journal of Busi-ness & Industrial Marketing, Vol. 23 (1), S. 12–22.

Liu, Y./ Tao, L./ Yuan, L./ El-Ansary, A. I. (2008): The impact of a distributor's trust in a supplier and use of control mechanisms on relational value creation in marketing channels, in: Journal of Business & Industrial Marketing, Vol. 23 (1), S. 12–22.

Lorenzoni, G./ Lipparini, A. (1999): The Leveraging of Interfirm Relationships as a Distinctive Organizational Capability, in: Strategic Management Journal, Vol. (4), S. 317–338.

Lynch, J. E. (1990): The Impact of Electronic Point of Sale Technology (EPOS) on Marketing Strategy and Retailer-Supplier Relationships, in: Journal of Marketing Management, Vol. 6 (2), S. 157–168.

M+M Eurodata (2001): Trade Dimensions.

M+M Eurodata (2009): Trade Dimensions.

Maas, R.-M. (1980): Absatzwege - Konzeptionen und Modelle, Wiesbaden 1980.

Magnus, K.-H. (2007): Erfolgreiche Supply-Chain-Kooperation zwischen Einzelhandel und Konsumgüterherstellern, Wiesbaden 2007.

Mandac, L. (2006): Kauf- und Warenhauser - Erscheinungsformen und künftige Entwicklung, in: Zentes, J. (Hrsg. 2006): Handbuch Handel, Wiesbaden 2006, S. 453–480.

Manstedten, B. C. (1997): Die Entwicklung von Organisationsstrukturen in der Gründungs- und Frühentwicklungsphase von Unternehmungen, Köln 1997.

Marks, D. (2002): Values Change, Markets Follow, in: Shopping Center World, Vol. 31 (5), S. 142–144.

Maslow, A. M. (1975): Motivation and Personality, in: Levine, F. M. (Hrsg. 1975): Theoretical Readings in Motivation, Chicago 1975, S. 358–379.

Mason, K./ Doyle, P./ Wong, V. (2006): Market orientation and quasi-integration, in: Industrial Marketing Management, Vol. 35 (2), S. 140–155.

Mattmüller, R./ Tunder, R. (2004): Strategisches Handelsmarketing, München 2004.

Mattmüller, R./ Tunder, R. (2006): Organisationsformen - Primar- und Sekundarorganisation, in: Zentes, J. (Hrsg. 2006): Handbuch Handel, Wiesbaden 2006, S. 829–850.

Mau, M. (2003): Supply Chain Management, Weinheim 2003.

McCammon, B. C. (1970): Perspectives for Distribution Programming., in: Bucklin, L. P. (Hrsg. 1970): Vertical Marketing Systems, Glenview 1970, S. 32–51.

McGoldrick, P. J. (2002): Retail marketing, London 2002.

Meffert, H. (1999a): Marketing - Entwicklungstendenzen und Zukunftsperspektiven, in: Die Unternehmung, Vol. (6), S. 409–432.

Meffert, H. (1999b): Marktorientierte Unternehmensführung im Wandel, Wiesbaden 1999.

Meffert, H. (1999c): Zwischen Kooperation und Konfrontation, in: Beisheim, O. (Hrsg. 1999): Distribution im Aufbruch, München 1999, S. 407–427.

Meffert, H. (2000): Auf der Suche nach dem "Stein der Weisen", in: Markenartikel, Vol. (1), S. 24–34.

Meffert, H. (Hrsg. 2005a): Markenmanagement, Wiesbaden 2005.

Meffert, H. (2005b): Marketing, Wiesbaden 2005.

Meffert, H./ Backhaus, K./ Becker, J. (Hrsg. 2004g): Handelsstrategien auf dem Prüfstand, Münster 2004.

Meffert, H./ Burmann, C. (2005): Gestaltung von Markenarchitekturen, in: Meffert, H. (Hrsg. 2005): Markenmanagement, Wiesbaden 2005, S. 163–182.

Meffert, H./ Steffenhagen, H. (1976): Konflikte zwischen Industrie und Handel, Wiebaden 1976.

Mejías-Sacaluga, A./ Prado-Prado, J. C. (2000): Integrated Logistics Management in the Grocery Supply Chain, in: International Journal of Logistics Management, Vol. 13 (2), S. 67–77.

Metro AG (Hrsg. 2009): Metro-Handelslexikon 2009/2010, Düsseldorf 2009.

Meyer, A. (Hrsg. 1998): Handbuch Dienstleistungs-Marketing, Stuttgart 1998.

Meyer, A./ Mattmüller, R. (1987): Qualität von Dienstleistungen, in: Marketing ZFP, Vol. 9 (3), S. 187–195.

Meyer, M. (2000): Efficient Consumer Response, in: Trommsdorff, V. (Hrsg. 2000): Handelsforschung 1999/2000, Wiesbaden 2000, S. 297–314.

Michael, B. (2008): Retail Business: Grenzen der "Geiz-ist-geil"-Strategien, in: Riekhof, H.-C. (Hrsg. 2008a): Retail Business in Deutschland, Wiesbaden 2008, S. 145–176.

Miller, D. (2008): Retail marketing, Prahran, Victoria 2008.

Möhlenbruch, D./ Kotschi, B. (2000): Die Verkaufsförderung als Kooperationsbereich zwischen Industrie und Handel, in: Trommsdorff, V. (Hrsg. 2000): Handelsforschung 1999/2000, Wiesbaden 2000, S. 275–294.

Möhlenbruch, D. (1994): Sortimentspolitik im Einzelhandel, Wiesbaden 1994.

Moll, C. (2000): Efficient Consumer Response, Frankfurt am Main 2000.

Möll, G. (2004): Muster vertikaler Kooperation, in: Bieber, D. (Hrsg. 2004): Innovation der Kooperation, Berlin 2004, S. 51–107.

Möll, G./ Jacobsen, H. (2002): Kooperation statt Konfrontation?, in: ABI/INFORM Global, Vol. , S. 199–212.

Möller, K. (2006): Role of competences in creating customer value, in: Industrial Marketing Management, Vol. 35 (8), S. 913–924.

Möller, K./ Rajala, A. (2007): Rise of strategic nets, in: Industrial Marketing Management, Vol. 36 (7), S. 895–908.

Möller, K./ Törrönen, P. (2003): Business suppliers' value creation potential, in: Industrial Marketing Management, Vol. 32 (2), S. 109–118.

Monczka, R./ Trent, R./ Handfield R. (2002): Purchasing and Supply Chain Management, Cincinnati 2002.

Monge, P. (1990): Theoretical and Analytical Issues in Studying Organizational Processes, in: Organization Science, Vol. 1 (4), S. 406–430.

Morgan, R. M./ Hunt, S. D. (1994): The commitment-trust theory of relationship marketing, in: Journal of Marketing, Vol. 58 (3), S. 20–38.

Morschett, D. (2002): Retail Branding und integriertes Handelsmarketing, Wiesbaden 2002.

Morschett, D. (2006): Retail-Branding, in: Zentes, J. (Hrsg. 2006): Handbuch Handel, Wiesbaden 2006, S. 527–548.

Mouzas, S./ Araujo, L. (2000): Implementing Programmatic Initiatives in Manufacturer-Retailer Networks, in: Industrial Marketing Management, Vol. 29 (4), S. 293–303.

Mrosik, P./ Schmickler, M. (1999): Innovationsfelder der Sortimentsgestaltung, in: Thexis, Vol. 16 (1), S. 30–34.

Mühlmeyer, J./ Belz, C. (2003): Key Supplier Management, in: Boutellier, R./ Wagner, S. M./ Wehrli, H. P. (Hrsg. 2003): Handbuch Beschaffung, München 2003, S. 585–602.

Müller, L. (2009): Handelsmarketing im Lebensmitteleinzelhandel, Hamburg 2009.

Müller, N. (2006): Die Wirkung innovationsorientierter Kooperationsnetzwerke auf den Kooperationserfolg, in: Burmann, C./ Freiling, J./ Hülsmann, M. (Hrsg. 2006): Neue Perspektiven des Strategischen Kompetenz-Managements, Wiesbaden 2006, S. 244–277.

Müller-Hagedorn, L. (2001): Kundenbindung im Handel, Frankfurt am Main 2001.

Müller-Hagedorn, L. (2005): Handelsmarketing, Stuttgart 2005.

Müller-Hagedorn, L./ Toporowski, W. (2006): Handelsbetriebe, Köln 2006.

Müller-Hagedorn, L./ Toporowski, W. (2009): Der Handel, Stuttgart 2009.

Müller-Stewens, G./ Lechner, C. (2005): Strategisches Management, Stuttgart 2005.

Myers, M. B./ Daugherty, P. J./ Autry, C. W. (2000): The Effectiveness of Automatic Inventory Replenishment in Supply Chain Operations, in: Journal of Retailing, Vol. 76 (4), S. 455–481.

Narasimhan, C./ Wicox, R. T. (1998): Private Labels and the Channel Relationship, in: Journal of Business, Vol. 71 (4), S. 573–600.

Narayandas, D./ Rangan, K. (2004): Building and Sustaining Buyer-Seller Relationships in Mature Industrial Markets, in: Journal of Marketing, Vol. 68 (3), S. 63–77.

Nathusius, K. (1979): Venture Management, Berlin 1979.

Naudé, P./ Turnbull, P. W. (Hrsg. 1998): Network dynamics in international marketing, Oxford 1998.

Nerdinger, F. (2003): Grundlagen des Verhaltens in Organisationen, Stuttgart 2003.

Newman, A./ Cullen, P. (2002): Retailing: Environment and Operations, Florence, KY 2002.

Nollau, H.-G./ Ziegler, O. (2002): EDI und Internet, Lohmar, Köln 2002.

Normann, R./ Ramírez, R. (1993): From Value Chain to Value Constellation, in: Harvard Business Review, Vol. 71 (5), S. 65–77.

o.V. (2007): Lebensmittel: Produktion und Handel in Deutschland, elektronisch veröffentlicht unter der URL: http://www.bundesregierung.de/ Content/DE/Magazine/ Magazin-Verbraucher/001/s2-lebenmittelproduktion-und-handel-in-deutschland.html, abgerufen am 20.04.2010.

o.V. (2009): Vordenker der vernetzten Value Chain, elektronisch veröffentlicht unter der URL: http://www.gs1-germany.de/ content/presse/hintergrundinfos/ ecr_award_2009 /index_ger.html, abgerufen am 27.05.2010.

o.V. (2010a): Vollsortimenter drehen auf, in: Lebensmittel Zeitung, Vol. 2010 (4), S. 8.

o.V. (2010b): Handy-Barcodescanner barcoo beim Wettbewerb „365 Orte im Land der Ideen" erfolgreich, elektronisch veröffentlicht unter der URL: http://www.barcoo.de/pressemeldung_barcoo_beim_wettbewerb_365_orte_im_land_ der_ideen.jsf, abgerufen am 12.04.2010.

Obersojer, T. (2009): Efficient Consumer Response, Wiesbaden 2009.

Oehme, W. (2001): Handels-Marketing, München 2001.

Oelsnitz, D. von der (2005): Kooperation, in: Zentes, J./ Swoboda, B./ Morschett, D. (Hrsg. 2005b): Kooperationen, Allianzen und Netzwerke, Wiesbaden 2005, S. 185–210.

Olbrich, R. (1995): Vertikales Marketing, in: Tietz, B. (Hrsg. 1995): Handwörterbuch des Marketing, Stuttgart 1995, S. 2612–2623.

Olbrich, R. (1999): Überlebensstrategien im Konsumgüterhandel, in: Beisheim, O. (Hrsg. 1999): Distribution im Aufbruch, München 1999, S. 425–441.

Olbrich, R. (2001): Ursachen, Entwicklung und Auswirkungen der Abhängigkeitsverhältnisse zwischen Markenartikelindustrie und Handel, Hagen 2001.

Olbrich, R. (2002): Der „Double-Agent-Approach" in der Konsumgüterdistribution, in: Trommsdorff, V. (Hrsg. 2002): Handelsforschung 2001/2002, Wiebaden 2002, S. 161–181.

Olbrich, R. (2004): Mehr Wettbewerbschancen für die industrielle Marke durch Aufhebung des Preisbindungsverbotes, in: Ahlert, D./ Evanschitzky, H./ Hesse, J./ Salfeld, A. (Hrsg. 2004): Exzellenz in Markenmanagement und Vertrieb, Wiesbaden 2004, S. 165–178.

Oliver Wymann (2007): Handelsspektrum, elektronisch veröffentlicht unter der URL: www.oliverwyman.com/de/.../Handelsspektrum_Oliver_Wyman_2008.pdf, abgerufen am 05.01.2010.

Ortmann, G./ Sydow, J. (Hrsg. 2001): Strategie und Strukturation, Wiesbaden 2001.

Otto, A. (2002): Management und Controlling von Supply Chains, Wiesbaden 2002.

Palmer, M. (2004): International Retail Restructuring and Divestment, in: Journal of Marketing Management, Vol. 20 (9-10), S. 1075–1105.

Palmer, M. (2005): Retail multinational learning, in: International Journal of Retail & Distribution Management, Vol. 33 (1), S. 23–48.

Pappu, R./ Quester, P. (2006): Does customer satisfaction lead to improved brand equity?, in: Journal of Product and Brand Management, Vol. 15 (1), S. 4–14.

Payne, A./ Holt, S. (1999): A review of the 'value' literature and implications for relationship marketing, in: Australasian Marketing Journal, Vol. 7 (1), S. 41–51.

Payne, A./ Storbacka, K./ Frow, P. (2008): Managing the co-creation of value, in: Journal of the Academy of Marketing Science, Vol. 36 (2), S. 83–96.

Pedhazur, E. J./ Schmelkin, L. (1991): Measurement, Design, and Analysis, Hillsdale 1991.

Peitz, U. (2002): Struktur und Entwicklungen von Beziehungen in Unternehmensnetzwerken, Wiesbaden 2002.

Penrose, E. T. (1959): The Theory of Growth of the Firm, London 1959.

Pepels, W. (2007): Vertriebsmanagement in Theorie und Praxis, München 2007.

Peteraf, M. A. (1993): The Cornerstones of Competitive Advantage, in: Strategic Management Journal, Vol. 14, S. 179–191.

Petry, T. (2006): Netzwerkstrategie, Wiesbaden 2006.

Pfohl, H. C. (2005): Erfolgspotentiale und Erfolgspositionen in Logistik/Supply Chain Management., in: Amelingmeyer, J./ Harland, P. E. (Hrsg. 2005): Technologiemanagement & Marketing:, Wiesbaden 2005, S. 563–585.

Pfohl, H. C./ Buse, H. P. (2000): Organisationale Beziehungsfähigkeiten in komplexen kooperativen Beziehungen, in: Engelhard, J./ Sinz, E. J. (Hrsg. 2000): Kooperation im Wettbewerb, Wiesbaden 2000, S. 269–300.

Picot, A./ Dietl, H./ Franck, E. (2002): Organisation, Stuttgart 2002.

Picot, A./ Dietl, H./ Franck, E. (2008): Organisation, Stuttgart 2008.

Pietersen, F. (2008): Handel in Deutschland, in: Riekhof, H.-C. (Hrsg. 2008a): Retail Business in Deutschland, Wiesbaden 2008, S. 33–70.

Plaumann, N. (2006): Category Management, Saarbrücken 2006.

Ploetner, O./ Ehret, m. (2006): From relationships to partnerships, in: Industrial Marketing Management, Vol. 35 (1), S. 4–9.

Porter, M. E./ Millar, V. E. (1985): How Information Gives you Competitive Advantage, in: Harvard Business Review, Vol. 63 (4), S. 149–174.

Porter, M. E. (1998): Competitive strategy, New York, NY 1998.

Porter, M. E. (2004): Competitive advantage, New York, NY 2004.

Porter, M. E. (2008): Wettbewerbsstrategie, Frankfurt, New York 2008.

Porter, M. E. (2000): Wettbewerbsvorteile, Frankfurt/Main 2000.

Porter, S./ Claycomb, C. (1997): The influence of brand recognition on retail store image, in: Journal of Product and Brand Management, Vol. 6 (6), S. 373–387.

Pötzl, J. (2001): Strategien zur vertikalen Hersteller-Händler-Kooperation in der Konsumgüterindustrie 2001.

Powell, W./ Koput, K. W./ Smith-Doerr, L. (1996): Interorganizational collaboration and the locus of control of innovation, in: Administrative Science Quarterly, Vol. 41 (1), S. 116–145.

Prahalad, C. K./ Hamel, G. (1990): The Core Competence of the Cooperation, in: Harvard Business Review, Vol. 68 (3), S. 79–91.

Priem, R. L. (2007): A Consumer Perspective on Value Creation, in: Academy of Management Review, Vol. 32 (1), S. 219–235.

Prießnitz, H. (Hrsg. 2006f): Markenführung im Billigzeitalter, Landsberg am Lech 2006.

Probst, G. J. B./ Büchel, B. S. T. (1998): Organisationales Lernen, Wiesbaden 1998.

Pümpin, C. B. (1986): Management strategischer Erfolgspositionen, Bern 1986.

Purper, G. (2007): Die Betriebsformen des Einzelhandels aus Konsumentenperspektive 2007.

Rasche, C. (1994): Wettbewerbsvorteile durch Kernkompetenzen, Wiebaden 1994.

Rasche, C./ Wolfrum, B. (1994): Ressourcenorientierte Unternehmensführung, in: Die Betriebswirtschaft, Vol. 54 (4), S. 501–517.

Redwitz, G. (1991): Handelsentwicklung: Wertewandel-Perspektiven für die Handelslandschaft, in: Szallies, R. (Hrsg. 1991): Wertewandel und Konsum, Landsberg/Lech 1991, S. 257–282.

Redwitz, G. (1999): Konsequenzen der sozio-demographischen Veränderungen für den Handel, in: Beisheim, O. (Hrsg. 1999): Distribution im Aufbruch, München 1999, S. 260–279.

Reinartz, W./ Kraft, M./ Hoyer, W. (2004): The Customer Relationship Management Process, in: Journal of Marketing, Vol. 61, S. 293–305.

Richter, R./ Furubotn, E. G. (2003): Neue Institutionenökonomik, Tübingen 2003.

Riekhof, H.-C. (Hrsg. 1989): Strategieentwicklung, Stuttgart 1989.

Riekhof, H.-C. (Hrsg. 2008a): Retail Business in Deutschland, Wiesbaden 2008.

Riekhof, H.-C. (2008b): Strategische Herausforderungen für das Retail Business, in: Riekhof, H.-C. (Hrsg. 2008a): Retail Business in Deutschland, Wiesbaden 2008, S. 3–32.

Rindfleisch, A./ Moorman, C. (2003): Interfirm Cooperation and Customer Orientation, in: Journal of Marketing Research, Vol. 60, S. 421–436.

Ring, P./ van de Ven, A. (1994): Developmental Processes of Cooperative Interorganizational Relationships, in: Academy of Management Review, Vol. 12 (3), S. 546–557.

Ringlstetter, M. (1995): Konzernentwicklung, Herrsching 1995.

Ringlstetter, M. J. (1997): Organisation von Unternehmen und Unternehmensverbindungen, München 1997.

Ringlstetter, M. J./ Aschenbach, M./ Kirsch, W. (Hrsg. 2003): Perspektiven der strategischen Unternehmensführung, Wiesbaden 2003.

Rode, J. (2005): Noch Potenziale für ECR, in: Lebensmittel Zeitung, Vol. (2.9.2005), S. 2.

Ross, S. A. (1973): The Economic Theory of Agency, in: American Economic Review, Vol. 62 (2), S. 134–139.

Rudolph, T. (1993): Positionierungs- und Profilierungsstrategien im Europäischen Einzelhandel, St. Gallen 1993.

Rudolph, T./ Loock, M./ Kleinschrodt, A. (2008): Strategisches Handelsmanagement, Aachen 2008.

Rudolph, T./ Schmickler, M. (2000): Integriertes Category Management, in: Foscht, T./ Liebmann, H.-P. (Hrsg. 2000): Zukunftsperspektiven für das Handelsmanagement, Frankfurt am Main 2000, S. 201–217.

Rühl, A./ Steinicke, S. (2003): Filialspezifisches Warengruppenmanagement, Wiebaden 2003.

Ryals, L./ Humphries, A. (2007): Managing Key Business-to-Business Relationships, in: Journal of Service Research, Vol. 9 (4), S. 312–326.

Sabath, R. E./ Autry, C. W./ Daugherty, P. J. (2001): Automatic replenishment programs, in: Journal of Business Logistics, Vol. 22 (1), S. 99–105.

Sahay, B. S. (2003): Supply Chain Collaboration:, in: International Journal of Productivity and Performance Management, Vol. 52 (2), S. 76–83.

Salditt, T. C. (2008): Netzwerkmanagement im Handel, Wiesbaden 2008.

Salfeld, A. (2003): Kompetenzorientiertes Betriebstypenmarkenmanagement, Wiesbaden 2003.

Sandig, C. (1974): Bedarf, Bedarfsforschung, in: Tietz, B. (Hrsg. 1974): Handwörterbuch der Absatzwirtschaft, Stuttgart 1974, 313–326.

Saren, M./ Tzokas, N. (2003): Value Transformation in Relationship Marketing.

Schär, J. F. (1923): Allgemeine Handelsbetriebslehre, Leipzig 1923.

Schenk, H.-O. (1970): Geschichte und Ordnungstheorie der Handelsfunktionen, Berlin 1970.

Schenk, H.-O. (1991): Marktwirtschaftslehre des Handels, Wiesbaden 1991.

Schenk, H.-O. (2007): Psychologie im Handel, München 2007.

Scherm, E./ Fey, A. (1999): Strategische Planung: Grundlagen der strategischen Planung, Hagen 1999.

Scherm, E./ Pietsch, G. (2007): Organisation, München 2007.

Schmalen, H. (1995): Preispolitik, Stuttgart 1995.

Schmalenbach, E. (1928): Die Betriebswirtschaftslehre an der Schwelle der neuen Wirtschaftverfassung, in: Zeitschrift für handelswissenschaftliche Forschung, Vol. 22 (5), S. 16–251.

Schmalenbach, E. (1949): Der freien Wirtschaft zum Gedächtnis, Köln 1949.

Schmickler, M. (2001): Management strategischer Kooperationen zwischen Hersteller und Handel, Wiesbaden 2001.

Schmickler, M./ Rudolph, T. (2002): Erfolgreiche ECR-Kooperationen, Neuwied 2002.

Schmidiger, M. P. (1996): Die Qualität von Beratungsleistungen im Einzelhandel, St. Gallen 1996.

Schmidt, A. (2009): Relational View, in: Zeitschrift für Planung & Unternehmenssteuerung, Vol. , S. 129–137.

Schmidt, G. (2003): Einführung in die Organisation, Wiesbaden 2003.

Schmitt, S. (2005): Die Existenz des hybriden Käufers, Wiesbaden 2005.

Schmitz, G. (2007): Einkaufsmotive als Einflussgrößen der Betriebstypenwahl im Lebensmitteleinzelhandel, in: Ahlert, D./ Olbrich, R./ Schröder, H. (Hrsg. 2007): Jahrbuch Vertriebs- und Handelsmanagement 2007, Frankfurt am Main 2007, S. 39–60.

Schmitz Whipple, J. (1999): The effect of governance structure on performance, in: Journal of Business, Vol. 56 (4), S. 311–344.

Schögel, M. (2006): Kooperationsfähigkeiten im Marketing, Wiesbaden 2006.

Schreyögg, G. (2008): Organisation, Wiesbaden 2008.

Schreyögg, G./ Sydow, J. (Hrsg. 2007): Kooperation und Konkurrenz, Wiesbaden 2007.

Schröder, H. (2002): Handelsmarketing, München 2002.

Schröder, H. (2003): Category Management, in: Schröder, H. (Hrsg. 2003): Category Management /// Category Management: aus der Praxis für die Praxis, Frankfurt am Main 2003, S. 11–38.

Schröder, H. (Hrsg. 2003): Category Management /// Category Management: aus der Praxis für die Praxis, Frankfurt am Main 2003.

Schröder, H./ Zaharia, S. (2008): Linking multi-channel customer behavior with shopping motives, in: Journal of Retailing and Consumer Services, Vol. (15), S. 452–468.

Schuckel, M. (Hrsg. 2007d): Theoretische Fundierung und praktische Relevanz der Handelsforschung, Wiesbaden 2007.

Schulze, G. (2000): Die Erlebnisgesellschaft, Frankfurt/Main 2000.

Seifert, D. (2001): Efficient Consumer Response, München 2001.

Selnes, F./ Sallis, J. (2003): Promoting relationship learning, in: Journal of Marketing, Vol. 67 (3), S. 80–95.

Sethuraman, R./ Cole, C. (1999): Factors Influencing the Price Premiums that Consumers Pay for national Brands over Store Brands, in: Journal of Product and Brand Management, Vol. 8 (4), S. 340–351.

Sheth, J. H./ Sisodia, R. S. (1999): Revisiting Marketing's Lawlike Generalizations, in: Journal of the Academy of Marketing Science, Vol. 27 (1), S. 71–87.

Sheu, C./ Yen, H. R./ Chae, B. (2006): Determinants of supplier-retailer collaboration, in: International Journal of Operations & Production Management, Vol. 26 (1), S. 24–49.

Shoham, A./ Rose, G. M./ Kropp, F. (1997): Conflict in International Channels of Distribution, in: Journal of Global Marketing, Vol. 11 (2), S. 5–22.

Silva-Risso, J. M./ Bucklin, R. E./ Morrison, D. G. (1999): A Decision Support system for Planning Manufacturers' Sales Promotion Calendars, in: Marketing Science, Vol. 18 (3), S. 274–300.

Simchi-Levi, D./ Kaminsky, P./ Simchi-Levi, E. (2000): Designing and Managing the Supply Chain, Boston MA 2000.

Simon, H. (1988): Management strategischer Wettbewerbsvorteile, in: Zeitschrift für Betriebswirtschaft, Vol. 58 (4), S. 461–480.

Småros, J. (2003): Collaborative Forecasting, in: International Journal of Logistics, Vol. 6 (4), S. 245–258.

Smith, J. B./ Colgate, M. (2007): Customer Value Creation, in: Journal of Marketing Theory & Practice, Vol. 15 (1), S. 7–23.

Soroor, J./ Tarokh, M./ Shemshadi, A. (2009): Theoretical and practical study of supply chain coordination, in: Journal of Business & Industrial Marketing, Vol. 24 (2), S. 131–142.

Spath, D./ Demuß, L. (2003): Enttwicklung hybrider Produkte, in: Bullinger, H.-J./ Scheer, A.-W. (Hrsg. 2003): Service Engineering, Berlin 2003, S. 469–506.

Specht, G./ Fritz, W. (2005): Distributionsmanagement, Stuttgart 2005.

Spremann, K. (1988): Reputation, Garantie, Information, in: Zeitschrift für Betriebswirtschaft, Vol. 58 (576), S. 613–629.

Staber, U. (2001): Steuerung von Unternehmensnetzwerken, in: Sydow, J. (Hrsg. 2001): Steuerung von Netzwerken, Opladen 2001, S. 58–87.

Staehle, W. H./ Conrad, P./ Sydow, J. (1999): Management, München 1999.

Statistisches Bundesamt (2009): Statistisches Jahrbuch 2009, elektronisch veröffentlicht unter der URL: http://www.destatis.de/jetspeed/portal/cms/ Sites/destatis/ SharedContent/ Oeffentlich/AI/IC/Publikationen/Jahrbuch/StatistischesJahrbuch,property=file.pdf, abgerufen am 20.04.2010.

Stauss, B. (1998): Dienstleistungen als Markenartikel - etwas Besonderes?, in: Tomczak, T. (Hrsg. 1998): Markenmanagement für Dienstleistungen, St. Gallen 1998, S. 10–23.

Steffenhagen, H. (1975): Konflikt und Kooperation in Absatzkanälen, Wiesbaden 1975.

Steffenhagen, H. (2003): Konditionensysteme, in: Diller, H. (Hrsg. 2003): Handbuch Preispolitik, Wiesbaden 2003, S. 575–596.

Steidl, B. (1999): Synergiemanagement im Konzern, Wiebaden 1999.

Steiner, S. (2007): Category Management, Wiesbaden 2007.

Steinle, C./ Bruch, H. (Hrsg. 2003): Controlling, Stuttgart 2003.

Stern, L. W. (Hrsg. 1969): Distribution Channels, Boston MA 1969.

Stern, L. W./ Gorman, R. H. (1969): Conflict in Distribution Channels, in: Stern, L. W. (Hrsg. 1969): Distribution Channels, Boston MA 1969, S. 156–176.

Stern, L. W./ Heskett, J. L. (1969): Conflict Management in Interorganization Relations, in: Stern, L. W. (Hrsg. 1969): Distribution Channels, Boston MA 1969, S. 288–305.

Stölzle, W./ Heusler, K. F. (2003): Supplier Relationship Management, in: Bogaschewsky, R./ Götze, U. (Hrsg. 2003): Management und Controlling von Einkauf und Logistik, Gernsbach 2003, S. 167–194.

Strebinger, A./ Schweiger, G. (2003): Mehr, wendiger oder die Richtigen?, in: Ahlert, D./ Olbrich, R./ Schröder, H. (Hrsg. 2003): Jahrbuch Vertriebs- und Handelsmanagement 2003, Frankfurt a. M. 2003, S. 69–83.

Suhr, F. J. (2002): Strategisches Handelsmarketing, Neu-Isenburg 2002.

Sullivan, M./ Adcock, D. (2002): Retail marketing, Australia, London 2002.

Svensson, G. (2002): A firm's driving force to implement and incorporate a business philosophy into its current business activities, in: European Business Review, Vol. 14 (1), S. 20–29.

Swoboda, B. (2005): Kooperation, in: Zentes, J./ Swoboda, B./ Morschett, D. (Hrsg. 2005b): Kooperationen, Allianzen und Netzwerke, Wiesbaden 2005, S. 35–64.

Sydow, J./ Ortmann, G. (2001): Vielfalt an Wegen und Möglichkeiten, in: Ortmann, G./ Sydow, J. (Hrsg. 2001): Strategie und Strukturation, Wiesbaden 2001, S. 3–23.

Sydow, J./ Windeler, A. (2003): Knowledge, Trust, and Control, in: International Studies of Management, Vol. 33 (2), S. 69–99.

Sydow, J. (Hrsg. 2001): Steuerung von Netzwerken, Opladen 2001.

Sydow, J. (2003): Dynamik von Netzwerkorganisationen, in: Hoffmann, W. H./ Grün, O. (Hrsg. 2003): Die Gestaltung der Organisationsdynamik, Stuttgart 2003, S. 327–356.

Sydow, J. (2005): Strategische Netzwerke, Wiesbaden 2005.

Sydow, J. (2006a): Management von Netzwerkorganisationen, in: Sydow, J. (Hrsg. 2006b): Management von Netzwerkorganisationen, Wiesbaden 2006, S. 279–314.

Sydow, J. (Hrsg. 2006b): Management von Netzwerkorganisationen, Wiesbaden 2006.

Syring, D. (2003): Bestimmung effizienter Sortimente in der operativen Sortimentsplanung, elektronisch veröffentlicht unter der URL: http://www.diss.fu-berlin.de/diss/servlets/MCRFileNodeServlet/FUDISS_derivate_000000001486/, abgerufen am 05.10.2010.

Sytch, M./ Gulati, R. (2008): Creating Value Together, in: MIT Sloan Management Review, Vol. 50 (1), S. 12–13.

Szallies, R. (Hrsg. 1991): Wertewandel und Konsum, Landsberg/Lech 1991.

Theis, H.-J. (1999): Handels-Marketing, Frankfurt/Main 1999.

Theis, H.-J. (2006): Handbuch Handelsmarketing Band 2, Frankfurt am Main 2006.

Theis, H.-J. (Hrsg. 2007): Handbuch Handelsmarketing Band 1, Frankfurt am Main 2007.

Theis, H.-J. (2008): Handbuch Handelsmarketing Band 3, Frankfurt am Main 2008.

Thiele, M. (1996): Die kernkompetenzbasierte Reorganisation der Unternehmung, Leipzig 1996.

Thomas, A. (1990): Grundriß der Sozialpsychologie, Göttingen.

Thompson, J. D. (1967): Organizations in action, New York, NY 1967.

Tietz, B. (1993): Der Handelsbetrieb. Grundlagen der Unternehmenspolitik. 2., neubearb. Aufl., München 1993.

Tietz, B. (Hrsg. 1974): Handwörterbuch der Absatzwirtschaft, Stuttgart 1974.

Tietz, B. (Hrsg. 1995): Handwörterbuch des Marketing, Stuttgart 1995.

Tomczak, T./ Schögel, M./ Sauer, A. (2005): Kooperationen in der Konsumgüterindustrie, in: Zentes, J./ Swoboda, B./ Morschett, D. (Hrsg. 2005b): Kooperationen, Allianzen und Netzwerke, Wiesbaden 2005, S. 1161–1180.

Tomczak, T. (Hrsg. 1998): Markenmanagement für Dienstleistungen, St. Gallen 1998.

Tomczak, T./ Brockdorff, B. (2000): Top-Kunden im Visier, in: Markant HandelsMagazin, Vol. (7), S. 30–32.

Töpfer, A. (1999): Das ECR-Konzept als Anforderung an Theorie und Praxis, in: Heydt, A. d. v. (Hrsg. 1999): Handbuch Efficient Consumer Response, München 1999, S. 362–375.

Toporowski, W./ Zielke, S. (2007): Entwicklungslinien und Zukunft der Distributions- und Handelswissenschaft, in: Schuckel, M. (Hrsg. 2007): Theoretische Fundierung und praktische Relevanz der Handelsforschung, Wiesbaden 2007, S. 24–47.

Träger, S. (2008): Wettbewerbsmanagement, elektronisch veröffentlicht unter der URL: http://dx.doi.org/10.1007/978-3-8349-9813-2, abgerufen am .

Trommsdorff, V. (Hrsg. 1998): Handelsforschung 1998/1999, Wiebaden 1998.

Trommsdorff, V. (Hrsg. 2000): Handelsforschung 1999/2000, Wiesbaden 2000.

Trommsdorff, V. (Hrsg. 2001): Handelsforschung 2000/2001, Köln 2001.

Trommsdorff, V. (Hrsg. 2002): Handelsforschung 2001/2002, Wiebaden 2002.

Tuominen, M. (2004): Channel Collaboration and Firm Value Proposition, in: International Journal of Retail & Distribution Management, Vol. 32 (4/5), S. 178–189.

Twardawa, W. (2006): Die Rolle der Discounter im deutschen LEH, in: Zentes, J. (Hrsg. 2006): Handbuch Handel, Wiesbaden 2006, S. 377–394.

Tzokas, N./ Saren, M. (2004): Competitive advantage, knowledge and relationship marketing: where, what and how?, in: Journal of Business & Industrial Marketing, Vol. 19 (2), S. 124–135.

Ulaga, W. (2003): Capturing Value Creation in Business Relationships, in: Industrial Marketing Management, Vol. 32 (8), S. 677–693.

Ulaga, W./ Chacour, S. (2001): Measuring Customer-Perceived Value in Business Markets, in: Industrial Marketing Management, Vol. 30 (6), S. 525–540.

Ullrich, W. (2006): Haben wollen, Frankfurt am Main 2006.

Ulrich, H. (Hrsg. 2001): Gesammelte Schriften, Bern 2001.

Vahs, D. (2007): Organisation, Stuttgart 2007.

van Ball, S. (2006): Efficient Consumer Response in der Umsetzung, in: Handel im Fokus, Vol. 58 (4), S. 235–241.

Vandenbosch, M./ Dawar, N. (2002): Beyyond Better Products, in: Sloan Management Review, Vol. 43 (2), S. 35–42.

Vazquez, R./ Iglesias, V./ Alvarez-Gonzales, L. I. (2005): Distribution Channel Relationships, in: International Review of Retail, Distribution and Consumer Research, Vol. 15 (2), S. 125–150.

Vergin, R. C./ Barr, K. (1999): Building Competitiveness in Grocery Supply Through Continuous Replenishment Planning, in: Industrial Marketing Management, Vol. 28 (2), S. 145–153.

Vetter, F. (2004): Sara Lee: Collaborative Replenishment., in: Corsten, D./ Gabriel, C. (Hrsg. 2004): Supply Chain Management erfolgreich umsetzen, Berlin 2004, S. 187–202.

Walsh, G. (2002): Die Ähnlichkeit von Hersteller- und Handelsmarken und ihre Bedeutung für das kaufbezogene Verhalten von Konsumenten, in: GfK (Hrsg. 2002): Jahrbuch der Absatz- und Verbrauchsforschung, Berlin 2002, S. 103–123.

Walters, D./ Rand, C. A. (1999): Computers in Retailing, in: International Journal of Physical Distribution & Logistics Management, Vol. 29 (7/8), S. 465–476.

Weinberg, P./ Diehl, S./ Terlutter, R./ Purper, G. (2003): Die Bedeutung von Vertrauen in Hersteller-Handels-Beziehungen in verschiedenen Betriebsformen des Handels, in: Ahlert, D./ Olbrich, R./ Schröder, H. (Hrsg. 2003): Jahrbuch Vertriebs- und Handelsmanagement 2003, Frankfurt a. M. 2003, S. 175–189.

Weitz, B./ Wang, Q. (2004): Vertical Relationships in Distribution Channels, in: The Antitrust Bulletin, Vol. 49 (4), S. 859–876.

Welge, M. K./ Al-Laham, A. (2005): Strategisches Management, Wiesbaden 2005.

Wenzel, H. (2003): Systembildung, Konfliktfelder, strategische Allianzen, in: Ahlert, D./ Olbrich, R./ Schröder, H. (Hrsg. 2003): Jahrbuch Vertriebs- und Handelsmanagement 2003, Frankfurt a. M. 2003, S. 37–51.

Werner, G. W./ Werner, C. (2006): Wertschöpfungsorientierte Preispolitik aus Sicht eines Händlers, in: Prießnitz, H. (Hrsg. 2006): Markenführung im Billigzeitalter, Landsberg am Lech 2006, S. 111–119.

Wildemann, H. (2010): Efficient Consumer Response, München 2010.

Wilson, D. (1995): An integrated model of buyer-seller relationships, in: Journal of the Academy of Marketing Science, Vol. 23 (4), S. 335–345.

Winkler, G. (1999): Koordination in strategischen Netzwerken, Wiebaden 1999.

Witte, E. (1973): Organisation für Innovationsentscheidungen, Göttingen 1973.

Wittmann, W. (Hrsg. 1993): Handwörterbuch der Betriebswirtschaft, Stuttgart 1993.

Wojda, F./ Barth, A. (Hrsg. 2006): Innovative Kooperationsnetzwerke, Wiesbaden 2006.

Wojda, F./ Herfort, I./ Barth, A. (2006): Ansatz zur ganzheitlichen Gestaltung von Kooperationen und Kooperationsnetzwerken und die Bedeutung sozialer und personeller Einflüsse, in: Wojda, F./ Barth, A. (Hrsg. 2006): Innovative Kooperationsnetzwerke, Wiesbaden 2006, S. 1–26.

Wong, C. Y./ Johanson, J. (2008): A framework of manufacturer-retailer coordination process, in: International Journal of Retail & Distribution Management, Vol. 36 (5), S. 387-408.

Woodruff, R. B. (1997): Customer Value, in: Journal of the Academy of Marketing Science, Vol. 25 (2), S. 139-153.

Wortzel, L. (1987): Retailing Strategies for today's mature marketplace, in: The Journal of Business Strategies, Vol. 7 (4), S. 45-56.

Xie, J./ Neyret, A. (2009): Co-op advertising and pricing models in manufacturer–retailer supply chains, in: Computers & Industrial Engineering, Vol. 56 (4), S. 1375-1385.

Zahn, E./ Kapmeier, F./ Tilebein, M. (2006): Formierung und Evolution von Netzwerken, in: Wojda, F./ Barth, A. (Hrsg. 2006): Innovative Kooperationsnetzwerke, Wiesbaden 2006, S. 129-150.

Zairi, M. (1998): Best practice in supply chain management, in: European Journal of Innovation Management, Vol. 1 (2), S. 59-66.

Zajac, E./ Olsen, C. (1993): From Transaction Cost to Transaction Value Analysis, in: Journal of Management Studies, Vol. 30 (1), S. 131-145.

Zentes, J. (2006): Dynamik des Handels, in: Zentes, J. (Hrsg. 2006): Handbuch Handel, Wiesbaden 2006, S. 3-22.

Zentes, J. (Hrsg. 2006i): Handbuch Handel, Wiesbaden 2006.

Zentes, J./ Morschett, D./ Schramm-Klein, H. (2007): Strategic Retail Management, Wiesbaden 2007.

Zentes, J./ Schramm-Klein, H. (2006): Status quo des Multi-Channel-Managements im deutschen Einzelhandel, in: Thexis, Vol. (4), S. 6-10.

Zentes, J./ Swoboda, B. (2005): Hersteller-Handels-Beziehungen aus markenpolitischer Sicht, in: Esch, F.-R. (Hrsg. 2005): Moderne Markenführung, Wiesbaden 2005, S. 1063-1086.

Zentes, J./ Swoboda, B./ Morschett, D. (2005a): Kooperationen, Allianzen und Netzwerke, in: Zentes, J./ Swoboda, B./ Morschett, D. (Hrsg. 2005b): Kooperationen, Allianzen und Netzwerke, Wiesbaden 2005, S. 3-33.

Zentes, J./ Swoboda, B./ Morschett, D. (Hrsg. 2005b): Kooperationen, Allianzen und Netzwerke, Wiesbaden 2005.

Zentes, J./ Swoboda, B./ Morschett, D. (2005c): Perspektiven der Führung kooperativer Systeme, in: Zentes, J./ Swoboda, B./ Morschett, D. (Hrsg. 2005b): Kooperationen, Allianzen und Netzwerke, Wiesbaden 2005, S. 821-848.

Zielke, S. (2003): Konditionengestaltung zwischen Industrie und Handel, in: Ahlert, D./ Olbrich, R./ Schröder, H. (Hrsg. 2003): Jahrbuch Vertriebs- und Handelsmanagement 2003, Frankfurt a. M. 2003, S. 191-203.

Ziems, D./ Krakau, U. (2008): Kaufverhalten ist Revierverhalten, in: Riekhof, H.-C. (Hrsg. 2008): Retail Business in Deutschland, Wiesbaden 2008, S. 103-144.

Zou, S./ Cavusgil, S. T. (2002): The Journal of Marketing, in: Journal of Marketing, Vol. 66 (4), S. 40-56.

Zülch, J./ Barrantes, L./ Steinheuser, S. (2006): Unternehmensführung in dynamischen Netzwerken, Berlin 2006.

Springer Gabler RESEARCH

„Schriften zur Unternehmensentwicklung"
Herausgeber: Prof. Dr. Max J. Ringlstetter
zuletzt erschienen:

Anna Katharina Hildisch
Zur strategischen Integration der Personalabteilung
Eine erweiterte strukturationstheoretische Betrachtung
2012. XV, 230 S., 32 Abb., Br. € 49,95
ISBN 978-3-8349-4352-1

Simone Kansy
**Wechselwirkungen zwischen Organisation
und Social Software in der Wissensarbeit**
2011. XVI, 264 S., 31 Abb., Br. € 59,95
ISBN 978-3-8349-3241-9

Oliver Kohmann
Strategisches Management von Universitäten und Fakultäten
2011. XVIII, 323 S., 24 Abb., Br. € 59,95
ISBN 978-3-8349-3487-1

Lars Moritz Lammers
Efficient Consumer Response
Strategische Bedeutung und organisatorische Implikationen
absatzorientierter ECR-Kooperationen
2012. XV, 214 S., 30 Abb., Br. € 49,95
ISBN 978-3-8349-4331-6

Sebastian O. Schömann
Produktentwicklung in der Automobilindustrie
Managementkonzepte vor dem Hintergrund gewandelter Herausforderungen
2012. XXI, 284 S., 44 Abb., Br. € 59,95
ISBN 978-3-8349-2874-0

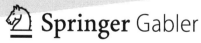

Springer Gabler

Änderungen vorbehalten. Stand: Juni 2012. Erhältlich im Buchhandel oder beim Verlag.
Abraham-Lincoln-Str. 46 . 65189 Wiesbaden . www.springer-gabler.de

Printed in Poland
by Amazon Fulfillment
Poland Sp. z o.o., Wrocław